U0582378

群众文化艺术的创作现状及对策研究

刘 军◎著

吉林文史出版社

图书在版编目（CIP）数据

群众文化艺术的创作现状及对策研究 / 刘军著. --
长春 ：吉林文史出版社，2021.4
ISBN 978-7-5472-7687-7

Ⅰ．①群… Ⅱ．①刘… Ⅲ．①群众文化－艺术创作－
研究 Ⅳ．①G24

中国版本图书馆 CIP 数据核字（2021）第 065266 号

QUNZHONG WENHUA YISHU DE CHUANGZUO XIANZHUANG JI DUICE YANJIU

书　　名	群众文化艺术的创作现状及对策研究	
作　　者	刘　军	
责任编辑	王丽媛	
封面设计	徐芳芳	
出版发行	吉林文史出版社有限责任公司	
地　　址	长春市福祉大路 5788 号	
网　　址	www.jlws.com.cn	
印　　刷	北京四海锦诚印刷技术有限公司	
开　　本	185mm×260mm　　16 开	
印　　张	13.5	
字　　数	302 千字	
版　　次	2023 年 6 月第 1 版　　2023 年 6 月第 1 次印刷	
定　　价	48.00 元	
书　　号	ISBN 978-7-5472-7687-7	

前　言

文化是国家和民族的灵魂，集中体现了国家和民族的品格。文化的力量，深深熔铸在民族的生命力、创造力和凝聚力之中，是团结人民的精神纽带、推动发展的力量源泉。从十六大明确提出"文化体制改革"的任务，到十七大将"文化软实力"写入报告，从十七届六中全会首次从完整意义上制定"文化强国战略"，到十八大报告再度强调"建设社会主义文化强国，关键是增强全民族文化创造活力"，既反映了提升中国文化软实力的迫切愿望，也是中华民族伟大复兴之路上的必然选择。我们清晰地看到，文化建设在国家建设中的地位越来越凸显。

近四十年，我国经济社会持续快速发展，人民生活水平显著提高，社会结构发生了重大改变，但由于竞争激烈，尽管法定节假日越来越多，但其中大部分闲暇时间不得不用于补充新知识和新技能，使真正能够用于文化娱乐活动的时间相对减少，人们的幸福感不足。在物质生活不断丰富的今天，人们急需文化权益的获得，包括群众文化在内的丰富的文化艺术活动已经成为现代人渴望追求的目标。

我国广大人民群众的文化需求空前提高，其需求面之广、量之大、质之高也是前所未有的。群众的文化需求就成为当前群众文化蓬勃兴起的最重要的内驱力，是群众文化建设的第一推动力。

重视群众文化建设，建设和谐文化是构建社会主义和谐社会的重要任务。它担负着继承和弘扬祖国优秀传统文化，维护和宣传社会主义核心价值体系，营造文明健康社会风气的重大任务。同时，大力推进群众文化建设也将为推动社会主义精神文明和物质文明全面发展，不断开创全民族文化创造活力持续迸发，为构建和谐社会提供精神动力、思想保障和舆论支持。要充分认识建设群众文化的重大意义，准确把握科学内涵，积极探索实践路径，为构建社会主义和谐社会营造良好的人文环境。

作为一名文化工作者，更能深刻地感受到人民群众对文化、对文明的深切渴望。我们要充分认识文化发展面临的机遇，立足当前，着眼长远，加快推进公共文化服务体系建设，使人民基本文化权益得到更好保障，使社会文化生活更加丰富多彩，真正让人民群众共享文化发展的成果。

目　录

第一章 群众文化艺术的建设与管理

第一节 群众文化艺术的概念

群众文化这一古老的社会历史现象几乎贯穿了整个人类文化的发展历史，渗透于各个时代世界各地民族的生活、生产运动之中。但是，作为一门科学，有特定含义的概念，却是现代才提出来的。

一、群众文化的定义

群众文化是人们职业外自我参与、自我娱乐、自我开发的社会性文化。"职业外"是它的外部形态。

自我参与：群众文化是以自我为主体，自觉自愿并与一定的文化群体发生关系，没有个体自我参与，没有与他人的互动，就不可能发生群众文化这一社会历史现象。

自我娱乐：是人们的一种基本精神需求，也是群众文化发生的重要原因和基本动力。

自我开发：是人们参与群众文化的目的之一，其贯串了自古至今的群众文化活动之中，使人们在思想素养、文化水平等方面得到不同程度的提高，也是群众文化呈现涌动不息的源泉。

二、群众文化的基本构成

"群众文化"是一个集合概念，它的基本构成有如下几个具体概念：

（一）群众文化活动

人民群众直接参与的各种精神文化活动。群众文化活动源远流长，自古有之，它随着人类劳动、生产和物质生活的产生、发展而产生、发展。

群众文化活动是群众文化的核心，是产生群众文化事业，开辟群众文化工作，形成群众文化理论的基础。群众文化活动的范围十分广阔，包括文艺创作、文艺演唱、美术摄影、阅读展览、科技普及、时政宣传等社会精神生活的各个方面。乡镇（街道）基层群众文化活动和县以上群众文化活动的内容有所不同和侧重。

（二）群众文化事业

为开展群众文化工作，组织、辅导和研究群众文化活动而设置的组织机构和文化设施。其中，组织机构主要指国家办的各级群众文化事业机构；文化设施则是供人民群众进行文化艺术活动的场所。除了国家和集体办的文化设施外，个人办或联合办的文化设施，亦属群众文化事业的范畴。在我国社会主义条件下，群众文化事业带有社会福利性质，同时又兼有第三产业性质。它是开展群众文化工作和群众文化活动的物质条件。

（三）群众文化工作

群众文化工作是指群众文化有关部门和工作人员，所从事的领导、指导、管理、辅导、研究群众文化活动的工作。由于群众文化组织机构性质、任务不同，其工作内容和性质也不一样。一般来说，群众文化工作的主要职能是推动群众文化活动和群众文化事业的健康发展，以更好地在社会主义精神文明建设中发挥重要作用。

（四）群众文化理论

群众文化理论是指一门新兴的社会科学，"群众文化学"将对群众文化的各个方面进行系统、科学的研究、总结，并形成完整的理论体系。

群众文化理论包括基础理论和应用理论两个方面。基础理论主要探索群众文化起源和发展以及它在发展中的规律，应用理论主要是探索现阶段群众文化实践中出现的各种新问题。这两个方面是互相联系不可截然分割的，它的目的都是为了指导实践，促进群众文化事业的改革，推动群众文化事业的健康发展。

三、群众文化的形态类型

群众文化的形态类型可以从多种角度进行划分。从"块面"的角度可划分出社区、农村、集镇、校园、城市和多民族聚落区群众文化；从"层面"的角度可以划分出企业、校园、家庭、村落、现代军营群众文化。

（一）农村文化

农村文化是指聚集在农村地域范围内的社会成员在农业生产劳动中形成的一种社会性文化。以村寨为单位进行群众性业余文化活动。其中，农民群众是农村群众文化的主体；政府必须提供聚集场所和文化生活服务设施；建立起文化活动的制度和管理机构；倡导农村群众文化消费。搞好了农村群众文化有三种作用：一是提高农民群众的思想觉悟，使他们进一步摆脱落后愚昧状态；二是提高农业生产社会化的程度，发展农业生产力；三是发挥自娱性文化的优势，活跃和丰富农村群众的文化生活。

（二）社区文化

社区是由历史、地理及其他诸多因素形成的，以一定的社会关系为基础的特定区域，社区文化是只在一定的区域内生活的人们，长期、逐步形成的共同的（或相近的）文化观念、行为规范、民俗习惯等等，从而形成有别于其他社区的文化特征。社区文化活动由于人的年龄、性别、爱好、教养等的不同，往往形成若干个活动群体，比较稳固地、经常地开展一定的文化活动。各社区从实际出发，加强区域内各方面的横向联合，充分利用社区内的文化设施，开展社区群众性的文化活动，是我国群众文化工作的重要任务。

（三）校园文化

校园文化是以学生为主体，以课外文化活动为主要内容，以校园为主要空间，以校园精神为主要特征的一种群体文化。虽然大、中、小学在层次、水平上有较大差异，但是作为一个整体，它具有较强的超前性、群体性、自主性和变异性，容易反映新思潮、新需求，具有鲜明的导向性，体现学生参与的主体性。校园文化能创造和谐、活跃的校园气氛，有助于学生德智体美的全面发展。

（四）企业文化

企业文化是企业的群体精神、文化素质、文化行为、人际关系等文化现象的综合，是企业生存、发展中所形成的一种社会性文化。企业群众文化，包括企业举办的业余教育、文艺、体育、游艺等群众文化事业和活动，是企业文化的组成部分，积极开展企业群众文化，可以为企业文化建设提供智力支持与精神动力，对培养特有的企业精神具有重要意义。

（五）军营文化

军营群众文化是指在军队基层连队官兵中形成的融战斗性、形象性、多样性为一体的一种社会性文化。部队群众文化活动在丰富和活跃指战员的精神生活，巩固提高部队战斗力方面，发挥重要作用。军营群众文化的特色是：面向基层、面向连队，突出军事题材，有强烈的战斗性，以干部战士自娱自乐自教为主要活动形式，官兵同乐、军民共乐，是部队思想政治工作的重要组成部分。

（六）老年文化

凡适合老年人参加的物质文明和精神文明建设；凡适合老年人参加的知识型、娱乐型的文化活动；凡以老年人为主要角色，反映他们生活的各种形式的文化产品；凡以社会、家庭为提高老年人的生命生活质量所做出的一切努力，均属于老年文化。

（七）广场文化

广场文化是在大的或很大的场地进行群众文化活动或展现民俗事象的过程，是城市广场所呈现的文化现象以及在广场之中所展示出来的文化。它包含富有文化气息、表现出较高美学趣味的广场建筑、雕塑以及配套设施；在广场上进行的专业或民间的各种艺术性表演或展示；广场中群众性的各种娱乐、体育等休闲活动等等。广场文化的主要载体是各种含有文化与审美意味的艺术性活动。

四、群众文化与专业文化

（一）二者有以下联系

（1）群众文化是专业文化的基础和摇篮，群众文化兴旺发达，专业文化才能繁花似锦；（2）专业文化对群众文化有示范和指导作用，离开这种作用群众文化就难以提高和发展。

（二）二者有如下区别

（1）群众文化是普及性（包括普及基础上的提高）的文化，专业文化是提高性的文化；（2）群众文化就其整体性质来说是自我需要性的，专业文化就其整体性质来说是他人需要性的。前者是自身需要的产物，后者是他人需要的产物；（3）群众文化与人类社会同时产生，与人类社会共存亡；专业文化是社会分工发展到一定程度而产生的，将随着体力劳动与脑力劳动差别的消灭、随着社会成员成为全面发展的人而消亡，到那时专业文化已失去了它的原有意义。

第二节 群众文化的社会地位和社会功能

一、群众文化的社会地位

群众文化是人民群众社会生活、精神生活和生活宣传教育不可缺少的内容，是人类精神文明发展的重要组成部分，是专业文化衍生和发展的基础，是建设有中国特色社会主义事业的重要组成部分。社会主义群众文化的繁荣和发展，对于满足广大人民群众日益增长的物质生活和文化生活的需求，提高全民族的思想道德素质和科学文化水平，促进生产力发展和社会进步，具有重大意义。

二、群众文化的社会功能

群众文化在人类社会发展中所产生的作用叫作群众文化的社会功能，也称"群众文化的社会作用"。群众文化是社会意识形态的组成部分，它对社会生活的各个方面，包括阶级斗争、生产斗争、科学试验以及人们的思想、劳动、生活等都会产生积极的作用。其社会功能是多方面的，主要是娱乐休息功能，宣传教育功能、普及知识功能、传承文化功能、生活审美功能，这五个方面相互交织在一起，而以群众的审美——寓教于乐为媒介来完成的。通过具有形象性、生动性、通俗性的文学艺术和文化娱乐形式，使人民愉悦身心，增长知识，发展智力，在思想上受到潜移默化的影响，提高人们的精神文化素质从而转化成物质的力量。

（一）娱乐休息功能

娱乐休息是群众文化的重要功能，是群众文化区别于政治、法律、哲学等其他社会意识形态的显著标志。人们在业余时间参加各种文化活动，如唱歌、跳舞、看戏、看电影等，可以从中得到娱乐休息，起到消除疲劳、调剂精神的作用。群众文化的其他功能——

宣传教育功能、普及知识功能、文化传递功能、生活审美功能等，有些只是在具有娱乐休息的前提下，才能得到发挥。

（二）宣传教育功能

群众文化的宣传教育功能是由群众文化活动的内容决定的。内容健康、催人积极向上的文化活动，能起到鼓舞人、教育人的作用。如果群众文化活动的内容不健康，就会给群众带来消极影响，甚至把人引向歧途。群众文化的宣传教育功能与娱乐休息功能是有机结合在一起的，不能截然分开。"寓教于乐"是群众文化的特性，如果离开了乐，就难以吸引人、感染人，就削弱了教育的效果。群众文化之所以具有宣传教育功能，还与它的通俗化、大众化的形式分不开。如民间戏剧、曲艺、文学、音乐、舞蹈、美术等，都具有通俗易懂、形象生动的特点，为群众所喜闻乐见，在不同的文化活动中，有不同的思想内容和宣传形式，能起到不同的宣传教育作用。思想性、艺术性、娱乐性结合得好，才能起到好的宣传教育作用。

（三）普及知识功能

群众文化是一所"社会大学"，担负着普及和传授文化科学知识的任务。群众文化在内容上具有综合性的特点，包含了不少社会科学和自然科学知识，既是传播知识的重要途径，又是社会教育的重要手段。在农村、牧区基层，各种群众文化组织运用图书资料手段，以新的知识技术指导农民、牧民科学种田，科学养畜，发展生产，勤劳致富。

我国有 14 亿人口，要提高全民族的科学文化素质，不能只靠正规的学校教育，需要发挥群众文化这所"社会大学"的作用。

（四）文化传递功能

对传统文化的内容和形式的传递，是群众文化活动的一个显著特点。中国现时的新文化就是从古代的旧文化发展而来的，许多传统的群众文化活动，自产生以后，便以某种相对固定的格局世代相传，如民族的一些传统文化活动节日，代代传承，相沿成习，这就是承递文化的一种具体体现。同时，在继承自己传统的基础上，又不断衍生着新的活动形式。如许多少数民族的戏剧形式，都是新中国成立以后各民族群众在继承本民族优秀文化传统的基础上起来的。群众文化的传递功能，使民族优秀传统文化得以保留、发展和传播，不仅繁荣了群众文化本身，还为专业文化提供了丰富的养料。

（五）生活审美功能

群众文化活动，本身就是一种审美活动。所谓"愉悦身心""陶冶情操""美化心灵"，都包含着审美的作用，即美育在内。

生活审美功能，是包括自然美、生活美和艺术美在内的全部审美功能，即人们在日常生活中接触到的审美功能。群众文化的生活审美功能往往同其他功能交织在一起，相辅相成，这种审美观念，又往往同民族、民间的社会心理、文化传统和风俗习惯分不开。群众文化在发挥生活审美功能时，应当注意自身的特点，尊重和了解不同的民族的审美心理，才能使人民群众得到美的享受，受到美育教育。

（六）团结凝聚功能

团结凝聚功能是指通过对群众文化的参与，交流了感情，达到对某个问题的谅解和心理认同，聚合或暂时聚合成为一种力量，使某种意志得以实现，某种社会需要得到满足。主要表现在沟通效能、吸引效能、激励效能、负效应效能四个方面。其中，负效应效能是指群众文化的团结凝聚作用有时产生一些对社会不理想的影响。

群众文化的这六个方面的社会功能，相互间有着内在的联系，某一功能的实现，有时得以另一功能存在为前提，是一种群众文化与社会联系的体现。除了这六个社会功能之外，群众文化还有其他功能，如承传作用、消费作用等，也不应忽视。

第三节　群众文化事业机构的性质和任务

一、我国各级群众文化事业机构的性质

如前所述，群众文化事业是指为了适应群众文化活动的开展而建立的文化设施和组织机构。群众文化设施是各级政府为组织开展群众文化工作和活动专门建设的设施和设备。那么群众文化事业机构，是指国家政府、群众文化团体或集体、个人为专门从事组织、指导、辅导和研究群众文化而设置的综合性的群众文化事业的组织形式。

（一）群众艺术馆

群众艺术馆是国家省、地、市政府设立的专门从事辅导、指导、研究群众文化艺术活

动和培训业务骨干，为人民群众提供公共文化服务的事业机构。

群众艺术馆设在省和地市，是新中国成立初期苏联专家建议改的名称，改革开放后，因其名称与职能与文化馆相同，而文化馆写进了宪法，故许多地方已改回叫文化馆。

群众艺术馆的主要工作任务：（1）有计划地培训文化馆、站艺术方面的业务干部，指导文化馆、站业务工作。并根据需要与可能培训其他部门的群众文艺干部和业余文艺骨干。（2）辅导并组织群众性文化艺术活动。辅导业务文艺团、队活动，组织示范性群众文艺创作、演出、展览及讲座等，特别要注意扶持和辅导各民族传统节日的文艺活动。在开展辅导工作的同时要充分利用现有设施搞好馆办活动。（3）搜集、整理民族民间文化艺术遗产和活动资料、史料，建立群众艺术档案。（4）编辑对工作有指导作用的群众文化艺术工作通讯和刊物，提供群众文艺学习、延长材料。有条件的艺术馆可编辑出版综合性群众文艺刊物，以满足群众阅读、欣赏的需要，并以此扶持、培养业余作者，为其提供发表作品的园地。（5）调查研究群众对文艺活动的需求和群众文化艺术事业发展的新情况、新问题、新经验，起到文化行政部门助手的作用。（6）开展群众文化艺术的理论研究和学术探讨活动。省、地、市群众艺术馆的工作重点可根据实际需要有所侧重。

（二）文化馆

文化馆是指国家县级政府向人民群众进行宣传教育，组织、辅导群众开展文化活动，为人民群众提供公共文化服务而设立的综合性的群众文化事业机构。

文化馆工作主要任务：（1）通过各种群众文化艺术活动，向广大人民进行爱国主义、社会主义思想教育和共产主义理想、道德教育；宣传党的路线、方针、政策和国家的法令，宣传国内外形势和社会主义建设的成就；普及科学、技术和文化知识。（2）组织、辅导群众业余文艺创作和业余文化艺术、娱乐活动。（3）辅导乡镇（街道）文化站和各种基层业余文化组织，培训文化站干部和业余文艺骨干。（4）搜集、整理、研究当地民族、民间的文学与艺术遗产。（5）受当地政府委托管理社会文化市场和民间职业、半职业、业余文艺团体以及文化个体户。

（三）文化站

文化站是国家设立在最基层的公共文化事业机构，是乡镇人民政府和城市街道办事处设立的为人民群众提供公共文化服务的群众文化事业单位，是当地群众进行各种文化娱乐活动的场所。文化站的工作行政上受县、区文化局监督、检查和领导；业务上接受文化馆的指导和辅导。近年来，许多地方机构改革，把广播电视、体育的职能划进文化站，形成了综合文化中心。

文化站工作任务：（1）通过群众性文化艺术、体育活动和文艺手段，向广大群众进行社会主义思想道德教育、科学教育、共产主义理想教育和党的方针政策的宣传教育；（2）组织和举办群众文化艺术、文娱体育活动，繁荣文艺创作，活跃群众文化生活，并辅导和协助村文化室（俱乐部）的工作；（3）普及科学技术文化知识，传递科技、经济信息，为群众致富和振兴农村经济服务；（4）搜集整理民族民间文化艺术遗产，进行文物和非物质文化遗产普查和保护；（5）受当地乡镇政府委托，对文化市场、文化个体户和民间艺人进行管理。

（四）公共图书馆

根据国际图联、联合国教科文组织的《公共图书馆宣言》，公共图书馆是指免费或只收轻微费用为一个团体或区域公众服务的图书馆，它们可以为一般群众服务或为专门类别的用户如儿童、工人等服务，它全部或大都接受政府资助。在我国，公共图书馆是面向社会公众开放的图书馆，由国家和群众举办，为广大人民群众服务，按行政区域建立的。它受政府各级文化部门领导，是社会主义教育、科学、文化事业的重要组成部分，是向人民群众提供书刊和知识咨询的服务机构，是省、市、县的藏书中心、馆际协作中心和辅导中心，以"读者至上，服务第一"为宗旨，充分利用书刊资料为建设社会主义物质文明和精神文明服务。国家图书馆，省、市、自治区图书馆，地（市）、州、盟图书馆，县、市图书馆，乡镇图书馆，街道图书馆（室），儿童图书馆，农村基层图书馆（室），都属于公共性质的图书馆。

（五）博物馆

博物馆是征集、典藏、陈列和研究代表自然和人类文化遗产的实物的场所，并对那些有科学性、历史性或者艺术价值的物品进行分类，为公众提供知识、教育和欣赏的文化教育的机构、建筑物、地点或者社会公共机构。博物馆是非营利的永久性机构，对公众开放，为社会发展提供服务，以学习、教育、娱乐为目的。

（六）社会与人民团体的群众文化单位

人民团体、产业部门和军队设置的群众文化事业机构，有工会系统的工人文化宫、俱乐部，共青团系统的青少年宫、青年之家，妇联的妇女儿童活动中心，产业部门的如工业、企业俱乐部、文化中心、教工之家、海员之家等，军队的有连队俱乐部，还有老干局下设的老干部活动中心，等等。

1. 工人文化宫

工人文化宫是指工会组织为职工设立的文化福利事业单位，是向广大职工及其家属进行社会主义、共产主义教育，普及科学文化与技术知识的学校和活跃职工文化娱乐生活的场所。我国的工人文化宫大都建立在市或市辖区，它的工作是面向全市或辖区的职工群众，除积极开展自办活动外，还对基层厂矿的群众业余文化活动进行业务辅导。主要工作是向广大职工群众普及科学文化技术知识，提高职工的科学文化技术水平，开展各种业余文化艺术、游艺和体育活动。

2. 青少年宫

青少年宫是青少年的校外教育机构之一。青少年宫的工作对象，是广大中学、小学和校外青少年。青少年宫面向广大青少年，其工作内容一般包括：思想教育工作、群众文化工作、科学技术工作、艺术教育工作、体育工作。

青少年宫的主要工作任务是配合学校对青少年进行社会主义、爱国主义、集体主义的思想教育，培养学生具有优良的道德品质，帮助学生巩固和扩大课堂知识，丰富文化生活，发展学生多方面的兴趣和才能，锻炼培训学生的技能、创造精神和熟练技巧。

3. 军人俱乐部

军人俱乐部是在部队政治部门直接领导下的群众文化组织机构，也是部队对军人进行宣传教育，组织和开展部队群众性的文化体育活动的重要场所。它的主要工作是组织与指导部队群众性的军事、政治、文化学习，图书报刊阅览活动，部队群众性的文艺创作和各种文化娱乐活动，以及部队各种群众性体育活动，组织电影放映与开展电影教育工作，培训部队各项文艺体育活动骨干等，旨在丰富与活跃军人精神文化生活，提高军人的思想政治素质和军事文化教养，增强军人体质，促进部队精神文明建设。在我国改革开放的新形势下，军人俱乐部许多活动场所已向社会开放。

以上这些机构的设置，由主办单位按照需要和条件而定，本系统中不构成完整的群众文化事业机构体系，其服务对象具有定向性，即本机构所指向的辖区内的部分群众，主要职能是组织文化娱乐活动，它们同政府系统的群众文化事业机构之间，一般是横向协作关系。

各种类型的群众文化事业机构共有的一般特点，是通过业务手段体现职能作用：（1）

以组织、辅导、研究、指导群众文化活动作为工作内容；（2）不再用行政、指令等手段去实现工作目的，而是通过多种多样的文化艺术活动去吸引群众自愿参加，从而在活动中达到工作目的；（3）它们的业务活动主要是在区域内横向伸展，运用社会化的方式进行。

二、中国群众文化事业机构的工作原则

所谓工作原则，是指群众文化事业机构工作所依据的法则和标准。作为社会主义国家的中国，在现阶段，群众文化事业机构的工作总方向是"为人民服务，为社会主义服务"，基本方针是"百花齐放，百家争鸣"。

上述具体的政策性原则的内容，是由社会主义中国的群众文化事业机构的本质特征和发展规律的要求所规定的，也是群众文化自觉性的体现。

具体地说，其工作原则包括：

（一）方向性原则

即为群众文化事业机构工作确定前进目标的法则，其基本内容就是"二为"方向，即"为人民服务，为社会主义服务"，这是我国社会主义文艺的方向。

（二）目标性原则

即引导群众文化事业机构的工作达到一定客观效果的法则，它以"百花齐放，百家争鸣"方针为基本内容。目标就是努力满足人们的文化生活需要，通过健康有益向上的群众文化活动，陶冶人民群众的思想道德情操，培养下一代"四有"新人。

（三）政策性原则

即群众文化事业机构工作按一定方向达到目标必须依照规定的行动标准的法则。

普及是用工农兵目前急需和容易接受的文艺，向工农兵普及；提高，就是沿着无产阶级和工农兵前进的方向去提高，创作为被提高了的工农兵及其干部所需要的比较高级的文艺。这一马克思主义的精辟论断，不仅指导了当时革命根据地的文艺运动，而且对新中国成立以来群众文化工作的开展，起了极大的指导和推动作用。

还有教育性与娱乐性相结合、社会效益作为最高标准并与经济效益相结合和"业余自愿，丰富多样，健康有益，勤俭节约"的群众文化活动原则。

业余、自愿，是群众文化活动的基本特点。形式多样，是从群文活动的事迹出发，满

足广大群众对文化生活的不同要求和爱好，也体现了"百花齐放"的精神。健康有益，是开展一切群众文化活动的基本前提，凡有益于人民群众身心健康的活动，就应该积极组织，反之，就应该抵制和禁止。而在开展一切群众文化活动中，都必须勤俭节约。

三、群众文化工作的基本内容

群众文化工作是群众文化机构中专职人员从事的领导、指导、管理、辅导、研究等各项工作，如对群众文化活动的组织、研究、辅导以及编辑群众文化刊物，收集、整理、加工、提高民族民间艺术等，在社会上还有许多非专职人员从事的各项群众文化工作。由于群众文化组织机构所面向的群众不同，各群众文化组织的工作内容和侧重点也不一样。

（一）群众文化辅导工作

对群众文化艺术活动进行的具体指导和帮助。其目的在于普及文化艺术知识和技能，提高活动质量和水平。辅导工作的内容是多方面的，重点是辅导创作和辅导表演。辅导工作的方法是多种多样的，如提供辅导材料、进行示范辅导和参加群众文艺创作以及对表演活动进行具体辅导等。

（二）群众文化活动的策划与组织

群众文化活动是群众文化工作的核心，群众文化工作效能必须通过群众文化活动来体现，活动可以产生效益，活动和活力两者并存。要搞好群众文化活动必须重点做好策划和组织。

（三）群众文化示范辅导

示范辅导是群众文化事业单位对群众文艺骨干的一种直观的辅导方法。它包括事业单位举办的阵地活动的示范、先进群众文化组织的现场示范、辅导人员进行艺术实践的示范，等等。通过组织观摩、现场参观和参与各种文化艺术活动，以扩大眼界、丰富知识、增长才干，提高业务水平和工作能力。

（四）群众文化培训工作

群众文化培训工作是群众文化工作中一项经常的重要的内容。培训对象主要是专职群众文化干部和业余文艺骨干。培训内容根据革命化、专业化、知识化的要求和干部的实际情况而定。培训采取分级实施的办法，主要形式是开办短期培训班。

（五）群众文化调查研究工作

群众文化调查研究工作是群众文化部门工作任务之一。省、市群众艺术馆并设有专门的调研部、室。调查研究是辩证唯物主义认识论在实际工作中的具体运用，是党和一切工作部门一贯坚持的科学的、根本的工作方法之一，也是群众文化工作必须坚持的根本工作方法。群众文化调查研究的课题甚多，尤其是群众文化事业的不断发展，涌现了许多新的事物、新的经验，也提出了许多新的问题。通过有计划地、认真地调查研究，总结经验，制定对策，就能够使党和政府关于群众文化工作的方针、政策，更好地贯彻落实，使群众文化事业随着新的形势更加健康地发展。

（六）群众文化报刊书籍编辑工作

报刊书籍编辑是群众文化工作重要内容之一。包括：文艺刊物、各类演唱材料、指导和辅导性刊物、群众文化理论刊物、信息报刊，以及各类知识性的文化书籍和专著等。报刊书籍编辑工作的基本要求：

1. 稿件的整理加工

要求稿件符合书写规格，文字工整，字迹清晰，用词确切，时间表述和数字书写以及度量衡用法都规范化。

2. 排版格式

要求标题字排列、标点符号的排版、页码、书眉的形式、辅文的安排、版面的一般规格都要符合编辑工作的统一要求。

3. 校对工作

校对是出版工作的重要环节。印刷厂打出清样之后，一般要进行初校、二校、三校，最后进行"对红"（核红）。校对基本方法有：对校、折校、读校三种。校对中采用编辑出版统一使用的校对符号。

（七）群众文化艺术档案工作

群众艺术档案是传递和储存业务信息的主要手段，它不仅有助于提高群众文化事业单位的工作效率和业务人员的业务水平，而且可以真实记载群众文化事业单位业务活动情况，为进行科学研究和编写历史积累资料。群众文化档案内容、范围，一般分为：

1．文字资料

（1）档案资料

它主要包括：上级领导机关和文化主管部门有关群众文化业务方面的文件、资料，有关群众文化事业单位业务活动方面的资料，有关群众文化组织机构发展变化方面的资料，有关群众文化活动和主要活动骨干、民间艺人业务档案资料，有关各种业务工作会议方面的资料，有关大型群众文化艺术活动方面的资料等。

（2）业务学习资料

它主要包括：上级领导机关有关业务指导性的文件，上级业务指导机关印发的各种群众文化专业学习资料，有关文学、音乐、戏剧、舞蹈、曲艺、美术、摄影等方面的业务学习资料，各种专业、业务培训教材、讲稿资料等。

除此之外，还有文艺演唱资料，群众文化史料、资料，民族、民间艺术资料，其他文字资料等。

2．音响资料

（1）群众歌曲、民间歌曲演唱录音；（2）各种群众文艺会演、调演节目录音；（3）各种民间艺术活动录音；（4）各种民间小戏戏曲唱腔录音；（5）民间音乐曲牌录音等。

3．声像资料

（1）各种会议录像；（2）各种群众文艺会演、调演录像；（3）大型群众文化活动现场录像；（4）有关群众文化活动录像等。

4．图片资料

（1）各种群众文化活动图片；（2）有关群众文艺演出剧照；（3）民间名老艺人活动照片；（4）各种群众文化会议照片；（5）有关民间艺术介绍照片；（6）有关群众文化历史文物照片等。

5．实物资料

（1）有关群众文化艺术的出土文物；（2）民族民间工艺美术作品；（3）非物质文化遗产实物等。

（八）馆、站指导工作

馆、站指导工作是指上一级群众文化管理部门或上一级群众文化业务单位指导群众艺术馆、文化馆、文化站建设和开展各项业务活动的工作。它包括有关方针、政策、法律、法规的贯彻执行，馆、站建设发展规划的制订，馆、站工作的计划安排、总结，经验交流，信息传播，宣传表彰，以及探讨解决馆、站建设中的各种问题等。

（九）抓好群众业余文艺团队

抓好群众业余文艺团队是群众文化工作的重要内容之一。群众业余文艺团队，以自编自演为主，创作和表演戏剧、音乐、舞蹈、曲艺等多种艺术。有的地方称业余剧团或业余文工团或社区文艺队，它的组织形式大致有政府群众文化事业机构直接组织的、各社会团体和机关组织的、群众文艺爱好者自发组成的三大类型。

（十）文化信息资源共享工程

全国文化信息资源共享工程（简称文化共享工程）是由文化部和财政部组织实施的、旨在繁荣社会主义先进文化的创新工程，它采用现代信息技术手段对中华优秀文化信息资源进行数字化加工和整合，利用覆盖全国的网络化管理和服务体系，实现文化信息资源在全国范围内的共建共享，是新形势下构建我国公共文化服务体系、惠及千家万户的一项重要文化基础工程。文化共享工程对于丰富广大人民群众特别是经济欠发达地区人民群众的精神文化生活，实现广大人民群众的基本文化权利，促进经济社会协调发展具有十分积极的现实作用。

（十一）保护非物质文化遗产

非物质文化遗产是指各族人民世代相承的、与群众生活密切相关的各种传统文化表现形式（如民俗活动、表演艺术、传统知识和技能，以及与之相关的器具、实物、手工制品等）和文化空间（定期举行传统文化活动或集中展现传统文化表现形式的场所，兼具空间性和时间性）。

1. 非物质文化遗产的范围

（1）口头传授，包括作为文化载体的语言；（2）传统表演艺术；（3）民俗活动、礼仪、节庆；（4）有关自然界和宇宙的民间传统知识和实践；（5）传统手工艺技能；（6）与上述表现形式相关的文化空间。

2. 对非物质文化遗产进行保护的原因

在经济全球化和现代化的冲击下，我国的非物质文化遗产正面临着历史上前所未有的急剧变迁，加之外来文化的影响等等，给一向主要靠口传心授方式传承的非物质文化遗产以及文化传统带来了巨大的影响，大批有历史、文化和科学价值的非物质文化遗产遭到不同程度的破坏，甚至由于传承人的逝去而濒于消亡，大量有历史、文化价值的珍贵实物与资料遭到毁弃，或因非法走私而流失境外，以往保护非物质文化遗产的理念、手段、范围与力度，也已远远不能适应今天的客观现实。因此，加快非物质文化遗产的保护工作已迫在眉睫。

3. 非物质文化遗产保护的方针和原则

非物质文化遗产保护工作的指导方针是：保护为主、抢救第一、合理利用、传承发展。正确处理保护和利用的关系，坚持非物质文化遗产保护的真实性和整体性，在有效保护的前提下合理利用，防止对非物质文化遗产的误解、歪曲或滥用。在科学认定的基础上，采取有力措施，使非物质文化遗产在社会中得到确认、尊重和弘扬。

非物质文化遗产保护的工作原则是：政府主导、社会参与、明确职责、形成合力；长远规划、分步实施、点面结合、讲求实效。

4. 非物质文化遗产保护方式

第一，对全国各省（区、市）的各种形态的非物质文化遗产，在试点的基础上，有组织、有步骤地进行一次全面的普查。普查是对现在还在流行的各类非物质文化遗产形态、各类非物质文化遗产作品、优秀的非物质文化遗产传承人，进行调查、登记、采录、建档工作，并按照全国统一编码进行登记并分级建档。

第二，对本地区普查中所获科学的真实的采录文本、录音影像、民俗实物等，组织有关专家学者进行整理、研究，并有计划地编辑出版：普查记录整理稿和调查报告等研究著作的出版物，其内容的审定权在各省（区、市），其出版物规格，由国家指定机构统一规划、设计，全国编为一套大型丛书。

在普查中搜集的非物质文化遗产实物资料，如民间艺术品、工艺品、民俗物品、手抄本等，所有权归国家，由各级政府授权的有关保护机构保管。也可交由指定的博物馆以妥善方式保存、保管和展示，并通过一定途径提供研究者和社会共享。同时，可通过规定的渠道交由"国家非物质文化遗产数据库"编录入库。

第三，对普查中发现的承载丰厚的非物质文化遗产传承人或传承家庭、传承单位，要进行深入的调查和研究，弄清传承脉络、传承范围和代表人物，并在调查研究的基础上予以认定，写出调查报告，采取一定方式加以保护、资助和扶持，鼓励其传承和传播。

第四，在非物质文化遗产具有可持续发展条件的地区，有选择地建立非物质文化遗产生态保护区，命名民间传统文化之乡通过采取积极而适当的措施，对选定的地区或选定的可持续发展非物质文化遗产项目，进行较为完整的、动态的和持续性的保护。

第四节　群众文化的管理

一、群众文化管理的主要内容

群众文化管理是管理者为了使群众文化事业机构、设施、工作和群众文化活动高效地进行而有意识采取的管辖、控制活动。主要内容包括：

（一）群众文化活动的管理

群众文化活动是群众文化工作的核心，有最宽广的领域，因为它参与人数多，情况复杂多变，采取科学办法，搞好管理工作，对发展群众文化事业至关重要。从目前中国群众文化活动的实际出发，群众文化活动的管理内容有如下几个方面：一是节日群众文化活动管理，二是庙会群众文化活动管理，三是群体性群众文化活动管理，四是群众文化活动组织管理，五是家庭文化活动管理。管理群众文化活动，除了明确意义、内容、原则以外，还必须注意其管理方法，方法对头就可以事半功倍，反之就达不到预期效果。群众文化活动管理方法主要有五种：一是组织的方法，二是业务的方法，三是教育的方法，四是激励的方法，五是限制的方法。

管理方法是组织开展群众文化活动好坏的关键因素，一切要从实际出发，进行调查研究，注重协作，互相配合，抓好典型，以点带面等也是从群众文化活动的实践中总结出来的好方法。

当前，我国正处在一个由计划经济转向社会主义市场经济的时期，经济结构、劳动组织、生产方式以及人们的生活节奏、生活方式都在发生巨大的变化。作为上层建筑的文化（艺术）馆、站，以及整个群众文化工作体系也在这种改革大潮推动下发生变化。群众文化活动的管理应该转变文化意识，从经济体制改革和文化工作的联系中认识新特点，例如：（1）随着城乡群众物质生活的改善，群众文化的宏观指导需要重新明确规划和目标；（2）群众文化活动已经成为人民生活追求的热点，并渗透到社会生活的每个角落，但是文化活动的基础设施条件较差，内容和形式还不够丰富；（3）群众文化与科学普及、成人教育、健身体育交叉结合成为发展趋势，而群众文化部门却认识不足，与有关方面合作不够。

以上几点往往使我们的群众文化发展失去很多机遇。

面对新形势，我们要解放思想，实事求是，大胆探索，勇于实践，搞好群众文化网络建设，把过去我国群众文化那种由供给型和自娱型文化的结构，改变成市场文化、自娱文化、供给文化的三元结构，使农村文化与城市文化联系起来组成开放性的群众文化网络；把传统文化与现代文化联系起来，促使群众文化在继承优秀文化的基础上向现代化发展；把文化的生产与消费联系起来，使人民群众文化生活有更大的选择余地；把有偿服务和无偿服务联系起来，扩大群众文化的活动领域，加速群众文化事业的发展。

（二）群众文化事业的管理

群众文化事业管理主要在群众文化事业机构和活动队伍方面。

群众文化事业机构的管理要沿着三条线来开展：一是思想政治工作管理，把每一位群众文化专业人员的积极性、创造性调动起来；二是业务工作管理，搞好阵地的文化宣传、活动的组织领导、队伍的辅导培训和对外服务等工作；三是后勤工作管理，把设施设备、财物、环境用好，为各项群众文化工作的正常开展提供有力保障。群众文化事业的管理还要注意各事业机构必须严格履行自己的工作职责，充分发挥各自的业务功能；把工作目标集中到能体现自身优势、特色和价值效应的业务活动上，同时必须明确岗位责任，健全行为规范，每个岗位都要尽到自己的责任，发挥创造性，才能推动事业机构的有效运转。

（三）群众文化队伍的管理

群众文化队伍是群众文化活动的主体，抓好队伍的管理等于抓住了群众文化业务的关键。主要手段：

一是通过资料推荐供应、节目（作品）评比、观摩交流等途径，从活动方向上积极地正面引导。

二是通过业务培训、示范交流、分类指导等途径，从业务技能上帮助提高。

三是把活动成果及时向社会展示，以从群众的参与中感受集体力量的可贵，从而增强队伍的向心力和凝聚力。

（四）群众文化的目标管理

群众文化是以目标作为管理活动的指南和计划任务，评价效果的依据，通过目标的实施，激励和控制每个员工的行动，调动人的积极性，促进工作的发展。作为精神生产的群众文化，同物质生产比有其不同的特点，但也有很多方面的共同性，在实施目标管理的过程中，必须把计划目标和岗位目标联系起来，把岗位目标效果与个人奖惩联系起来，使目标、管理、效果三者有机地结合，达到目标推动预期效果的目的。目标管理的核心，是强调成果和重视成果的评定。

二、群众文化管理的层次模型

我国群众文化管理的层次模型有三个层次：

一是最高决策层次，是中央和省市的党政领导机构中的文化主管部门。

二是中间调控层次，是县市（地）级党政领导机构中的文化主管部门。

三是基层执行层次，是群艺馆、文化馆、文化站等群众文化事业单位。

上述三个层次的管理任务各有侧重，但又是一个相互依存、相互补充的整体。

群众文化的管理是促进群众文化生产力发展的必然要求，是中国目前群众文化体制改革的要求，是现代科学技术与群众文化相结合的迫切需要，也是中国群众文化事业迅速发展的必然要求。我们要充分认识群众文化管理的重要性，使群众文化事业机构、工作和活动高效运转，为建设文化强国做出自己的贡献！

第二章 群众文化艺术的组织与发展

　　群众文化已发展成为当代文化的几种主要形态之一，群众文化是我国文化中一种具有特性的新兴文化形态。近年来，我国结合地域特色，立足先进文化发展前沿，精心引导和大力扶持群众文化活动，提早策划、精心组织，开展了主题鲜明、影响较大的一系列文化活动。因此，研究群众文化的特点及其作用对更深入地了解群众文化活动价值及发展有很大帮助，从而便于更加有针对性地开展活动。

　　群众文化虽然在一定意义上属于主流文化，但不具有主流文化的强制意味和专业文化（指艺术文化）的曲高和寡。群众文化是我国一种独特的社会文化现象。之所以说它特殊，是因为群众文化是伴随着中国共产党的成熟而成熟的，也就是说，群众文化自从成了中国共产党代表先进文化前进方向矢志不渝的追求与卓有建树的体现之后，便真正获得了价值观念、物质基础、文化制度的成长和成熟。从这个意义上讲，群众文化属于主流文化范畴，并随着共产党领导地位的稳步确立，逐步发展成为主流意识形态的话语方式。其文化工具论意义也随着我们党的工作重心的转移而逐渐变化，取而代之的是社会审美教育功能，成为与国民文化艺术素养的提高密切相关的重要文化形态，从而真正获得了相对独立的文化价值。近几年来，群众文化活动的开展形式丰富多样，它有着区别于其他文化的特征及其作用，有着不可忽视的重大影响力。

第一节　群众文化基础知识

一、群众文化的含义

　　群众文化，是指人们职业外，自我参与、自我娱乐、自我开发的社会性文化。是以人民群众活动为主体，以自娱自教为主导，以满足自身精神生活需要为目的，以文化娱乐活动为主要内容的社会历史现象。群众文化的主体为群众，客体为活动。群众文化内容广泛，以文化娱乐活动为主要内容。群众文化包含了群众文化活动、群众文化工作、群众文化事业、群众文化队伍。广义上讲是人类社会进程中所创造的物质财富和精神财富的总和，狭义上是指社会的意识形态以及与之相适应的制度和组织机构。随着时代发展，由政府主导、社会参与形成的普及文化知识、传播先进文化、提供精神食粮，满足人民群众文化需求，保障人民群众基本文化权益的各种公益性文化机构和服务的总和，也被称为公共文化。

二、群众文化的社会功能

群众文化在社会发展进程中有重要的作用，其社会职能广泛。群众文化作为人们业余时间消遣的重要活动，帮助人们缓解压力、重振精神，让人们全身心地投入工作中去。以下将针对群众文化的社会职能进行深入分析。

（一）娱乐与交流功能

随着社会的稳定、人们生活质量的提升，人们对生活的基本要求已经不仅仅局限于满足当前的生活，更追求高品质的生活，各种娱乐活动成为人们放松自我的主要方式。但是在社会竞争的压迫下，人们的工作压力大，将多数时间用在学习知识技能或其他工作上，娱乐放松时间少之又少，导致人们之间沟通交流的时间越来越少，人和人之间变得越来越陌生。所以，为了保证人们的生活充满活力，必须进行多种多样的娱乐活动，丰富文化生活的多样性，提升人们之间的交流沟通能力，让更多人参与到娱乐生活中去，缓解压力，提升生活的幸福感。

（二）仪式和团结功能

生活中各种仪式活动和人们的生活息息相关。群众文化活动就是全面的"仪式活动"，娱乐活动以各种各样的形式展现出来，增加人们的团队协作能力，人们在一个团队中进行娱乐活动，有效地提升了人们之间团结互助的能力。同时各式各样的文化活动使"仪式"变得丰富多彩。人们在和谐的氛围中参加活动，身心倍感愉悦，同时促进了参与者之间的友谊和团结。

（三）标志和代表功能

我国地域辽阔，民族众多，每个地区都有自己的文化特色，每种文化都是一个地域的重要标志。群众文化是城市文化意识形态的代表，是城市娱乐活动的标志。要求根据城市本身特色，结合城市风貌，积极构建具有城市风格的主流文化，注意继承传统文化，在原有的文化体系条件下创新发展体系，取其精华、去其糟粕，不断提升城市群众文化活动的发展能力，促进城市整体发展水平的进步。

（四）符号与象征功能

群众文化作为基础文化，对当地文化建设有重要的影响意义。群众文化的质量直接影响了城市整体生活风气，是城市文化形象的象征，为了提升城市风气，必须发展具有象征性的群众文化活动，结合当地群众的实际能力，事先调查群众对各个文化活动的喜爱程度，有针对性地开展相关文化活动。

三、群众文化活动的主要形式

群众文化活动分为两大部分：一是直接活动部分，即以群众自身为主角的各类创造活动；二是间接活动部分，即观赏他人的活动。根据群众文化活动的内容和形式，大体可将其划分为：文学艺术活动、宣传教育活动、文化科学知识普及活动、基层群众体育活动、游艺活动五个方面。

（一）文学艺术活动

文学艺术活动是群众文化活动中最主要、最普遍、最经常的活动。文学艺术活动包括创作、表演及评论活动。群众文艺创作是群众文艺活动的基础，是群众文艺繁荣程度的一个重要衡量标志。

（二）宣传教育活动

运用各种视听手段，根据不同时期党和政府的中心任务，及时宣传党的路线、政策、法令、英雄模范人物、改革和建设的成就等。

（三）文化科学知识普及活动

包括一般文化知识、科学技术知识普及，文学技术知识普及，文学艺术基本知识的传授及文化收藏活动。文化科学知识普及活动，历来是群众文化活动的一个重要方面。

（四） 基层群众体育活动

基层群众体育活动是社会文化教育的组成部分，文体相连是群众生活中一项不可缺少的内容，它以体育运动为基本手段，以锻炼身体、增进健康、增强体质为目的，同时对锻炼人们的意志、培养集体主义精神也起着积极作用。

（五） 游艺活动

游艺活动是一种有广泛群众基础的康乐活动，具有一定的知识性和趣味性，对发展智力有一定的作用，同时也是一种极有效的放松身心的活动。

四、群众文化的精髓

从专业角度来说，人们通常把文化分为专业文化和群众文化，二者之间最大的区别就是——专业文化从一开始就被注入了高贵的血统。但是至关重要的一点却不可否认，专业文化是从群众文化中衍生出来的精品。群众文化则是大众自娱自乐、自我创造出来的，其原因在于大众在主要从事经济事业后，获得物质上的满足感，但是面对精神文化的日益匮乏，出现了"社会存在感失衡化"。所以民间自发组织的以歌舞、绘画、节目表演为主要内容的群众性文化发展了起来。根据中国的历史与国情，多民族的特征保证了文化的丰富性。以傣族的泼水节活动为例，它既是民族文化，也是群众性质的文化，民众参与度、积极性高涨。换句话说，积极的、向上的、能被大众普遍认可的文化活动就是群众文化。

第二节 群众文化的特点

群众文化，是指人们职业外，自我参与、自我娱乐、自我开发的社会性文化。是以人民群众活动为主体，以自娱自教为主导，以满足自身精神生活需要为目的，以文化娱乐活动为主要内容的社会历史现象。这就使群众文化有了区别于其他文化的特征。

一、群众文化的主体为群众，客体为活动

群众文化与大众文化、专业文化在文化参与和享受上的最显著的区别就在于，文化享

有的民主性。一般来说，人民群众在文化实践过程中，主要处于文化受众的地位，文化参与显得十分被动。但由于群众文化背靠主流文化和专业文化，因而是面向最广大人民群众的。这正是专业文化和大众文化的文化专制意味的展现。群众文化由于对文化创造和文化享受的双重强调，人民群众能通过自身参与文化活动来实现文化接受与文化创造的双向转换，充分体现人民群众的文化主体地位。

二、群众文化内容广泛，以文化娱乐活动为主要内容

这是由群众文化的文化主体所决定的，一方面群众文化的主体是全体社会实践者，是全民参与的活动，它的文化内容和价值取向通过通俗的、丰富的活动形式，在社会各个阶层都能得到传播；另一方面，群众文化活动的开展，不受民族、区域、季节等时间和空间的限制，因而全国各地均能得到发展，且群众文化主要是通过娱乐活动来开展的，在娱乐的气氛中来实现自身的意义。

三、独特的文化传递性

随着当代中国群众文化在多元化文化环境下的逐步发展，群众文化已经具备新的文化内涵，群众文化的组织、创作、辅导、研究都扩大了文化视野，不仅考虑对象的需要，也考虑其他社会文化形态的状况，增加了与社会文化的互补意识。在这种"互补"中，通过社会美誉职能，比较温和地去调整、融合其他社会文化形态。由于具备主文化性质和与人民群众的"亲和性"，正好使群众文化成为主流文化意识与人民群众互动的中介。一方面，主流文化需要利用群众文化的"文化亲和性"；另一方面，人民群众离不开群众文化的"主体价值实现"渠道。这使得群众文化的文化传递性具有了无法取代的独特性。这一特殊地位使其文化传递功能得到了最大限度的发挥，即实现了主流文化意识形态社会效益的最大化。

四、强烈的文化传承性

群众文化是一种真正面向广大群众的文化。它在活动内容上对民间、民俗文化的充分利用，使它包容了中国传统文化的许多形式和精神。群众文化所涵盖的群众艺术与民间、民俗文化所涵盖的核心形态——民间文艺在形态上有着明显的差异，如民间文艺的自在性、原生态属性，反映在具体的艺术作品中，就呈现出精华与糟粕并存的现象。所以在传承我国优秀的民间文艺过程中，形态成熟、主体自觉的群众文化，就成为既能让民间文艺

保持民间文化特性，又能让民间文艺获得主体价值观念支撑的必然选择。

五、独特的创新性

保证群众文化艺术的创新性，是精神文化建设工作的前提。因此，在相关工作中，需要适当与当地文化艺术发展实际相结合，在满足当地人群精神文化需求的基础上，进一步发展其潜在的相关艺术活动。例如，根据当地风俗习惯、重大事件等来进行文化活动的策划与创新，使文化艺术融于生活，新于生活，以领先的艺术活动来提升人们的兴趣，促进群众文化艺术的发展。

第三节　群众文化活动

一、群众文化活动的时代价值分析

群众文化活动是客观存在的一种社会现象，也是一种独特的文化形态，主要是群众为满足自身知识需求和精神生活而开展的自我学习、教育以及掌握并创造文化艺术的活动，虽不具职业性，但极大地彰显了时代价值。

（一）有利于社会经济的发展

文化产业的振兴离不开形式多样的群众文化活动，而群众文化素质、思想觉悟、审美能力的高低又决定着文化市场的繁荣，尤其是群众文化活动普及、繁荣的区域，更利于带动当地的经济社会发展。首先，群众文化活动能够充分向公民传达文化知识，公民的知识含量得以有效提升；其次，群众文化活动的灵活性较强，且具有一定的趣味性，公民在积极参与时能够满足其对于娱乐的需求，人与人之间的交流、沟通频率逐步提高。通过参与群众文化活动，人们的工作、生活压力可以得到释放，与其他社会成员进行交流和沟通的机会也增多了，有效地推动了社会的稳定发展。因此，公民在具备优秀知识含量时，还会具备充分的工作热情，工作成效将会大大提高，社会经济发展得以有效促进。

（二）有利于社会管理工作的开展

群众文化活动管理与社会管理均属于群众工作，这就意味着必须深入群众，探寻群众路线，充分调动群众参与性、积极性、创造性，进而提高工作绩效。群众文化活动和社会管理工作在本质上存在相同之处，他们的主体都是人民群众，而且两者都要遵守以人为本的工作原则。一般来说，如果人民群众的阶层范围大，那么社会管理工作的难度也会随之加大。随着社会经济的迅速发展，人民的生活水平不断提高，社会管理工作也面临着新的挑战。在开展社会管理的过程中，要善于借鉴群众文化活动的优秀工作方法，通过有效途径提高社会管理工作的质量和水平。还要在党的领导下，使社会服务能力得到提高，从而激发人民群众参与文化活动和组织的热情，让人民群众能够主动参与到文化组织当中来，最终使群众的创新性和积极性得到提高，实现自我价值和社会价值的双向发展。群众文化活动能够为社会管理工作的开展提供借鉴，并且在党的带领下，能够显著地提高社会管理工作的服务水平和质量，激发人民群众参与群众文化活动的积极性和主动性，人民群众主动组织文化活动，能够充分地发挥群众的创造性，丰富人民群众业余生活的同时，还能够实现自我价值与社会价值的共同发展。

（三）有利于社会文明的传承

对于群众个人来说，参与群众文化活动能够使其业余生活得到丰富、视野得到开阔、身心受到熏陶，从而提高个人素质。除此之外，群众文化活动还有利于社会文明的传承，良好的社会风俗人情、精神和特点都能够通过群众文化反映出来，群众文化是一项不可多得的非物质财富。它的特点往往与当地的风貌有着密切联系，因此，当群众参加当地的群众文化活动时，就能够受到当地文化的感染，从而加深对当地风俗人情的认识。其中，团结向上体现最为明显。团结向上不仅是我国优秀的传统文化，也是民族悠久的文明。通过参加活动，群众会对团结更加重视，并根据同组人员的互相监督与鼓励，加强公民团结向上的意识，进而能够有效地传承我国传统文化与社会文明。

人民群众具有强大的创造力。当前，大力发展文化产业需要的就是创新，通过丰富人民群众的文化生活。鼓励人民群众参与文化活动，能够有效地激发人民群众的创造力，从而促进文化产业的发展，用文化来带动社会文明的传承。增强地方文化的感染力和凝聚力，进一步地传承社会文明。

（四）群众文化在新农村建设中的作用

信息化的今天，群众文化起着重要的宣传教育功能，通过开办图书馆、文化站、信息馆及各种农业科技知识培训班等形式开展"三下乡"活动，千方百计地提高农民的文化水平，推广农业科学技术。满足农民群众日益强烈的学科学、学文化的愿望。通过各种健康向上的文艺文化活动，宣传党的方针政策，普及法律知识，传播现代文化信息和思想观念，从而改变农民的精神面貌，引导他们从根本上摆脱小农经济造成的宗法观念、自私保守观念的制约，提高他们创建新生活的信心和自我发展的能力，真正成为新时代、新农村的新型农民。

二、群众文化的文化价值分析

群众文化的文化价值还包括文化的传承、文化的产业化等。这些都是群众文化的价值所在。群众文化不同于精英文化，产业化的特征也不如精英文化的产业化特征明显。另外，群众文化对民族文化的传承和弘扬也是具有一定的社会价值的。社会的构成主要有三个方面：人、自然、文化。我们所说的群众文化，是指人们日常生活及专业工作之外的一种文化活动现象。活动的参与面具有大众化和全面化的特点，具有工具化、风俗化的特点。群众文化建设主要是针对群众的生活需求而诞生和发展的，鲜明的社会功能性使其具有鲜活的生命力。群众文化活动作为社会文化的一部分，在构成社会文化要素中具有十分重要的地位。群众文化具有文化的标志，具有群众性的特点，构成了人们社会生活的全部。群众文化的社会功能和文化价值还有很多层面，限于篇幅不做细谈。在开展群众文化活动中，注重其社会功能和文化价值，可以更加科学有效地开展群众文化工作，为群众文化生活添砖加瓦，更好地满足群众的文化生活需要，为构建和谐社会、铸就中国梦发挥作用。

（一）主导文化充分体现群众文化

在国家经济、文化迅猛发展的背景下，主导文化对其有着关键影响作用。群众文化自成立的那一天起，就已经与社会经济中倡导的主流文化相互交融，密不可分。通过主导文化与群众文化相结合，可以有效巩固国家倡导的价值理念，推进国家经济的不断发展。群众文化最为突出的一个特质就是参与人数众多，通常情况下，都是在轻松愉悦的气氛中开展，吸引群众自主参与，进而不断扩大文化号召力。群众文化的有效开展可以有效释放社会群众的工作压力，因此需要及时加强对群众文化的认知与重视，搭建一个主流文化自主交流的平台，指导社会群众有效开展群众文化活动，进而充分发挥出主导文化的文化价值。

（二） 精英文化烘托群众文化

在实际构建社会主义文化过程中，需要将群众文化与精英文化进行区分，将其作为社会主义文化发展的源头，群众文化不仅是精英文化的物质基础，同时也是对精英文化的二次凝结。精英文化自身具备较强的文化性与层次感，在实际推进文化发展过程中，有效融合群众文化与精英文化，利用两者内在的关联性，针对现有文化形式展开不同类型的文化活动，而群众文化则是当前最佳的一种方式。我们需要侧重对群众文化进行剖析，自主处理好群众文化与精英文化两者间的关系，进而充分发挥出群众文化的功能。

（三） 文化产业依附于群众文化

国家内文化产业的兴起与发展，在很大程度上取决于社会生活中人民群众的支持，群众文化作为文化产业链条中的重要一环，通常情况下，文化产业是建立在经济利益基础上的，将文化产业与其他产业对比可以看出，文化产业对于群众文化具有较强的依赖性。尤其是经济较为发达的地区，社会群众生活水平不断提升，文化艺术受到了越来越多人的关注，进而有效促成了文化产业。

第四节　发展群众文化的重要意义

作为文化建设重要组成部分的群众文化，由于其固有的特征和功能在构建和谐社会中起着不可代替的作用。群众文化从原始社会，人们的生产劳动之中诞生以来，就寄托着人们的美好社会理想，洋溢着和谐精神。因此，大力发展群众文化建设意义重大。

一、群众文化促进社会主义核心价值观的成熟建设

群众文化在丰富人民精神文化活动的同时，也促进了社会主义精神文明建设。社会主义核心价值观的建设不仅仅取决于社会经济的发展程度和人们富裕水平，另一个重要因素就是文化建设。文化建设与经济发展从特定角度来说是站在同一水平线上的重要两点，只有相互结合才能共同促进社会主义的进步。从当前的国际大环境来看，国家之间的综合国力竞争更侧重于文化软实力的较量，群众文化作为提升文化软实力的重要部分，其发展状况与态势直接影响着国际文化市场的竞争。虽说群众文化与专业文化、文化产业相对比经

济价值作用更小，但是对于外来人员来说，是对本民族、本区域人民生活素质和道德素质的最直观的集中体现。所以，群众文化对社会主义核心价值观具有不可忽视的促进作用。

二、社会主义核心价值观指导群众文化的发展方向

社会主义核心价值观是当今中华民族精神之"钙"，一个人缺钙会得软骨病，一个社会、一个民族缺"钙"，就会得"精神空虚症"。物质贫乏不是社会主义，精神空虚也不是社会主义。建设中国特色社会主义，需要全体公民积极培育和践行社会主义核心价值观。社会主义核心价值观是经过实践锤炼、时间淘洗、人民监督检验总结出来的适用于中国社会发展的核心体系，是精华之中的精华。群众文化在发展建设的过程中对正确指导思想的需求很大，而在这个过程中，根据核心价值观所组织、规划的活动在初期都会围绕正确的大政方针去设计，而在之后的发展壮大过程中会逐渐并入主流的文化思潮之中，共同服务于国家发展与民族振兴。

三、和谐是群众文化的重要特征

群众文化鲜明的民族特色、地域特征及其多姿多彩的形式有效地促进社会的和谐发展。群众书法、群众歌舞、群众戏剧等浩如烟海的群众文化作品中，都凸显着非常丰富、和谐的思想审美观念。群众文化对于维护社会稳定、增强民族凝聚力，发挥了不可或缺的作用。

四、发展群众文化为构建和谐社会提供精神支撑

我们所要建设的群众文化是以社会主义制度为基础的，积极创作优秀的群众文化产品，为广大群众提供多种文化服务。要发扬群众文化以文载道、寓德于文、寓德于乐、寓德于情的传统，通过丰富多彩的群众文化活动，用先进的文化培育人、塑造人，丰富人们的精神内涵，提升人们的文化精神，使人们拥有良好的精神风貌，振奋的精神状态，高尚的道德情操，形成与社会主义市场经济相适应，与中华民族优秀传统道德相承接的优秀文化。

五、建设群众文化，有利于化解矛盾，凝聚人心

随着社会的发展，各种利益关系和社会矛盾出现纷繁复杂的局面，人们的思想观念也发生了深刻的变化，思想活动的独立性、选择性、多变性以及差异性明显增强，建设群众

文化有助于避免思想认识上的片面性和极端化，形成尊重劳动、关爱他人、维护公平、互相关爱、团结互助的社会风尚。

第五节　群众文化的组织和发展

一、群众文化的组织方向

群众文化是人民群众在职业外为满足自身精神文化需要而采取的文化行为，是面向社会大众的一种文艺形式，承担着启迪教育群众、增强人的审美观念、提高人的文化素养、培育人的思想品德、促进人的全面发展的重要功能。其受众面最广，群众参与度最高，对群众精神文化生活的影响最大。笔者认为，宣传思想文化部门努力推动群众文化的繁荣发展，必须以习近平总书记文艺座谈会讲话精神为指导，突出三个主导。

（一）突出主角老百姓

群众文化要服务好群众，就必须依靠群众，发动群众，发挥人民群众的主体作用。首先，文艺作品的创作要把基层老百姓作为主角。习近平强调，人民是文艺创作的源头活水。这就要求文艺创作必须从老百姓平凡生活中挖掘出动人故事，折射出他们的伟大和善良。其次，要把作品搬上舞台，让老百姓来演绎。这就需要进一步完善基层公共文化设施，为老百姓"唱戏"搭好台子，要由老百姓来说身边事、话邻里情。最后，要广泛动员老百姓来观看。不仅要通过送戏下乡、文艺巡演等形式，将群众文化产品送到群众家门口，还要创新活动载体，吸引老中青幼各年龄层次、职业群体、本地居民和外来人员参与到活动中来。

（二）把握主题——真善美

习近平强调，追求真善美是文艺的永恒价值。针对当前群众文化发展参差不齐，一些作品、表演中还存在不健康、不文明元素的现象，必须主题鲜明地弘扬真善美、抵制假恶丑。"真"就是真实。群众文化表现内容、形式和载体都要始终坚持"三贴近"的原则，做到来源于群众的生活、贴近群众的实际。只有对群众饱含真情，才能反映群众的真情实感、表达群众的喜怒哀乐。"善"就是要向善。坚持正确的价值导向，以正面典型、正面事例为主，讴歌凡人善举，凝聚正能量。"美"就是唯美。精心选择和编排文艺节目，坚决抵制庸俗、低俗、媚俗，做到形式上精致精美、表演上精益求精，把优秀的节目、作品展示给群众，引导群众文化沿着健康向上的道路蓬勃发展。

（三）唱响主调——时代性

习近平指出，每个时代都有每个时代的精神。现在，我国已进入改革深水区，社会矛盾叠加，各类思潮涌动，人们思想活动呈现独立性、多变性、差异性等特点。宣传思想文化部门要义不容辞地担当起时代责任，在众声喧哗中凸显社会主流价值，在交锋交融中体现中国精神。要以群众活动为载体，用老百姓自己的语言、自己身边的事例来讲述中国好故事、传播中国好声音，用老百姓喜闻乐见的形式、丰富多彩的文艺作品来传播有筋骨、有道德、有温度的人和事。要高扬社会主义核心价值观的旗帜，把核心价值观生动活泼地体现到文艺创作之中，用作品形象地告诉人们什么是应该肯定和赞扬的，什么是必须反对和否定的，让群众在说、学、看中启迪思想，温润心灵。

与此同时，要大力传承和弘扬传统文化。习近平指出，中华优秀传统文化是中华民族的精神命脉，是涵养社会主义核心价值观的重要源泉，也是我们在世界文化激荡中站稳脚跟的坚实根基。传承和弘扬传统文化，保护和传承地域文化是很重要的一方面。只要将具有浓郁地域特色的民间文化、非物质文化遗产融入群众文化的创作和表演中，广泛开展优秀民间文化的教育普及活动，坚持古为今用、推陈出新，做到保护利用、普及弘扬并重，我们优秀的民族民间文化就一定会焕发出新的光彩。

二、发展群众文化要注意的问题

（一）群众文化要凸显区域特点

紧扣所在区域群众文化项目的特色，采用妇孺皆知的种类，遵循重视、启发、完善、进步的原则，遵循显示主旨和多样性共存、丰富的现代氛围和正确的文化基调共存的理念，主动抓紧时机，把民族特征与突出的时代特点合理联系在一起，给予群众文化项目新生命、新体系、新思想。完全利用群众文化项目良好的整体作用与教育作用。例如，新年来临之际，全国百姓均会举行很多欢乐的节日活动，如舞龙舞狮、冰雕展览；文化宫也会举行员工文艺会演与趣味文化娱乐项目，区域化的群众文化项目通过节日而统一呈现、达到更好。群众文化项目要每年早做准备、仔细安排，树立榜样标杆，让节日中后阶段的群众文化项目完全符合老百姓娱乐、学习、发展的要求，并且让群众文化生活持续步入全新领域，给民族的发展带来深远影响。

（二）群众文化要满足市场化的要求

人们的文化消费方式多种多样，像凭借商品形象出现的歌舞厅、音乐餐厅、电玩城、台球室、网咖等，因为它们的文化种类丰富，很快受到人们的喜欢，但是以往的群众文化由于简单无聊，无法达成人们随心所欲、自由轻松的愿望，从而容易被人们尤其被年轻人淡忘。

（三）群众文化要实现社会与经济效益的统一

群众文化活动本着保持公益的原则，落实改革，更好地建设文化产业，来改善资金紧张的问题，使文化产业欣欣向荣。伴随着老百姓物质生活条件的持续发展，精神条件的要求同样获得前所未有的提升，那么便应该存在和物质生产成长标准统一的文化产业进行系统性服务，丰富人民精神文化生活的要求。文化产业对群众文化生活的进步存在充分的促进作用，为市场经济规律影响文化和经济统一的结果，做好文化产业，可以取得社会效益与经济效益的共同进步。

三、发展群众文化

（一）拓展群众文化的发展空间

群众文化应避免局限在某种领域或手段中，它需要探索更多种类，借助更多领域，如现在新兴的集团文化、校园文化、街头文化、商业文化等，均为新阶段群众文化的进步领域，一旦将此完善发展，群众文化活动便可以成为社会主义精神文明创建的优质承载力。例如，校园文化就是新形势下组织和发展群众文化的一个很好的着眼点。校园文化，指的是将丰富学生精神生活要求作为目标，将文化艺术项目作为关键部分的一类社会性文化。伴随学生由学校进入社会，学校文化的进步可以很好地推动社会文明与家庭文明甚至全社会文明的更好发展，所以学校文化是增强学生修养及全社会人民修养的根源。

（二）适当发展通俗文化事业

通俗接地气的文艺活动，更能契合人们的心理，更可以形象生动地突出人们的想法与情绪，正视普通的生活。所以，不光是我国，即使是世界市场，普通百姓同样更青睐当代的、通俗的、时尚的文化活动。但是在本国培养群众文化的路途上，通俗文化面临着危机，遭到忽视，在未来的群众文化活动上，必须处理以往的弊端。第一，应该落实整顿群众文化活动的传统形式、传统制度。当谈及城市群众文化活动时，总是可以联想到多种文艺比拼，省级城市进行省级比拼，市级城市进行市级比拼，县级城市进行县级比拼。但是群众认为，此类比赛是极其没有欣赏价值的，由于此类比赛无法从外部环境方面给予观众统一的艺术作品与艺术品鉴的独特气氛，全部的比赛流程毫无差别，并且在表演流程上，安排人员首先开题演讲，其次评委逐个打分、工作人员在会场忙忙碌碌，之后等待评委的颁奖仪式及其他流程，以上难以引起观众重新观看此种艺术活动的期待与冲动，诸如此类极其不具备观看价值的种种文化比赛项目必须进行全面的改观。第二，应该重视发展和培养通俗文化的创作与演出人才。应该提供方便使群众文化工作者去通俗文化更丰富的城市吸取经验，进一步增加群众文化工作人员的综合能力。除此之外，增加资金帮扶，逐渐发展与利用音响器材、器乐器材同样是提高通俗文化必不可少的，这是由于通俗的现代艺术与此类物质器材的关系是紧密相连的，它们同样为当今艺术的重要构成。

（三）注重发展城市广场文化

广场文化为当今城市文化氛围与整体文化力量的关键体现。在计划经济阶段，广场文化向来极其丰富，广场是城市居民重要的活动地点，为调动那时人们的精神生活起到了关键作用。改革开放到现在，广场文化即使不存在过去那样的独特影响，却还是人们精神生活的关键体现。广场文化主要存在四种类型，即街头文化、健身放松文化、大型娱乐表演与广场文化。构建广场文化，一定要遵循下列三方面原则：第一，广场文化应该注意与政治、经济的联系，尽量不要以利益为主。广场文化必须能帮助缓解人们生活工作的困难与辛苦，让人们感觉到欢乐的生活方法。第二，广场文化应该遵从大部分人的审美水平和经济水平。即使现在城市居民的经济水平逐渐转好，物质生活能力普遍增强，然而文化休闲经济消费的比重还是非常低。所以，一定要符合老百姓的经济接受水平。第三，应该具备指导性与鼓舞性，广场文化必须将社会主义精神文化作为原则，传承新时期的理念，一定要消灭庸俗落后的文化，以及和本国精神文明创建背道而驰的、不良的及被淘汰的精神产物。

总的来说，发展群众文化艺术可以使人民群众的精神生活得到保障，增强人们的群众文化意识，提高人们的精神素养，丰富人们日常文化活动。同时也是对传统文化艺术的一种继承与发扬，充实了人们的精神世界。对维护社会治安、保障人们生活质量有一定的作用，是社会和谐稳定发展的一项重要保证。总之，群众文化活动能够有效地促进社会的发展，因此，需要广大学者与管理工作者加强对其的重视，意识到其真正作用，并积极对活动进行创新，提高水平，为我国文化的传播奠定基础。中国传统文化源远流长，博大精深，不同区域形成了以地方为特色的区域文化。群众文化对我们的生活有着积极的作用，需要我们去发扬和发展。大力弘扬群众文化的工作，需要借助现代媒体网络，呼吁更多的群众积极参加到群众文化中。

第三章 推动我国当代群众文化艺术科学发展的路径探索

　　建设大众文化、推动大众文化科学发展是一项重要的系统性工程。目前，我国当代大众文化在发展过程中存在的最为突出的也是最为重要的问题，就是在具体建设大众文化之际常偏离科学发展观，至少未能很好地遵循科学发展观的要求做好自身的文化提升工作，这导致目前大众文化缺乏必要的文化担当意识与能力，忽视基层群众的文化诉求，漠视底层特别是弱势群体的文化需求。在商业化逻辑的布控下，"三俗"问题比较突出，文化乱象时有发生，在一定程度上脱离了以人为本，更谈不上促进人的自由全面发展了。就现实状况而言，大众文化总体上与精英文化之间的关系较为紧张，与主导文化之间也存在矛盾。"中国当代大众文化在20世纪90年代一跃成为文化巨流，与具有行政权的官方主导文化、拥有话语或思想权的精英文化、复兴势头强劲的传统文化、以广大乡村为依托的民间文化构成了一种多重紧张关系。"在这样一个关系复杂、问题丛生的背景与视域下，推动我国当代大众文化的科学发展，就需要积极做好有关大众文化建设的战略规划和对策谋划工作，需要在科学发展观的指导下，走出一条中国特色社会主义大众文化发展道路，形成一套科学有效的当代大众文化建设方案。

第一节　我国当前大众文化建设中存在的主要问题

　　我国当代大众文化建设存在各种问题有着诸多主客观方面的原因，有问题并不可怕，关键要把问题梳理清楚，找到症结所在，并有的放矢地逐步加以解决。总的来讲，我国当前大众文化的问题主要原因，还是在于没有很好地坚持和落实科学发展观的要求，对中国特色社会主义大众文化的认识还存在模糊地带，没有把大众文化作为社会主义的一种真正的"文化"来加以深入研究和认真建设，从而导致社会主义大众文化应有的文化功能及具有的文化正能量没有被充分激发出来，反而是某些负面效应被有意无意放大，从而影响了大众文化的科学发展。

一、大众文化建设尚未充分贯彻落实科学发展观的要求

当前大众文化建设没有很好地贯彻落实科学发展观的要求，主要表现在如下几个方面：首先，大众文化建设不能自觉根据以人为本的理念来做好相应的建设规划，主要是依据市场导向、利润原则、经济效益来定制自身的发展方向，忽视了人本真的文化需求、文化权益和大众文化本身所应有的社会效益；其次，大众文化建设总体上未能较好地促进人的自由全面发展，大众文化与主导文化、精英文化等之间未能做到协调发展；再次，大众文化内部各类别之间发展也不均衡，尚未做到有机、统一、协调发展，相互促进；第四，我国当代大众文化建设尚缺乏整体的规划，可持续发展的机制尚未形成，大众文化之间的恶性竞争形势严峻，以炒作、低俗、恶搞甚至恶俗为手段来造势，以博得市场份额为目的的生产与宣传机制尚未得到改观；第五，大众文化精品严重缺乏，国家与社会尚没有形成统一的大众文化评价机制，也没有独立建立有关大众文化的精品工程。除此之外，目前我国大众文化在建设上还出现了如下的困境，即在市场运作方面要求按照类似于西方大众文化的生产、消费模式进行，在社会效益方面又要求其担负类似于主导文化的责任，这就使得我国大众文化出现某种"分裂"的症状。

如何平衡大众文化的经济效益与社会效益之间的关系是一个需要认真对待的重要课题。目前我们对待大众文化问题，需要像二十世纪八九十年代重新认识商品经济、市场经济那样，在实事求是、解放思想、与时俱进中重新审视、反思当代大众文化的建设问题。要认识到建设大众文化是为了繁荣文化，但又不是仅仅局限在繁荣文化上，它深刻地预示着几千年农耕文化模式、农耕文化心态可能将在大众文化的冲击下实现现代转型。当然，这种转型的过程可能伴随着文化阵痛、文化迷失、文化困惑和文化焦虑。为此，社会主义大众文化必须在科学发展观的指导下，成为弘扬先进文化的重要力量，进一步彰显其内在的应然的精神特质，努力实现社会效益和经济效益的统一，做到有利于促进人的自由全面发展，在丰富中国人精神生活的过程中，成为塑造中国人精神世界的积极因素，成为构建中华民族共有精神家园的重要文化资源、文化载体、文化平台。

二、大众文化建设中缺乏文化担当意识

随着我国社会主义市场经济体制的确立和不断完善，国民经济得到了快速发展，人民

生活水平也有了大幅的提高。在这个过程中，广大人民群众的自主意识、民主意识也在增强，人们在生活中有了更大的自由度和更为广阔的文化选择空间。由于中西方大众文化产生的背景和兴起的社会历史条件等都存在明显差异，这也使得中西方大众文化的社会效应存在区别。大众文化在西方社会的兴起，不仅预示着一种日常生活文化的勃兴、文化产业的壮大、文化市场的成熟，同时也意味着资产阶级意识形态的控制作用的日益精细化，对大众产生了一种高级的"蒙昧"作用。大众文化在我国的普及不仅折射出中国经济社会的发展，更意味着大众文化在当代中国社会承担着某种文化"启蒙"，甚至是思想"启蒙"的作用，虽然这种启蒙是不完善、有缺陷的，也带来了众多思想弊病和文化弊端，但它所蕴具的市场意识、张扬个性意识、平等民主意识无疑打开了当代中国人僵化的文化思维。但随着中国社会多元化发展趋势越来越明显，大众文化的"启蒙"作用日益弱化，甚至走向自身的反面。当下的中国在现代性与后现代性的碰撞下出现了前所未有的文化焦虑问题。这种焦虑主要表现在对主导价值观念的认同度的下降，"犬儒主义"文化心态的盛行，大众的文化身份意识的弱化，国家推行的主导意识形态和核心价值观念引发大众的普遍共鸣度仍需要加强，虚无主义、功利主义、新自由主义、普世价值论、民主社会主义等思潮不仅在学界得到关注，也在社会上有所流行。这些思潮中的观念也或多或少、有意无意间在一些大众文化作品中表现出来。在这种文化大环境和总体态势下，对于如何建设大众文化亟待重新凝聚共识，这个共识就是大众文化建设更要不断适应当前的市场经济环境，在推进社会主义文化科学发展中起到更加显著的作用，同时汲取世界文化产业发展的经验进一步拓展民族优秀传统文化的现代生存空间。"产业和文化是不矛盾的，核心价值可以体现为多元的题材，也可以体现为某一视觉上或者生活上的品位。"在大众文化建设过程中，我们需要深刻认识到，大众文化在追求通俗化、市场化和利润之外，必须自觉地为中国文化的科学发展和中国精神的新生担负起必要的责任。

当前在建设大众文化过程中往往刻意强调它的消费性、娱乐性特征，突出它的经济效应，而忽视了大众文化作为"文化"所应有的精神性特质。客观地讲，大众文化生产也属于一种精神生产，这种精神生产在形式上往往体现为"一定的重复生产，如印刷发行书籍、复制艺术品、艺术重复表演等，但这只是对已经创造完成并客观化了的精神产品的再现，并不体现精神的本质"，甚至也不能体现出大众文化的精神生产性。作为精神生产行业的大众文化是"由头脑来实现的行业，应当比那些由手脚起主要作用的行业有更多的自由"，在一定程度上，无论对于生产创作者还是消费者都应该能起到促进其自由全面发展的作用。长期以来，我们习惯性地认定大众文化只是一种消费文化，有意放弃大众文化的文化担当，消解神圣、放逐理想，失去对人文、精神、生命、自然等的敬畏，一味追求感官刺激，以制造瞬间的快乐来满足大众的感性欲望。

不可否认，大众文化的娱乐性、商业性在目前的大众文化建设中被过度张扬，从而降低了大众文化作品的艺术品位，甚至使大众文化变成纯粹的逗乐、庸俗的调侃，大众文化应该负载的意义、价值受到严重的冲击，使其与社会主义文化的理想追求、道德净化、精神家园构建等方面相矛盾，并导致整个社会人文精神的失落。

文化建设要"以人为本"就是要让文化来扬弃人的异化，避免人的物化，因此，坚持"以人为本"既是我国大众文化建设的基本要求，也是提升大众文化的文化担当意识的必然要求。

三、大众文化建设中忽视基层群众的文化诉求

大众文化原本是"民享、民用"的文化，但在市场逻辑的支配下，我国大众文化在受众的指向上，几乎完全倾向于都市群体。原本民间文化可以成为基层群众精神生活的"自留地"，但在大众文化的挤压下其立足之地已经越来越狭小了。有学者认为，"大众文化不是民间文化，不是民间产生的，恰恰是工业文化制造出来然后强加给民间的。民间文化的萎缩是工业文化造成的灾难之一"。不可否认，伴随着大众文化的兴起，民间文化的凋零已是一个不争的事实。不过问题是一旦民间文化被削弱，大众文化又无法填补、代替原本由民间文化所充当的基层群众精神生活的角色，这样基层群众的文化诉求就被压制和漠视，他们的精神生活就会出现真空地带。

纵观目前我国大众文化的消费群体其实已经不是普通的大众了，而是更多地成为中等收入阶层，甚至是有钱有势的人。大众文化演变成"有闲阶层"或"贵族式"的休闲文化，这无形中扼杀了大众文化的"大众性"，也使得普通大众的文化权益无法得到应有的保障，同时更谈不上通过"寓教于乐"的方式对普通大众进行思想引领和精神滋养了。当前或者说在未来较长一段时期内文化建设的推动主体依然是政府，这就决定了大众文化在我国还相应承担着文化民生的功能。随着民间文化的流逝与萎缩，客观上迫使农民、农民工对大众文化的需求越来越强烈，然而目前针对农民、农民工群体的大众文化产品恰恰较少。例如，近年来上映的各类电影"大片"主要针对的观众是都市群体，所反映的内容、表达的主题既不符合农民、农民工的社会心态，也不符合农民、农民工的审美心理，更不能表达农民、农民工的文化诉求。为此，我们要高度重视农村文化建设，大力推进农村公益性文化事业和经营性文化产业的发展，满足广大农民群众的精神文化需求，真正使包括

农民在内的广大基层群众共享社会主义先进文化建设的优秀成果。

四、大众文化与精英文化之间矛盾凸显

大众文化与精英文化之间存在差异，甚至是一定程度的矛盾，并不为奇。在法国著名社会学家布迪厄（Pierre Bourdieu）那里，存在两种文化生产场域：一种是不太专业而批量化的文化生产场域，其目标是为了获得商业的成功和迎合大众的趣味；一种是专业的文化生产场域，也被称为"有限文化生产场域"，它抵抗商业标准，是"纯科学"或"为艺术而艺术"的文化作品。布迪厄把大众文化视为前一种文化生产场域的产物，而精英文化属于后一种文化生产场域的产物。由于文化生产场域的不同，两种文化存在一定对抗也实属正常，不过这不应该阻碍大众文化和精英文化在各自的文化实践中寻找和确立自己应有的位置。只要二者占据各自的位置，在自身相应领域中发挥出正常的文化功能，两者之间纵然有摩擦，关系也不应是紧张的，矛盾也不应是凸显的。但事实上，当前不容忽视的一个文化事实就是，"精英文化、高层文化、学术以及科学文化……被淹没在商业信息系统和商业化的大众文化的大海之中"，成为一个较为普遍的全球性的文化现象。由此观之，大众文化与精英文化之间的关系是不和谐的，是不生态的。

在我国，一方面大众文化在价值取向上日趋与精英文化发生背离；另一方面在大众文化的冲击下，作为精英文化生产者的知识分子，似乎也迷失了自我，逐渐丧失了文化人的高尚品格，所谓的精英文化也日渐堕落为迎合大众的平面文化，变得缺乏深度，或故弄玄虚，缺乏新意和活力。那些固守精英文化立场的人往往对大众文化嗤之以鼻、不屑一顾，而大众文化的生产者则对精英知识分子也同样抱有鄙视的态度，例如对诗歌、哲学等常抱嘲讽姿态。在市场经济大潮中，暂时获势的大众文化生产者占据或填补了精英知识分子的位置，不仅对文化生产拥有相当大的支配权，同时对文化发展规划与战略设计也具有比较大的话语权，而这无疑"侵占"了精英知识分子的话语空间，因而导致部分精英知识分子文化情绪低迷、文化心态失衡、文化理想失落。主导文化虽然有赖于精英文化的趋附与认同，但在社会主义文化要"大众化"和"接地气"的要求下，一方面精英知识分子并没有完成自身的学术话语的通俗化转型，也没有与大众话语进行良好的对接，更有甚者，精英文化的批判性话语有时过于偏激"刺耳"，会引发主导文化的反感与警惕。大众文化则以积极主动的姿态去反映主导文化的某些主题，比较顺利地发挥自身话语容易融入大众日常生活中的优势，从而博得主导文化的欢心，获得主导文化的认同甚至是纵容。总之，目前我国的主导文化在大众文化与精英文化之间并没有做好统摄和协调工作，如此不仅导致

大众文化与精英文化对主导文化都存在成见，同时也加深了大众文化与精英文化之间的隔阂与误解。

第二节　我国当代大众文化建设的战略思考

"在一定程度上，人们眼下普遍关注的文化全球化，也可以理解为大众文化传播的全球化。"伴随着文化全球化的推进，"在全球范围内流动的绝大多数人工制品和图像都成了大众文化竞争的对象"。在全球化形势下，各国、各地区之间的大众文化相互交流，我们应充分吸收国外优秀大众文化建设的经验，但也要深入研究大众文化与意识形态的关系，批判某些大众文化中宣扬或潜伏的错误思潮，探索符合科学发展、和谐发展要求的我国当代大众文化建设战略。该战略设计重在处理好文化性质多重性、文化形式多样性、思想意识多元化与指导思想一元性之间的辩证关系问题，处理好大众文化的民族性与世界性、艺术性与市场性、文化性与政治性的辩证关系问题，并通过对这些问题的深入研究与合理解决，着力提高我国当代大众文化的国际竞争力，推进我国当代大众文化建设战略的成功实施。在战略实施过程中，必须坚持当代大众文化建设的社会主义方向，使其与发展文化产业、构建社会主义和谐文化、建设社会主义核心价值体系和提高国家文化软实力等紧密联系起来。

一、以科学发展观为指导走中国特色社会主义大众文化发展道路

就我国当代大众文化建设而言，必须坚定地坚持走中国特色社会主义文化道路，进一步突出科学发展观在整个文化建设上的指导地位，这是我们建设大众文化的根本指针，是实现文化强国目标的前提。我们所要建设的是具有鲜明中国特色的社会主义大众文化，它不同于资本主义社会的完全商业化的大众文化，更不是对西方大众文化模式的简单复制，在相当大程度上它是要通过对"以人为本"的核心立场与核心理念的贯彻、书写、表达来化解西方大众文化受控资本逻辑限制的窘境，扬弃大众文化的市场功利性、商品性，彰显大众文化的人民性、文化性。

我国当代大众文化建设的基本目标，就是要使大众文化成为不断增强中国特色社会主义文化的生命力、感召力、凝聚力，不断提高人民群众的思想道德素质和科学文化素质的重要文化手段。在坚持贴近实际、贴近生活、贴近群众的原则下能为人民服务、为社会主

义服务，成为面向现代化、面向世界、面向未来的民族的科学的大众的社会主义文化的重要组成部分，通过在丰富和升华大众文化的日常性中成为构建中国人的精神家园的重要文化资源。我国当代大众文化建设要始终围绕这个基本目标展开。

不可否认，大众文化最初脱胎于资本主义的市场经济，"大众文化最初的引人注目之处就是它与资本主义文化工业的孪生关系"。从市场经济层面来讲，大众文化是经过工业生产和商业运作而制造出来的商品，消费性、商业性是大众文化区别于其他类型文化的典型特征。在社会主义市场经济条件下，大众文化的创作、生产、流通等各个环节也都基本体现了这些特征。固然，由于商业化的冲击可能会使得我国大众文化的审美价值与人文关怀有所弱化，不过社会主义大众文化依然需要依靠市场求生存、谋发展，只是商业价值的实现要以质量、品格赢得市场的认可和人民群众的认同。因此，当前我国大众文化建设必须正视和恰当地理解大众文化的商品属性，在科学发展观的指导下，利用市场规律、经济杠杆、法律政策等来引导与扶持大众文化的科学发展，在充分发挥大众文化优点的同时尽量避免乃至杜绝"三俗"现象的出现，实现大众文化的文化价值性与商品价值性、艺术性与商业性的统一。

二、以"五大发展理念"为引领把握我国当代大众文化科学发展的内在机理

"创新、协调、绿色、开放、共享"五大发展理念是马克思主义发展观、发展哲学在新的国际环境和我国经济社会进入新常态的历史条件下的一次新的发展与应用，是党对改革开放和新世纪，特别是党的十八大以来我国经济政治文化社会以及生态文明建设中出现的新问题、新情况、新实践的提炼总结，是在对未来中国发展道路的深刻思考的基础上，进一步贯彻和落实科学发展观所提出的发展战略思想。五大发展理念是对科学发展观的继承和发展，尤其是五大理念中把创新置于首位，将其看作"引领发展的第一动力"，要求"必须把创新摆在国家发展全局的核心位置"，包含"理论创新、制度创新、科技创新、文化创新"等各方面创新，可以说是对科学发展观的一个重大突破，而协调发展、绿色发展、开放发展、共享发展也都从不同侧面既体现了科学发展观中的以人为本的核心立场，全面、协调、可持续发展的思想，又将这些理念的内涵加以丰富和完善。

具体到大众文化建设上，五大发展理念既提出了发展的新要求，又提供了建设的新思路。首先，"五大发展理念"要求社会主义大众文化建设是为了人民能更好地享用社会主义的文化建设成果。"树立新发展理念，首先要解决为什么人、由谁享有这个根本问题。"

"五大发展理念"从根本来说就是以人民为中心的发展思想。正如习近平总书记所指出的那样，"社会主义文艺，从本质上讲，就是人民的文艺"，按照这个指导精神，虽然社会主义大众文化有着商品属性，需要遵循市场的逻辑和规则，但从根本上来讲，市场是社会主义大众文化服务于人民的手段和渠道，社会主义大众文化需要利用市场，但不是市场的奴隶，而是应成为市场的主人，通过市场的手段，实现其满足人民精神文化需求的目的。从这个意义上来讲，"五大发展理念"对我国大众文化建设提出的根本要求与习近平总书记在文艺工作座谈会上对社会主义文艺发展所提出的根本要求是一致的。

其次，"五大发展理念"为我国当代大众文化建设提出了符合国情、顺应时代的具体要求。这就是需要我国当代大众文化建设也必须遵循和体现"创新、协调、绿色、开放、共享"的理念要求，探寻新的历史条件和经济社会环境下进一步推进发展的新思路。就创新而言，不能把简单地"翻新"和包装视为大众文化的创新，而应在大众文化的题材与体裁、话语表达、形式呈现、创作手段、技术应用、市场渠道等方面多去思考还存在哪些瓶颈问题，还存在哪些可以改善的地方，还存在哪些"路径依赖"和"惯性思维"，从这些方面寻找创新点或创新的突破点。就协调而言，大众文化建设要与整个国家的经济社会文化建设相协调，要与整个文化环境相协调，要与主流意识形态相协调，要与各种类型的文化发展相协调，其内部生产、流通、发行、消费等也要协调起来，促使大众文化有机地融入社会主义先进文化建设的主流之中。就绿色而言，大众文化的主题要健康、文明、生态，建设上反对泡沫化，防止大众文化短时期的虚假繁荣，造成"产能"的过剩，例如大量影视作品等无法上院、上线造成人力、物力和资源等的浪费，遵循绿色理念建设大众文化就要不刻意制造其"井喷"之势，更关注可持续发展的能力。就开放而言，大众文化建设在遵从相关政策和法律法规的基础上应该向各生产主体、投资主体、各级各类市场、各国家和地区市场、各消费主体开放，对内以此作为激活全民族文化创造力和活力的一种重要手段，对外作为我国文化"走出去"的一种重要方式。就共享而言，社会主义大众文化需要真正为"大众"服务，成为名副其实的"大众"所能享用的文化，不能因为资本、市场、经济、利润等因素剥夺了广大人民群众的大众文化共享权。

最后，也要考虑到大众文化发展的某些内在机理，关注其在贯彻"五大发展理念"时的一些特殊要求。就创新来说，大众文化一直是被作为抹杀"个性"的文化看待的，无论是法兰克福学派的阿多诺，还是美国文化马克思主义者詹姆逊，基本上都持这种观点。我国一些大众文化创作者，如王朔认为，"大众文化最大的敌人就是作者的个性，除非这种个性恰巧正好为大众所需要"。应该说对于一般大众文化来说确实存在这个问题，但优秀的社会主义大众文化作品，其创新关键就在于既要保证它具有流行性、娱乐性的特征，又能形成雅俗共赏的艺术个性和美学特质。从这点来说，大众文化的创新是很有难度的，也是非常有价值的。对于大众文化建设而言的协调，其特殊性在于要协调好市场与文化、经济效应与社会效应之间的复杂关系，协调好其与主导文化、精英文化之间微妙的矛盾关系，使其能成为社会文化冲突、思想矛盾的缓冲器。大众文化建设上的开放理念更多地体现在市场的开放性上，而这种开放性又是建立在市场的开拓性基础上的，即我国的大众文化建设一方面需要不断巩固国内市场，另一方面也要加强向海外市场的进一步拓展，将大众文化的包容性、渗透性、国际交流性与大众文化市场的广阔性、多层级性、强竞争性等结合起来。而共享则需要大众文化在遵循文化市场基本规则的前提下，既要有大制作、大手笔、强势营销等针对高端市场或城市白领的"大作品"问世，更提倡小制作、巧手笔、低调营销等针对中低端市场的"好作品"的涌现，鼓励走薄利多销的市场路线，进一步落实文化惠民政策，更好地实现文化共享。

三、善用大众文化构建和传播中国话语体系

大众文化在当今国际文化舞台上扮演着重要的角色，在全球大众文化交流互融的时代大背景下，一方面要清醒地认识到我国大众文化发展还处于关键的上升期，相关的体制机制还不健全、不成熟，还需要向西方发达资本主义国家借鉴成功的经验；另一方面更为重要的是，我们必须加强和深化与其他各国的文化交流合作，促使我们的大众文化在保持自身特色的基础上，有效地"走出去"，流通到更大的国际大众文化市场中，而不至于被西方发达国家的大众文化体系所整合，甚至可以为世界大众文化提供可供效仿的运作模式和表现形式，努力引领国际大众文化的风向。而要做到这一点，就必须成功构建中国特色社会主义大众文化的话语体系。

不可否认，话语是一种语言方式，但它不是抽象的概念表征，而是蕴含丰富的实践内容和关系的范畴。"语言是一种实践的、既为别人存在因而也为我自身而存在的、现实的意识。语言也和意识一样，只是由于需要，由于和他人交往的迫切需要才产生的。"话语是在实践基础上形成的人与人、人与社会、人与世界的一种由语言形式链接而成的关系场域。所谓的中国话语，绝不是中国人的自话自说，而是在全球化的场域中呈现出"中国化"，在现代性的语境中彰显出"中国性"，它"应切中当代中国的历史性实践，应符合当下中国人的生存体验"，中国话语就"如同中国特色、中国理论、中国道路、中国制度、中国经验、中国声音、中国故事、中国梦、中国风格、中国气派等一样，体现了固有的独

特性，是一种可以反映和再现中华民族的历史经验并表达其真实的现实需要的本土话语，表现为中国特定的文化语境、价值观和行为方式等"。当代中国大众文化建设不能脱离中国话语的内容、形式和逻辑语境，应将中国话语进行有效内化、转化、表达、展现。首先，当代大众文化需要积极传播我国在国际上具有较大影响力的话语内容，如和平与发展的时代主题、共同价值观、人类命运共同体等；其次，需要将社会主义核心价值体系、社会主义核心价值观的内容通过形象化、艺术化方式塑形、体现、落实在具体大众文化作品中。再次，对若干重要的中国传统价值话语，如"礼义廉耻""仁义礼智信"等进行大众文化式的话语转化；最后，将某些具有世界意义的话语，诸如"和谐""创新""绿色"等用大众文化方式向全球传播，传达中国理念，传扬中国精神。

善于运用大众文化构建和传播中国话语体系就需要充分、合理、深度挖掘中华民族优秀传统文化的当代价值，并以大众文化方式进行当代演绎，讲活、讲好、讲美中国故事。任何民族优秀的传统文化既是民族的也是世界的，中华文化源远流长、博大精深，是世界文化多样性的重要组成部分，是中华民族能积极参与世界文化建设的最为重要的资源与最为关键的资本。"中华优秀传统文化是我们最深厚的文化软实力。"构建中国特色社会主义大众文化的话语体系，需要将优秀的传统文化进行相应的话语转化和重新编创，要便于大众传媒传播、便于大众接受、便于融入当代大众文化结构体系中，实现与现代文化、全球化文化的有效沟通。

随着经济全球化的不断推进、现代科学技术的快速发展，特别是媒介技术、网络技术的不断更新升级，世界各国的交往愈加频繁，在文化层面上的交流合作也在不断加深，呈现出一种形式上的趋同化的态势，但是这并不意味着中国当代大众文化建设也要走西方那套完全市场化、商业化的路子。中国特色社会主义大众文化植根于社会主义现代化建设的伟大实践之中，在本质上是对当前社会实践和人们日常生活在意识观念层面上的一种通俗化的反映，也在一定层面上折射着当代的"中国精神"。中国特色社会主义大众文化需要继承优秀的传统文化，将五千年的悠久文明这一我国无可比拟的文化优势与资源宣传好、发展好、开发好、利用好。"艺术的基本原理有其共同性，但表现形式要多样化，要有民族形式和民族风格。"总之，中国在大众文化建设上也要树立高度的文化自觉和文化自信、构建有中国风格、中国气派、中国特色的当代大众文化的话语体系。

四、妥善处理好大众文化与主导文化的关系

在大众文化建设的实践中，主导文化与大众文化之间存在着矛盾甚至冲突是不可否认

的一个事实，也是难以完全避免的一种情况。大众文化所指向的受众是一个庞大的群体，否则就不能成为"大众文化"，但"大众文化"中的"大众"并不就是"乌合之众"。长期以来，我们批判大众文化是庸俗文化，其理论的潜台词，或批判者的潜意识里是将"大众"误认为"乌合之众"。这种误认会严重忽视、遮蔽、损毁大众的"文化潜力""审美潜能"和"道德潜质"，从而把大众推到了理想性文化的"对立面"，这妨碍了大众对主导文化的认同，不利于大众参与主导文化的建设，而当前的主导文化建设恰恰需要的就是大众的广泛认同和积极参与。

主导文化是在官方意识形态的指导下所建构起来的文化体系，目的在于巩固政权的合法性，展示发展成就、指导现实工作、弘扬核心价值观，以凝聚全社会对国家和政权的认同。其主要话语生产机器包括各级各类党报、党刊、电视台等。由于主导文化在很大程度上是借助官方的话语机器来生产和传播的，本身又担负着很强的政治功能，具有严肃而浓厚的政治意义，表现为"大叙事"特征，难以有效按照市场规律来运行。大众文化通过市场规则来运作，强调多元化的"小叙事"，注重个体体验，主张个性张扬，关怀日常生活，这些都与主导文化有着明显的区别。

在大众文化建设的过程中，主导文化往往凭借其文化强制力直接干预大众文化。作为国家层面的话语体系，主导文化利用自身优势来宣传合乎政权需要的意识形态和价值观，制定各种文化政策，引导大众文化产品的生产和消费，利用官方主导话语权，对大众文化的价值取向等各方面进行规制和评价。我国每年创作的大量电影、电视剧从摄制到最后公映都要得到有关部门的许可，接受审查，做好必要的备案工作，这样做的目的并不在于确保其艺术水准而是把脉是否存在有违主导文化的内容。大众文化生产者深谙商业化的市场机制和媒介运作机制，往往会巧妙规避主导文化的监控，拓展自身的发展空间，形成对主导文化的"避让"之势。主导文化其实是一种包含"梦想"的理想性文化，但往往由于自身宣传普及方式、话语体系或其他方面原因导致其理想因子无法被大众所接受和认同，因而时常开启大众"梦想之门"的却是大众文化。"无论哲学取得了多大进步，它迄今仍没有给群众提供任何能够让他们着迷的理想，这恰恰与大众的本能不相符，大众无论付出多大的代价，他们必须拥有自己的幻想。"作为精英文化的哲学是如此，主导文化（马克思主义哲学在我国既是学术层面上的精英文化，也是官方倡导的主导文化）也是如此。大众文化生产者在一定程度上确实摸透了大众"必须拥有自己的幻想"这样一种普遍心理。

一部大众文化作品之所以能够被大众追捧，总是深深地包含了大众幻想性的意义构成和激发快感的符号结构，为大众"做梦"提供必要的幻象空间。正是如此，好莱坞才被称为"梦工厂"，这里不仅实现着电影投资人的"财富梦"、演员的"明星梦"，也有观众的"白日梦"，大众文化的商业化生产机制、利用大众媒介造势的运作机制等提醒我们，"主导文化要学会大量使用大众文化的运作机制来推广自身，借助现代化的大众传媒和文化工业体系，来展示自身的魅力"，而其善于运用"梦想"机制来吸引受众的方式也是可以被主导文化借鉴的。当然，这里的"梦"无论从形式和内容都应与大众文化有所不同，它更多地体现的应是主导文化所内蕴的理想、信念、信仰的力量，并在这种理想、信念、信仰支配下激发出来的行动能量和实践动力。

五、实现大众文化与精英文化之间的良性互动

首先，精英文化在我国主要是指由知识分子群体所主导的文化，确切地说，"精英文化是知识分子阶层中的人文科技知识分子创造、传播和分享的文化"。知识精英阶层凭借其广博的文化知识、高雅的审美情趣、深厚的学术修养，承担着思想启蒙和社会教化的使命，扮演着价值"领军人物"的角色，他们具有独立思考的个性和终极关怀的气度，对商业化、同质化特征比较明显的大众文化往往持批判态度和排斥心理。

其次，实现大众文化与精英文化之间的良性互动，要充分认识到大众的"常识思维、实践经验和日用知识，作为大众文化的基本成分，既是涵养和支持精英文化的社会意识基础，又是精英文化赖以丰富和发展的知识源泉，还是精英文化下渗生活世界，变为大众化的实践力量的承接点与过渡环节"，因此，不能人为地将精英文化与大众文化对立起来，要注意到两者之间其实是可以相互支撑、实现互利共赢的。

第三，精英文化与大众文化所关注的社会层面、文化追求的侧重点是不同的。精英文化代表着社会的先进理念和高尚道德情操，承担着宣扬社会理想、传播文明价值、弘扬社会公平正义、阐释人生理想信念等义不容辞的责任，这与大众文化追求感官享受、迎合多样化需求之间确实存在差异。"精英文化是优秀规范和标准的当然继承者，它所关注的是审美的永恒价值，讲求伦理的严肃性、创造性和个性风格，因而形成了不断超越自身的内在动力"，而大众文化以盈利为导向，制造新奇，夺人眼球，追求流行性，风格各异。为此，精英文化必须敢于担当，勇于承担起自身的使命，通过对现实社会的积极介入和热切关注来传播人文价值和科学精神，敢于针砭时弊，评议现实，确立价值尺度和审美情趣的标准，负责向大众传递符合实际的社会理想和理性精神。

第四，要充分认识到精英文化在当前大众文化建设的实践中也能大有作为。（1）精英知识分子可以借鉴大众文化形式来讲解、演绎、传播、弘扬民族优秀文化传统，重建中国

文化的价值系统，重塑现代国民性与民族魂，从而使中国文化走向世界，在与世界文化的对话交流中，真正呈现自己的价值和魅力，并为中国的现代化实践注入持久的文化支持力；（2）通过对大众文化的合理批判，为大众文化的发展注入人文精神与科学理性，在整个社会建设过程中承担起社会良知的角色并发出社会公正和正义的呼声，为提高全民族的文化素养和精神境界做出不懈的努力。

第五，要清醒认识到精英文化自身也面临着发展困境。面对市场经济的大潮，精英文化遭遇到前所未有的冲击，主要表现是，整个社会人文精神衰落，知识精英阶层犬儒化心态开始蔓延，道德自律性开始弱化，往往沦为各类庸俗潮流的附庸；知识分子追名逐利，学术追求的内在动力削弱；知识精英阶层对社会发展的推动力、对社会现状的批判力明显不足；知识分子在社会上的影响力和在价值观上的感召力呈下降之势；人文知识分子的地位更是岌岌可危，人文学术著作出版发行困难，很多人文学术著作沦为作者"孤芳自赏""自怜自艾"的无读者的文本。面对此状况，部分知识精英分子未能从社会变迁和时代发展角度出发来辩证分析其中的原因，而是主观武断地认为这都是大众文化兴起惹的祸，这就进一步造成精英文化与大众文化之间的隔阂，激化了两者之间的矛盾。部分大众文化作品为了制造卖点、笑点、兴奋点，在人物形象塑造、情节设置上有意无意地简化、扭曲甚至是丑化知识分子形象，对知识分子以及对人类的思想、精神、理论等为知识分子最为看重的成果进行挖苦、嘲讽，从而引发了知识分子的文化焦虑，甚至伤及他们的尊严，如此自然招致其对大众文化的反感。

六、促进大众文化建设与传统文化资源开发相结合

传统文化资源是大众文化重要的故事素材来源和创作灵感源泉，中华传统文化资源丰富而精深，建设大众文化需要积极利用、合理开发我们的文化资源宝库，充分借鉴它的叙事方式、故事题材、思想主题，特别需要将我国优秀传统文化的内在精神和价值观渗透到当代大众文化作品中。妥善保护和合理开发是辩证统一的，某些传统文化资源具有不可再生性，在建设大众文化过程中既要充分挖掘传统文化资源的价值以满足当代人的需要，同时也不能只顾眼前利益过度使用，如大肆拍摄古装戏可能会造成拍摄场地古代建筑的破坏；将名人故居肆意进行商业化开发，不仅可能会破坏名人故居的器物原型，更可能伤及其内在的文化价值；电视鉴宝类节目的过度娱乐化会遮蔽文物本真的价值；等等。

合理开发优秀传统文化资源，首先要尊重我们民族的历史、民族的文化，不能本着所谓的"娱乐精神"对历史与传统进行想当然的创编和改造，更不能"恶搞"历史与传统，

混杂历史虚无主义的内容；其次要采取适当的大众文化形式来表现传统文化内容，不是所有的大众文化形式都适合呈现传统文化的内容，也不是所有的传统文化资源都可以开发或一定要开发成大众文化作品；最后，开发要"出精品""求品质""重创新"，不能粗俗模仿传统、简单地复制传统，更不能恶意篡改传统，要让优秀传统文化不仅通过大众文化能老枝长新芽，也能更好地渗透到现代人的日常生活之中，融入现代文化发展的大潮之中。

总之，中国当代大众文化在发展过程中应自觉以主导文化为指导，弘扬主导文化的核心理念，不断拓展发展空间，扩大社会影响力；主动融合精英文化以提升其精神内涵和人文价值；合理彰显、整合优秀传统文化，突出民族性特点；大胆吸收世界文化的优秀成果，提升国际影响力和整体竞争力。

第三节　我国当代大众文化建设的对策谋划

我国当代大众文化建设的基本对策是在总体建设思路和发展战略设计基础上的进一步细化和具体化，其大体上又可划分为宏观保障性对策、微观业务性对策和包括消费主体、建设主体在内的文化"双主体"提升对策。三种对策在实际应用过程中是组合使用、互相支撑的，目的是在大众文化具体建设中切实贯彻"以人为本"的方针，协调好大众文化与主导文化、精英文化等之间的关系，兼顾大众文化的经济效益与社会效益，统筹安排各项建设措施，真正促使我国当代大众文化全面、协调、可持续发展。

一、宏观保障性对策

（一）提升文化治理能力为大众文化建设提供先进的管理机制保障

何谓文化治理，在理解上主要存在两种视角：一种是运用文化手段和发挥文化功能来治理社会；另一种是对文化进行治理。前者指的是将文化引入治理中，强调的是在国家与社会治理过程中积极发挥文化功能，该意义上的文化治理，突出的是"利用和借助文化的功能用以克服与解决国家发展中问题的工具化"，也就是要善于利用文化方式和手段来治理社会；后者指的是将治理引入文化之中，强调传统文化管理模式要向现代治理方式转变，也就是把文化作为治理对象来看待。本文中所言及的文化治理是在后者意义上加以使用的，这种文化治理从内容和对象上来看，主要包括三个方面，即宏观上，文化治理是国家经济、政治、文化、社会、生态五大领域整体治理方略的一个部分；中观上，以目前我国文化行政管理体制为基本依据，文化治理以新闻出版、广播电视和文化艺术为主；微观上，以现行文化部管理内容即文化艺术领域为主。无论是从宏观、中观还是微观上来看，文化治理都是国家和社会治理的有机组成部分，也是一个国家文化及其管理走向现代化的必然选择。随着时代的发展，过去的单一主体、条块分割的文化管理体制不能完全适应时代要求，这就亟待一方面要继续提升文化管理主管部门的业务水平和管理能力；另一方面要积极有效地构建多元参与、双向互动、协同运作的文化治理机制。它旨在通过优化顶层设计、强化基层协调运作、注重多元参与合作，更好地激发当下社会主义文化系统中的各类文化形态的潜力和活力，并使之良性互动发展。提升国家文化治理能力现代化无疑能为大众文化建设提供先进的管理机制保障。

首先，文化治理实行的是文化建设过程中的多元主体参与式管理。这就需要在大众文化建设过程中积极处理好政府、社会、市场三者之间的关系，通过政府的决策引导、弹性管理，社会力量的多元参与和市场机制优化为大众文化的发展创造良好的制度环境、社会环境和市场环境；除了文化企业外，各社会组织以及公民个体也要积极参与到大众文化创作中，丰富大众文化产品的内容、拓展大众文化的主题，创新大众文化的体裁。

其次，文化治理强调的是文化建设过程中的协同与合作管理。这就需要在大众文化建设过程中处理好国家、地方、企业等之间的关系。在国家层面上，实行"大文化"管理体制，解决好条块分割、各主管部门分治的问题；在地方层面上，实施区域文化管理的联动机制，进一步推进文化生产经营机制的创新，有效实行"三分开一分离"，即政企分开、政事分开、政府与市场中介组织分开和管办分离；在文化企业层面上，进一步扩大生产经营自主权，激发生产制作、市场开拓的活力和动力，既要积极扶持小微文化企业，又要努力组建有区域和国际竞争力的大型文化企业航母，让各类、各层文化建设单位及相关组织结成自上而下、自下而上、左右平行、大小平等的协同、合作关系，构建国家大众文化治理体系的协同合作管理机制与网络化的运作平台。

最后，文化治理追求的是在文化建设目标上实现文化善治。善治原本是一个政治学和公共管理理论的术语。从过程论的角度来看，善治是一个追求公共利益最大化的社会管理过程。在这个过程中，管理主体上体现的是政府主导的驾驭性与社会参与的多元有效性的结合，管理方式上体现的是刚性与弹性的耦合，管理方法上体现的是科学与艺术的融合。从效果论上来说，善治是达到一种和谐治理的形态，虽然社会的矛盾与冲突仍会不断出现，却能最大限度地被社会所包容、被制度所容忍、被体制所接受、被机制所化解。将善治理念引入文化建设上来，就是要追求文化善治。所谓的文化善治，简单地讲，就是要通过相应的社会治理方式和各种治理手段，在提升国家文化治理能力现代化的过程中，逐步实现人民群众文化权益最大化的过程，并能不断包容、接纳进而化解各类文化矛盾，促成整个社会文化体系相对和谐的状态。我国当代大众文化一方面需要在不断吁求提升国家文化治理能力现代化的大环境中，进一步谋划自身的发展战略和建设策略；另一方面也需要不断以文化善治为价值取向，促使自身更深度地融入中华民族文化建设和复兴大潮中，发挥自身的特色和优势，以更加自觉的姿态参与到整个国家文化治理体系构建之中。

（二）发展文化生产力为大众文化建设提供物质技术保障

从学理上讲文化生产力的提出是对马克思主义生产力理论的丰富和发展，是对马克思精神生产力观的继承与创新。从现实的角度来看，党中央之所以提出文化生产力这个概念，主要是鉴于文化越来越成为综合国力的重要体现，特别是文化产业对一国经济的发展和生产力水平的提升起到了重要的推动作用。如果忽略理论上的细枝末节，在一定程度上讲，一国的文化生产力就是一国文化产业发展的能力。将文化产业打造成我国重要的国民经济的支柱性产业是中央既定的文化战略方针。党的十八大报告把文化娱乐业、广播影视、音像、网络、旅游、广告等大众文化或与大众文化密切相关的产业作为我国文化发展战略的重要主攻方向。随着国际文化贸易往来日益频繁，世界性文化思潮此起彼伏，国际大众文化市场竞争愈加激烈，"为推动中国大众文化的国际化发展，不断增强我国大众文化的实力，更好地满足人民群众不断增长的文化需求，以产业化的方式发展大众文化是必然的选择"。为此要通过各项措施，如加快高科技特别是数字化技术向文化产业领域的渗透，深度推进"互联网+"向文化新业态的延伸，提高文化企业的生产效率，加快文化市场的网络化渠道构建，做好大众文化产品电子商务平台建设，全面实施"互联网+"，从而为我国当代大众文化发展提供坚实的物质技术保障。

（三）加强文化立法为大众文化建设提供更加完善的政策法规保障

从文化管理和文化治理的角度来看，当前党和政府需要综合考量国际文化发展趋势、市场需求和大众文化建设的规律来制定相关的发展规划、政策法规以促进社会主义文化的科学发展。大众文化的建设同样离不开相应的文化政策、产业政策的规范与扶持，需要一整套法律法规的保护和激励。

除了政策法规不甚完善外，目前还存在一些对大众文化发展不利的政策，主要体现在国家对大众文化发展的干预有时过于具体，如一些限播令的出台、一些影视的审批等还具有较强的计划经济的痕迹，某些该限播的没有限播，而有些可以播放的，由于在意识形态安全和保持社会稳定方面过于谨慎却不能播出或延期播出。有些限播的政策或具体的限播指令不是依据市场的需求和内容的本身优良来制定，有时则是根据领导的好恶来评定。影视审查是必要的，但审查的标准往往较为模糊，有形式主义之嫌，或者说影视审查并没有对我国影视文化的发展起到很好的引导作用。

正是由于促进大众文化建设方面的政策法规的不完善，甚至还存在某些不利于其科学发展的具体政策和规定，因此在未来一段时期，要积极从文化发展规划、文化建设立法、宏观政策扶持、具体部类政策、大众文化产品产权保护等方面，来构建更为完备、合理的促进中国当代大众文化建设的政策法规体系，从而为我国当代大众文化科学发展提供强有力的政策法规保障。

（四）扎实推进文化产业发展为大众文化建设提供科学的产业化保障

相对于公益性文化事业来说，文化产业是指从事文化产品生产和提供文化服务的经营性行业，它主要是为社会公众提供有关文化、教育、娱乐等产品与服务。文化产业的范围包括为社会公众提供实物形态文化产品的生产活动，如书籍、报纸的出版、制作、发行等；为社会公众提供可参与和选择的文化服务和娱乐服务，如广播电视服务、电影服务、文艺表演服务等；为社会公众提供文化管理和研究等服务，如文物和文化遗产保护、图书馆服务、文化社会团体活动等；为社会公众提供文化、娱乐产品所必需的设备、材料的生产和销售活动，如印刷设备、文具等生产经营活动；为社会公众提供文化、娱乐服务所必需的设备、用品的生产和销售活动，如广播电视设备、电影设备等生产经营活动；与文化、娱乐相关的其他活动，如工艺美术、设计等活动。这个标准尚不是一个严格的产业分类标准，只是一个对文化及相关产业便于进行经济学意义上量化统计的行业分类细则，不过，这对于我们理解和把握我国当前文化产业的产能、生产经营状况、经济效益等还是具有重要的参考价值。

文化产业很特殊，它既有普通产业所涉及的经济效益问题，同时比其他产业更多地牵涉到社会效益、意识形态等方面的问题。正因为如此，詹姆逊主张第三世界国家为了摆脱西方发达资本主义国家意识形态的干扰和文化控制，必须发展自己的文化产业。这一点对于我国大力发展文化产业不无启示作用。随着文化全球化浪潮涌动、文化贸易不断走高、文化交流日益高涨，按照市场准入原则，国外的文化产品中主要是大众文化商品会以更猛的势头纷纷涌入国内文化市场。在一定程度上，文化全球化也可以理解为大众文化的全球化，正是在这种情况之下，我国如何应对国外大众文化商品的冲击，如何保护民族文化产业的发展就成为一项重要课题。笔者认为，只有从根本上肯定大众文化，重视大众文化，创作更优秀的大众文化作品，大力发展我国的文化产业，进一步规范和繁荣文化市场，才是最有效地应对与保护。

就现状而言，我国文化产业仍然处于发展阶段，无论是规模总量还是质量效益，无论是对内满足人民群众的文化需求还是对外扩大中华民族文化的影响，都还存在较大的提升空间。还有个问题就是目前我国的文化产业虽然得到了政策上的支持，发展势头强劲，但也不排除部分地区、领域存在"文化产业虚热"的现象，相当多的地市纷纷建立文化产业园、文化科技产业园以及各类文化产业基地，但实际在招商引资、文化实体经济方面还很薄弱，并不是以高度负责的态度和高质量的业务来推进文化产业的发展，这给我国文化产业的科学发展带来了隐患。但随着我国整体经济实力的进一步增强，经济新常态下经济结构的进一步调整优化，人均收入水平持续提升，文化体制改革不断深化，综合国力和国际影响力明显提高，文化产业迎来一个加快发展的黄金期，随之大众文化也将会迎来更好的发展机遇，开创更好的建设局面。

二、微观业务性对策

（一）扶持优秀大众文化作品创作

大众文化作品的创作是大众文化建设的基础工作，大众文化最终能否获得社会尊重也要靠优秀作品来支撑。大众文化创作具有自身的特点，这要求我们必须深入而系统地研究优秀大众文化的特质、创作机制等问题，探索大众文化之所以深受人民群众欢迎和得以流行的深层原因，研究国内外优秀大众文化产品的创作、传播等方面经验。目前，我国在创作优秀大众文化的过程中需要注意的问题主要包括如下几个方面：

首先，大众文化创作要走正道。不可否认近年来我国大众文化在创作上出现的一些问题，不少通俗文学、影视剧，大写特写人性的丑恶，夸大无所不能的金钱功能，有意放大人的动物性，过分取媚大众，追求娱乐性和经济效益，成为市场和金钱的"奴隶"。习近平总书记在文艺工作座谈会上，对目前我国文艺创作中的不良倾向进行了深刻剖析，并就社会主义文艺创作原则问题进行了高屋建瓴的阐述，对于我国文艺创作具有重要的指导意义。习总书记在文艺工作座谈会上的讲话，虽然主要针对的是我国整个文艺创作，但必将对我国当代大众文化建设产生重要而深远的影响，将进一步推进我国大众文化更坚定地走正道。这里所谓的正道，即大众文化创作者的心态要摆正，摒弃功利之心、浮躁之气和因袭之风，自觉走中国特色社会主义文化道路。社会主义大众文化创作从根本上来说不是为了市场、为了名利，而是要为社会主义的人民大众服务，不要因为大众文化的商品性、消费性就为种种不良倾向找托词、寻借口，要自觉地将大众文化创作融汇到社会主义先进文化创作和建设的大潮之中，要自觉地彰显主流价值观的思想力量和人性的光辉。优秀大众文化作品应着力于弘扬民族精神和时代精神，体现爱国主义和集体主义的精神要求，传达社会正能量，能从不同的侧面反映富强、民主、文明、和谐，自由、平等、公正、法治，爱国、敬业、诚信、友善等社会主义核心价值观的思想内容或精神要素。

其次，贴近百姓生活，以引发人们思想的普遍共鸣为基础，进一步在潜移默化中提升人的精神生活。优秀大众文化的创作应当坚持"以人为本"的方针，从人民群众生活中汲取灵感，经过艺术化的创作、加工，既能真实反映百姓的喜怒哀乐、真实心声，又能对大众生活产生积极有益的作用，有利于在社会上形成"向善向上"的文化力量。大众文化创作在内容上要贴近实际、贴近生活、贴近群众，在表现形式和传播手段上要善于创新，符合接受心理学、接受美学的要求。"寓教于乐"是优秀大众文化所要追求的目标，但真能做到这一点并不容易，这需要在内容、体裁、主题选择上富有生活气息而不流于俗气，富有时代气息而不割裂传统，富有创新意识而不故弄玄虚，更不能进行恶搞。在创作视角、表现方式、叙述和创作心态上具有平民意识而不是"居高临下"，也不是简单地让大众文化直接充当"说教"的角色和思想宣传的工具。在制作形式上，优秀大众文化作品并不一定需要惊天动地的所谓"大手笔、大制作、大宣传"，只要内容和形式能吸引人、打动人心，在"润物细无声"地传播真善美的过程中被大家所喜爱就是优秀的大众文化作品。

再次，大众文化要在精神塑造上下功夫。精神性的匮乏是我国当前大众文化的一种典型的通病。因此，如何在精神塑造上下功夫成为我国当前大众文化建设的一个重要的考量方面。一方面我国当代大众文化要自觉地传播民族精神和时代精神；另一方面它还需要不断充实人文精神。人文精神是"从各门'人文科学'中抽取出来的'人文领域'的共同问题和核心方面——对人生意义的追问"，只有大众文化中内含丰富的人文精神才能真正吸引人，才能体现出"以人为本"的精神追求。

最后，在具体创作上，要力求做到精品与新品并举。能称为大众文化"精品"之作至少要包含以下两个方面的要素：一是重"精美"，即制作要专业不能粗糙，内容要饱满丰富不能粗俗、流俗、拖沓，每个细节都要经过精心打磨，尽一切可能，避免内容与形式上的瑕疵。二是重"精神"，即大众文化作品不仅能愉悦人的心情，满足人的感性需求，也能增长人的知识、启迪人的思维、丰富人的思想、开启人的智慧、升华人的情感、培育人的美感、净化人的心灵、传递社会正能量。只有做到"精美"与"精神"的统一，大众文化方能出"精品"，大众文化的文化品格才能树立起来。大众文化要出精品，既需要天马行空的"创造力"，也需要脚踏实地的"匠心"运作，更需要务实的"工匠精神"去全心投入、精心制作、用心打磨。只要是"精品"，自然就会有市场，或者经过合理的市场营销运作自然能获得大众的喜欢，做到"叫好"与"叫卖"的统一。大众文化的"新品"是指大众文化产品的创意要"新"、表现形式要"新"、传播形式要"新"、内容要体现出"新时代""新风尚""新思想""新成就"。在一定意义上来说，在大众文化领域内，"'新品'是'精品'文化'普通'化的必然之路，以'精'为内核，以'新'为表征"。大众文化在具体创作时需要自觉贯彻这样一个要求，才能满足人的精神需求，赢得尊重，获得大众的喜爱，赢得市场，实现可持续发展，赢得更美好的未来。

（二）强化大众文化企业管理

得到市场的认可是大众文化得以发展的重要前提，也正是在市场的磨炼中，大众文化才能获得可持续发展和持久创新的动力。企业是市场的细胞，文化企业能否发挥活力，决定着整个文化市场肌体能否保持勃勃生机。这正如美国当代著名思想家丹尼尔·贝尔所指出的那样，"市场是社会结构和文化相互交融的地方"，大众文化企业的生产和流通过程其实与其他企业一样，都要遵循价值规律和市场规则。这就要求在一定宏观调控的基础上，对待文化企业要充分利用经济杠杆来引导它们将生产、传播优秀大众文化产品作为企业的自觉行为，使其能兼顾经济效益和社会效益，成为不断涌现优秀大众文化作品的重要领地。

无论是大中型文化企业还是小微文化企业，都要善于利用现代科学技术手段优化企业管理流程，合理配置资源，将积极利用和合理保护文化资源有机结合起来，积极运用网络技术、智能化技术、数字化技术提高高端文化产品和服务的供给能力。国有大中型文化企业还需要积极构建更适应时代要求的现代企业制度，创新科学管理方式，完善企业管理的顶层设计，加强企业管理的制度化、规范化、科学化建设，着力塑造文化产品的系列品牌，不断拓展国际文化市场的领地和范围。

大众文化企业在加强自身管理过程中要借助市场化的强大的激励作用，积极鼓励创新，将科学发展观的理念渗透到企业管理中来，在文化生产上讲求实事求是，量力而行，以市场为导向，体现出"以人为本"的精神。增强大众文化"润物细无声"的社会教育、文化传承功能，让中国当代大众文化能够部分承担起民族优秀传统文化与社会主义先进文化，特别是科学发展观、社会主义核心价值体系、社会主义核心价值观等"走出去"的文化使命。

（三）优化大众文化市场运作

优化大众文化市场运作需要重塑文化市场主体，特别是要理顺政府与文化企业之间的关系。文化产业格局和文化市场格局的形成，不能只靠单纯的行政命令来推进，而必须依循文化市场运作的规律来开拓。为此，一方面，我们必须努力促进文化创新，多出文化精品，不断提高民族优秀传统文化、社会主义先进文化的影响力和竞争力，努力将我们的文化资源优势转化为文化竞争优势；另一方面，我们必须按照一手抓繁荣、一手抓管理的方针，加快建立和健全统一、开放、竞争、有序的现代文化市场体系，完善文化市场的管理机制。

要加快完善文化管理体制和文化生产经营机制，基本建立现代文化市场体系，健全国有文化资产管理体制，形成有利于创新的文化发展大环境。大众文化市场运作机制的建设，从本质上说，就是要建立中国特色的现代文化市场体系。面对国外大众文化产品的冲击和人民群众日益增长的物质文化需求，以产业化的方式发展大众文化，构建现代文化市场体系是必然的选择。我们必须树立文化产业化的观念，让我国文化产业、大众文化去接受市场特别是国际市场的洗礼。对现行的文化管理体制进行全面改革，整合现有的文化资源，汲取传统文化的养分，打造支柱型文化产业和具有品牌效应的文化产品，拓宽文化资本、文化创作与生产主体的多元化渠道，确保大众文化市场健康发展。改善大众文化市场的运作方式，以科学发展观为指导，特别是要发挥"以人为本"的内在精神力量和现实感召力激发国内影视的"内生性"增长力量，打破进口大片的票房神话。

一是大众文化在市场运作过程中需要有关文化市场方面的法律和行业协会的规制来加以约束。通过建立健全相关法律，以法律的强制性和规范性使文化企业的经营活动和管理活动可以在法律框架内平稳运行，依法处理可能出现的各种矛盾冲突，保障文化企业的合法权益不受侵害。政府应当减少行政审批，给文化企业的生存发展创造更大的活动空间，同时又要做好市场引导和宏观监管工作，进一步发挥非政府组织（NGO）的作用，借助行业协会来对文化企业进行具体监督，组织成立相关文化企业联盟或协会，加大行业协会对文化企业的业务指导和市场行为监控与评价的力度。设立产业基金或优惠性的文化项目贷款服务，利用现代金融手段和多元融资渠道对文化企业的经营管理实施正面引导。制定包括市场准入、生产、审查、评估、道德自律公约在内的各种行业规则，建立健全文化产品分级、分类、审核、准入制度，从而实现对大众文化产品的生产、流通等环节进行合理把关。

二是大众文化在市场运作过程中要充分尊重利用经济杠杆的作用。例如在融资方面，文化企业可引入社会资本，实现资金来源渠道多元化，解决文化企业资金来源不足的问题，让社会力量参与其中，以补充新鲜血液，带来更大的活力。政府可以建立优秀大众文化产品基金制度，为大众文化作品的个人创作和集体创作提供资金支持，解决他们的后顾之忧，激发他们的创作灵感和热情，奖励那些创作和发行优秀大众文化作品的先进个人和先进集体。合理使用税收手段，通过减免税收、实行差别税率等措施来鼓励优秀大众文化的创作、生产和销售。

三是深刻把握中国大众的文化需求，合理引入供给侧结构性改革思维，将培育大众文化市场与净化大众文化市场结合起来。目前"人民精神文化需求日趋旺盛，人们思想活动的独立性、选择性、多变性、差异性明显增强"。在此背景下，文化呈现出供需两旺的局面。大众文化的繁荣虽然需要市场的支撑，但中国当代大众文化绝不能成为市场的奴隶，它要在把握大众的文化需求及其趋势的基础上，通过引入必要的供给侧结构性改革思维，即能"供"什么、应该"供"什么、用什么方式"供"、用什么渠道"供"等角度来研究如何利用大众文化满足人们精神生活的需要。目前，我国大众的文化需求呈现出以下五种变化趋势：文化需求总量增长快，需求空间大；社会对文化产品和文化服务质量提出更高的要求；文化消费更加多样化和市场化；文化产品的制作、传播、消费手段和方式更加科技化、现代化、信息化；对外文化交流的诉求和程度日益提高。把握住这五种变化趋势对做好从供给侧结构性改革的视角来优化我国当代大众文化的结构布局，提升大众文化市场建设的实效性，将具有很好的启发意义。中国当代大众文化建设就是要在全面把握大众的文化需求的基础上，在丰富和净化市场过程中，要以必要的供给侧结构性改革为视角，充分合理地利用市场机制的方式生产和提供更多的优秀大众文化产品来满足广大人民群众的文化需求。

四是文化企业要注重培育自己的企业文化，实现企业文化和优秀大众文化相契合，做到经济效益和社会效益的有机统一。当前越来越多的文化企业认识到，要想在竞争激烈的市场环境中，使企业的生命力更顽强、更有竞争优势，就必须重视和加强企业文化的建设。实践证明，企业文化有助于增强企业的凝聚力和提高工作效率，有利于塑造企业形象和打造企业品牌。优秀的企业文化所倡导的诚实守信、爱岗敬业、奋发有为、追求卓越等思想理念，在本质上与优秀大众文化作品所要传达的精神往往是相通的。建设好文化企业的企业文化将有助于创作和生产出更多高质量的优秀大众文化作品。

（四）拓宽大众文化企业的融资渠道

当前我国大众文化企业的融资主要是通过民营资本投资、国家财政投入（含国家文化产业发展专项资金）、传统金融机构信贷、上市发行股票等渠道来完成的。财政投入和上市发行股票主要针对的是大型文化企业，小微文化企业的融资渠道相对狭窄。

不可否认，大众文化需要大量的资金投入。不过，要保证我国大众文化产品的质量和具有国际竞争力，守牢国内文化市场，开拓国际文化市场，必要的资金投入是必须的。换句话说，如果过去是"经济搭台、文化唱戏"，那么现在和未来将是经济与文化相互支撑，共同"出演"，没有相应的文化支撑的经济走不远，反过来没有经济实力支撑的文化也难以真正强大起来，这点在大众文化建设上表现得尤为突出。

由于大众文化具有重创意、轻资产的特点，再加上后期成本回收风险较大，利润创收不确定因素较多，一般社会资本不会轻易流向大众文化企业；大众文化企业往往也从资金风险的角度考虑，不会轻易向银行等金融机构去融资。例如，动漫项目制作周期不固定，播出费用相对较低，预期收入又难以确定，这样就迫使众多动漫公司即使资金短缺也不愿意去银行申请贷款。因为市场预期收益不确定，倘若不能如期连本带息地偿还贷款，在目前金融机构严格控制风险的情况下，很可能就会倒闭。除了银行贷款不易外，社会资本的投资动力不足、企业融资渠道单一也使得众多小微文化企业面临"缺钱"的难题，特别是在初创期和项目启动期问题显得就更为严重。再加之当前经济下行压力较大，经济迈入新常态，投资公司、基金公司以及民间游资普遍对文化企业持谨慎的投资态度。这在一定程度上也造成我国大众文化企业资金的短缺以及融资渠道不畅，从而给大众文化企业的可持续发展埋下了资金链可能断裂的隐患。为此，要在尽量改善财政投入、合理发挥金融信贷作用等传统方式的前提下，进一步推进并完善大众文化建设的投融资体系，拓宽和创新大众文化企业的融资渠道。

首先，多方面利用资本市场，盘活现有资金。鼓励、帮助有条件的大众文化企业在国内外资本市场上市或挂牌，推进大众文化企业进一步股改，对有发展前景的大众文化企业引入孵化机制，进行上市培育。政府及相关部门与社会组织可设立一批用于大众文化建设的专项基金账户，激活现有文化基金市场，促进文化资本市场和文化股权市场的有序健康发展，盘活现有的资金。目前可鼓励和支持大中型文化企业采取短期融资券、中期票据、资产支持票据等债务融资工具以优化融资结构。

其次，落实文化金融政策，切实建立文化金融合作试验区。文化部、中国人民银行与财政部联合发布《关于深入推进文化金融合作的意见》，要求推进文化产业与相关产业融合发展，推动互联网金融业务与文化产业融合发展，鼓励电子商务平台类机构发挥技术、信息、资金等优势为文化创业创意人才、小微文化企业提供特色金融服务，并提出要建立文化金融合作试验区，积极发展文化金融业，其中就包括针对媒体类企业推出的影视制作融资、版权融资，针对艺术类企业尝试推出艺术品质押融资，针对广告会展类尝试推出应收账款融资、订单融资，针对数字内容类企业尝试推出有文化信用贷、文化履约贷、股权质押贷。大众文化企业要主动把握这个机遇，积极与银行等金融机构沟通，推介自己的产品项目，融入文化金融合作试验区的创设工作中去。

最后，务实利用互联网金融，完善文化众筹机制。众筹一词源于英文 Crowdfunding，即公众筹资之意。"在大数据时代的背景下，众筹作为一种全新的融资模式，一经互联网相融合，便迸发出难以想象的成长潜力。"大众文化企业，尤其是小微文化企业利用互联网金融，合理采取众筹方式将是增强融资能力的一条重要途径。

一个项目的启动资金，由此众筹平台成了小微文化企业文化项目启动资金的一个重要来源。但目前对于利用互联网进行文化众筹，法律环境尚未成熟，存在融资风险。证监会发布了《关于对通过互联网开展股权融资活动的机构进行专项检查的通知》，并部署地方有关部门要对通过互联网开展股权融资中介活动的机构平台进行专项检查，但整体上目前对互联网金融的监控措施并不到位，文化众筹机制本身也还需要健全。大众文化企业，特别是小微大众文化企业在利用众筹融资时，依然存在运行机制不完善、激励约束机制不健全、风险防范机制不安全等方面的问题。

（五）提升大众文化与高科技的融合度

科技创新是文化发展的重要引擎，是文化形态演进发展的催化剂，特别对大众文化形态演化起到了至关重要的作用。半导体电子技术催生了广播、电视、电影、音乐等文化业态，文化产品实现了以工业化方式进行批量生产；计算机技术催生了动漫游戏、数字特效、创意设计等文化业态，数字文化产品可实现大批量的存储和传输；互联网信息通信技术催生了网络游戏、手机游戏、网络视频、无线音乐等文化业态。

目前，文化科技融合的重点是推动文化产品数字化、网络化和智能化，推进文化科技产业与互联网、移动互联网等信息科技深度融合。推进文化与科技融合，就要把运用高新技术作为推进文化建设、提高文化创新能力和传播能力的新引擎。国务院印发了《关于推进文化创意和设计服务与相关产业融合发展的若干意见》，要求重点落实"塑造制造业新优势、加快数字内容产业发展、提升人居环境质量、提升旅游发展文化内涵、挖掘特色农业发展潜力、拓展体育产业发展空间、提升文化产业整体实力"七项任务。国务院办公厅印发了《关于文化体制改革中经营性文化事业单位转制为企业和进一步支持文化企业发展两个规定的通知》，提出加大财政对文化科技创新的支持，将文化科技纳入国家相关科技发展规划和计划，积极鼓励文化与科技深度融合，促进文化企业、文化产业转型升级，发展新型文化业态。文化部、工业和信息化部与财政部联合发布了《关于大力支持小微文化企业发展的实施意见》，鼓励小微文化企业要及时把握传统文化与现代元素相结合、文化与科技相融合的发展趋势，不断催生新技术、新工艺、新产品、新服务。由此可见，文化与科技融合已成为当前我国文化建设的一个重点领域。

大众文化在建设过程中要充分运用数字化、网络、云计算、虚拟仿真、新型显示、新型广电传输、移动互联网等技术，形成新兴的创作方式、传播载体、销售网络系统和视听体验系统。总体上来说，目前我国大众文化建设在主动融入新科技方面相当积极，也取得了较好的效果。

不过，当前我国大众文化建设在融合高科技方面依然存在某些较为突出的问题，主要表现为高科技融入文化资源开发上的力度不够，在利用高科技开发新的大众文化产品和新的工艺方面存在短板和不足，高科技与大众文化融合的市场动力尚未充分激发出来，在"互联网+"思维的具体运用上还有待提升。

为此，首先要提高文化资源与技术要素的融合度。这就需要一方面加强文化资源的技术性开发和数字化应用，实现文字、图像、声音、视频等各种信息和资源能以数字化的方式存储和展现；另一方面将技术要素结构性地融入文化资源中，提升文化资源的可利用率及利用效果，并且通过技术性手段对其加以合理保护。其次，强化产品融合。将产品内容的原创性和制作技术的创新性、展现方式的新颖性结合起来，将分散的媒体产品及形式向统一的多功能平台汇集，加强大众文化产品信息资源的共享性，同时利用信息化、数字化技术更好地开发新的文化产品和新的工艺。再次，促进市场融合。这需要在科技创新的支撑下，形成大众文化市场与其他市场之间的合并，积极鼓励第三方支付机构发挥贴近市场、支付便利的优势，提升文化消费便利水平。加强网上银行业务推广，提高网络支付的便捷性和安全性，改善演艺娱乐、文化旅游、影视传媒、电子阅读等行业的刷卡消费环境。最后，推进"互联网+"为重点的融合方式。努力打造更为坚实可靠、引领文化发展风向的"互联网+"平台。并以此为基础，进一步培育、孵化一批具有"互联网+"思维的大众文化产品研发、生产、营销机构，带动大众文化的制作、传播、消费、客户体验等模式的创新。

（六）塑造大众文化品牌

大众文化具有商品属性，市场上的大众文化产品本身就是商品，只不过是一种较之其他器物层面的商品而言有其特殊性罢了。"文化作为商品在广大的市场上买卖与交换，它是通过传播'硬件'制造出来的，并为硬件服务的'软件'。"只要是商品，就会涉及品牌问题，再好的商品失去强有力的品牌支撑也会失色许多。目前，我国大众文化建设中最迫切要解决的问题就是大众文化缺乏品牌地位和品牌效应。

当前世界大众文化市场竞争异常激烈，若缺乏强有力的品牌支撑，大众文化产品的市值及其营销效果无疑将会受到很大的影响。因此，当前要特别重视大众文化品牌的打造，善于进行品牌的策划、推广、运营管理。

首先，在大众文化品牌塑造上，我国大众文化生产、管理、销售等机构需要不断增强自身的创新意识和能力，在业已形成的大众文化品牌格局中，要以题材、体裁、形式、创作手法、传播方式等方面的创新脱颖而出，争取获得业界、市场和受众更大的认可。通过加强文化创意来推动品牌深度运作，逐步融入国际大众文化品牌的主流中，甚至在世界大众文化市场上起到品牌引领作用。

其次，对已经具有一定认可度的大众文化产品要积极进行更深层次的品牌培育，提升文化内涵，扩大品牌影响力，探索走系列品牌、组合品牌、差异化品牌竞争的路线，不断扩大自身的知名度和美誉度，打造标志性的大众文化业态及相应品牌标志。

再次，形成大众文化品牌产业链和衍生运作机制，并通过进一步的市场细分与多层级市场开发，增强大众文化的品牌连锁效应。同时，将大众文化品牌建设与国家文化形象力构建结合起来，对反映我国当代社会实践、具有民族文化特色、弘扬中国文化精神、讲述中国故事的大众文化产品进行着力塑造、精心打磨和全力推广。

最后，在具体品牌管理和运营中要积极引导我国文化企业以马德里商标国际注册体系为重点，提高国际商标注册总量，在运作好原创品牌的基础上，积极联合、借用、并购、改造海外知名文化品牌，让我国大众文化产品能更好地"走出去"，产生更大的全球文化品牌效应。

另外，大众文化品牌在建设过程中还需要打好情感牌，铸造民族精神力量。美国著名的营销管理学家菲利普·科特勒（Philip Kotler）认为，"最强大的品牌提供的不仅仅是对商品的理性追求，更多的是情感上的诉求"。当然，品牌的意义还不仅如此，它甚至能帮助消费者认识、维护和建立"社会自我"，这种通过品牌消费来实现的自我认同其实也就是一种文化认同，并且越来越成为当代人的一种独特的文化生活体验。因此，大众文化品牌在建设过程中还需要打好情感牌：一方面要善于将人类共同的情感记忆、民族情感、人与人之间的美好情感，渗透到大众文化之中，让受众能在消费大众文化产品之际感受到人类情感的伟大，激发其作为普通人的情感力量，从而使我国当代大众文化在日益激烈的国际竞争环境中，对世界普通民众产生特有的文化吸引力、感召力和影响力；另一方面通过塑造品牌，铸造品牌文化，提升大众文化品牌的人文内涵和精神品格，借助品牌的影响力来传播更为科学、健康、文明的生命理念、生活方式和文化意识，从而在国际上进一步彰显中国精神，体现中国力量。

三、文化"双主体"提升对策

（一）消费主体：大众的文化审美能力提升

高雅文化与大众文化共生共荣是文化生态发展的必然格局，提高大众的文化素质和人文修养，离不开高雅文化的熏陶以及其自身审美能力的提升。中国当代大众文化的建设需要努力做到更好地"反映中国人审美追求"，达到"思想性、艺术性、观赏性有机统一""弘扬中国精神、凝聚中国力量"。只有如此才是从根本上对当代大众文化的文化性、艺术性、美学性及其价值的真正维护与引导，这也是促使当代大众文化全面、协调、可持续发展的关键所在。

虽然近年来我国经济发展水平不断提高，人们生活条件持续改善，大众的文化素质也有了较大提高，但总体上而言，我国大众的人文修养和审美能力还有待进一步提升。同时，我们也应看到，我国经济发展存在地区差异，贫富差距较明显，部分地区经济滞后，教育水平仍然比较落后。加上我国幅员辽阔，人口基数大，民族众多，分布广泛，审美差异性大，提高大众的审美能力的任务还很艰巨。在大众文化感性化、世俗化的背后虽然存在着必然性和合理性，但这并不意味着没有必要对其进行人文观照和美学审视，相反更需要以人文精神和美学意识来中和其商业化气息和世俗性特征。文化沉思的主体不能仅仅局限在学者和理论工作者群体内，随着大众的人文素质和美学素养的提升，他们也应成为具有美学意识与文化反思能力的主体，当然这需要一个相当长的历史过程。

首先，要加大教育投入，提高全民族整体的文化素质。只有大众的文化素质得到全面提升，才能营造出良好的审美环境，才能塑造大众高雅的审美情趣，为高雅文化的普及推广提供社会环境和生存土壤。在文化教育中，还应融入思想道德教育和审美教育，灌输正确的价值观、审美观，充分发挥高雅文化净化心灵、陶冶情操的作用，促进大众的道德水准、文化素质、人文素养、审美能力等的协同提升。

其次，要加强公益性文化工程和文化项目建设，完善公共文化服务体系。一是要进一步推动高雅文化、精品文化进社区、进校园、进乡村、进企业的"四进"工作，让更多具有审美价值的各类文化形式能有效地传播到社会基层；二是结合各地区实际，促进新时期的"三下乡"活动正常有序开展，落实广播电视"村村通"工程和数字化改造工程，开展各种形式的免费展演巡演，建立和完善城乡基层文化娱乐基础设施，丰富城乡群众文化生活，让大众有必要的审美平台、审美空间、审美资源；三是继续落实文化馆、博物馆的免费开放政策，邀请各级各类专家学者开展文化讲座与学术报告进社区活动，让普通百姓有更多的机会领略文化艺术乃至学术的魅力。

再次，提升大众审美能力还要做好统筹兼顾工作。要注意到我国幅员辽阔，各地区风俗习惯和文化环境存在差异，所以要有针对性地开展具体的美育工作；要注意到不同地区由于经济发展水平的差异而导致的精神文化需要和审美倾向上的差别；要注意到城乡之间的精神文化生活的联系和区别，要尊重城乡之间不同的审美习惯，因势利导地逐步提高不同群体的审美能力。

最后，把审美能力提升与科学的消费观、幸福观的构建统一起来。大众文化的商品性决定了其发展需要具有较为浓郁的消费社会的气息和环境，人们的消费理念如何，对于大众文化无论是量的规模扩张还是质的水平提升都至关重要。反过来，大众文化也深刻地影响着普通民众的消费观以及与消费观紧密联系的幸福观。因而，目前在大力发展文化产业、繁荣大众文化之际，有必要引导大众的消费观及其消费行为，进而努力将人们的大众文化消费活动、审美体验及相关的生活实践与构建科学的消费观、审美观、幸福观有机地结合起来，这将对我国大众文化乃至整个社会主义文化的建设、人们文化生活品质的提升和民族精神家园的构建产生重要而深远的影响。

（二）生产主体：大众文化建设人才的综合素质提升

文化产品和文化服务既具有一般商品的特征，同时因其能满足普通百姓的心理和精神的需求，所以它又是一种特殊的商品。优秀的大众文化作品不仅在于能够满足大众的精神文化生活与娱乐的需要，更在于它承载着丰厚的文化价值观念，这就决定了有关大众文化的创作、传播、营销和管理等工作需要那些掌握了丰富的专业知识和扎实的专业技能，且具备较高的文化素养和道德水准的专门文化人才去具体操作。美国、欧盟、韩国、日本、印度、澳大利亚等，这些文化产业比较发达或比较有特色的国家及地区制作的电影、电视剧、流行音乐、动漫等大众文化产品，之所以能够在全世界流行，一个很重要原因就是，这些大众文化产品是由众多优秀的专业文化人才参与策划、设计、制作和传播的。

大众文化人才的培养是一项系统工程，需要政府、市场和社会广泛而积极地参与。为了更好地培养我国的大众文化人才队伍，目前急需做好以下几个方面的工作：一是要加大政策引导和人才培养力度，鼓励有关高等院校，尤其是艺术类、传媒类院校改善软硬件水平，创新人才培养机制，提高教育质量，尝试开设有关大众文化创作与经营管理的战略性新兴专业或课程，鼓励各科研机构开展相关研究，为大众文化人才的培养建言献策，提供理论指导；二是建立市场竞争机制，为有天赋有能力的人搭建更多能充分施展才华的舞台，做到不拘一格选人才，让优秀人才可以脱颖而出，让有利于创作优秀大众文化作品的人才的潜能得以充分释放出来；三是吸收和借鉴发达国家在大众文化人才培养上的先进经验，有针对性地引进外来的各类优秀大众文化人才，创造条件鼓励国内大众文化实务工作者、理论工作者、管理工作者赴境外访学、交流；四是加强大众文化企业家队伍建设，积极培养一批善于开拓大众文化新领域、掌握现代传媒技术、深谙文化企业经营管理之道的大众文化建设的复合型人才。

改革开放以来，伴随着整个社会改革大潮的兴起，文化改革、文化发展热潮涌动，大众文化的勃兴是历史必然，符合文化发展的规律和趋势，也是中国不断努力向现代化挺进的一个重要缩影。它既体现了我国文化建设取得的巨大成就，也暴露了在文化发展中的诸多问题。有问题是正常的，关键在于能认清问题的本质、面对问题时有端正的态度、解决问题时有相应的战略和对策。我们需要注意的是，我国当代大众文化是在启蒙、法治、市场等社会环境都并不十分成熟，同时社会体制和思想观念处于大变革的背景下进入人们的日常生活的，而大众文化本身又以自己的方式直接或间接地参与这场大变革。在这样的背景下，中国当代大众文化的发展与当代中国人的文化生存、精神生活深刻地交织在一起。作为一种体现当代中国人的文化生存、精神生活状态的大众文化能否坚守自己的"文化底线"，提升自身的"文化品格"，走出一条中国特色社会主义的大众文化发展道路，事关中国特色社会主义文化大业，乃至整个中国特色社会主义事业能否顺利推进。科学发展观既为中国未来指明了努力的方向，更为中国文化建设开拓了新的境界，特别是为我国当代大众文化建设提供了基本的战略思路和对策路径。

总之，我国当代大众文化建设在具体路径的构建上必须贯彻"以人为本"的方针，协调大众文化与主导文化、精英文化等之间的关系，兼顾大众文化的经济效益与社会效益，统筹安排各项建设措施，不断深入贯彻科学发展观，具体落实"五大发展理念"，以文化治理能力提高为切入点，以人才队伍建设为基点，以文化品质提升为重点，适当引入和借鉴供给侧结构性改革思路，以合理引导、不断满足人民群众的文化需求为出发点和落脚点，努力探索出一条中国特色社会主义的大众文化科学发展道路。

第四章 群众艺术创作

第一节 重视群众艺术创作的意义

一、群众文化艺术创造现状问题

文化是人类生产实践活动中逐渐产生的一种精神财富，是人类在长期的历史实践中创造出的一种精神现象，可以对物质实践产生指导和促进作用。人文文化是文化的一个类型，是社会群体在历史发展的过程中，传承和积累的精神体现和物质体现。其中群众文化就是人文文化的一种重要组成部分，是在社会、政治和经济不断发展的基础上，以及人类长期的实践中产生的。在新形势下，群众文化顺应时代的特征和要求，展现出其群众性、社会性和广泛性特点。但是在群众文化艺术创作方面依然存在大量的问题制约着我国群众文化的创新和实践，主要表现在以下几个方面：

（一）艺术作品的质量较低

普通的社会群众是群众文化艺术创作的主体，因为群众基数庞大，所以在技术技能、思维方式和审美能力上都存在着较大的差异，所以在群众文化艺术创作实践的过程中，作品的质量和艺术风格难免会存在很多的问题。在这种情况下，我国群众文化艺术创作对基层人文文化创新和发展的引导作用就会大打折扣，对文化创作活动质量的提升产生不利的影响。

（二）艺术创作者多为业余

群众文化艺术创作参与者的文化素质修养和艺术作品创造能力水平不尽相同，所以艺术作品的专业性就会难以体现出来。大部分群众在参与艺术创作实践的时候，灵感和素材基本是来源于生活，在文化艺术作品中更多的是展示生活感悟。并且艺术作品大部分都是群众利用业余时间进行创作的，没有充足的精力和时间保证作品的高效性。

（三）个体情感倾向严重

广大的人民群众是群众文化艺术创造的主体，所以每个个体之间的生活环境和艺术氛围都是不一样的，这就使得个体之间的审美爱好和价值取向存在明显的差异。所以在艺术作品创作的时候往往会有严重的个体情感倾向，经常会出现艺术作品的主旨与客观事实脱离，个人情感色彩严重。

二、造成群众文化艺术创作问题的原因及对社会发展的作用

（一）造成群众文化艺术创作问题的原因

第一，我国在财政分配环节经常会出现分配不均衡的状态，尤其在群众文化艺术创作方面投入的资金比例不足。虽然在近些年国家开始注重群众文化艺术创作，因为其在社会发展中起到了积极的作用，所以政府在一定程度上加大了对群众文化艺术创作的资金投入。但是从我国整个财政分配的格局来看，在群众文化艺术创作资金投入可谓九牛一毛，在经济较为发达的地域还对群众文化艺术创作活动的开展起到了积极的作用，但是在相对落后的地区，几乎没有在群众文化艺术创作领域进行资金的投入，甚至根本没有群众文化艺术创作活动形式的存在。

第二，公共文化机构的工作人员的任聘机制的缺失，导致很多没有专业群众文化艺术创作活动组织能力的人员就职与公共文化机构中，从我国整个格局范围来看，大部分地区还没有相关艺术文化活动的场所，所以无法组织和开展相关的群众文化艺术创作活动。公共文化机构的组成人员除了综合素质能力低下之外，还存在工作人员老龄化的现象。造成这种此现象的主要原因是，现在年轻人多向往高薪的职业，不满足于在公共文化机构工作，所以在文化机构中多为老员工。还有很多公共文化机构的工作人员身兼数职，难以在具体的群众文化艺术创作组织工作中全身心地投入，对群众文化艺术事业的发展产生了不利的影响。

第三，从现在群众文化艺术创作发展的状况来看，其与社会需求之间存在着较大的矛盾，因为各个年龄阶段的，以及各个社会背景的人员都有着不同的文化爱好，政府组织的

单一群众文化艺术创作活动形式不能满足大部分人的精神文化要求。另外，政府对于城乡之间的群众文化艺术基础建设的投入力度严重失衡，尤其是对农村地区根本没有群众文化艺术创作活动的任何形式。导致本身经济发展欠缺的农村地区更为落后，对社会主义和谐社会的建设产生了不利的影响。

（二）群众文化艺术创作对于社会发展的作用

首先，群众文化艺术是社会发展的重要灵魂，开展群众文化艺术活动可以发挥群众文化的群体性和娱乐性特征。对提升基层人民群众的精神文化素养起到积极的作用和意义，更是对我国优秀传统文化发扬和继承一种有效形式。其次，群众文化艺术是社会矛盾的润滑剂，通过群众文化艺术活动，能够宣扬我国热爱和平、崇尚和谐的社会主旋律价值观，让人们的对社会道德规范有新的认识，对形成和谐的社会氛围发挥着积极的作用，群众文化艺术创作活动能够让社会群众认识创新和实践的重要价值，为社会发展提供智力支持。最后，群众文化艺术活动已经成为彰显一个国家综合国力的重要指标，对我国社会经济的发展发挥着积极的作用，党中央也逐渐认识到人们精神文化世界的充实，对推进社会的进步发挥着重要的价值和意义。

第二节 满足群众文化艺术创作的要求

作为群众文化艺术创作工作者，要以新时代中国特色社会主义理论为指导，作品要注重思想性，要主题鲜明突出，内容健康向上，激发爱国情怀和民族热情，坚定文化自信；要注重艺术性，富有感染力和时代特征；要兼具观赏性，做到贴近生活，形象生动，个性鲜明，富有真情实感和共鸣。同时要结合当地的传统节庆和大型群众文艺活动，精心打造一批原创精品力作，既丰富了群众艺术展演的舞台又锻炼了群众文艺创作人才。文化馆要把广大文化工作者整合起来，虚心向专业人士请教，特别是当地戏剧梅花奖获得者、国家一级编剧和演员，大家在一起共同探讨，凝聚共识。在推进文化艺术创作建设进程中，要坚持和把握好以下几条原则：一是组织开展深入生活、扎根人民活动。全市文艺工作者虚心向人民学习、向实践学习，不断进行生活的积累和艺术的提炼。组织文艺工作者开展深入基层采风活动，挖掘创作弘扬公德良序，树立新风正气，践行社会主义核心价值观等感人事迹的文艺作品。二是以作品为中心，创作文艺精品。深入开展中国梦主题文艺创作活动，以社会主义核心价值观为引领，创作生产一批与国家民族同频共振、凝聚发展正能量、深受群众喜爱的精品力作。以"五个一"工程奖、中国艺术节、湖南艺术节等文艺评奖活动为目标，创作一批音乐、舞蹈、小戏、小品、美术、书法、摄影作品。做好国家艺术基金资助项目和戏曲剧本孵化计划项目申报工作，力争有项目列入扶持计划。三是以人才为中心，开展文艺创作培训。牢牢把握文艺创作导向，提升基层文艺创作工作者的创作能力，加强全市文艺工作队伍社会主义核心价值观学习教育，引导文艺创作工作者打牢世界观、人生观、价值观的根底，明确是非、善恶、美丑的界限，摒弃低俗、庸俗、媚俗现象，牢记文化担当和社会责任。四是扎实开展文艺惠民活动。持续开展"欢乐潇湘""送戏下乡""昆曲周周演"等惠民活动，用优秀作品服务群众。建立"结对子、种文化"工作机制，组织专业文艺工作者到基层教、学、帮、带，扶助一批业余文艺队伍，提升基层文化生活水平。

第三节　提高群众文化艺术创作的措施

一、对群众文化艺术创作的管理与扶持

因为群众文化艺术创作的参与者多为业余人士，所以在实施管理的时候，要进行细化分类。并且相关的管理部门应该组织成立群众文化艺术创作的志愿队伍，吸纳具有专业艺术创作知识才能的人才加入志愿队伍中，为参与群众艺术文化创作的业余群众提供专业技能的指导。政府部门也要加大对群众文化艺术创作的支持和资助，优化文化管理队伍中的人才结构，将具有创作能力和创作爱好的群众吸纳到文化管理队伍中来，最大限度地优化艺术创作效果。

二、加大对各种非营利性民间文化团体的培育

群众文化活动是推动社会主义和谐社会成熟和发展的重要途径，政府应该认识到群众文化活动的重要性，通过多种途径在人民群众中选择优秀的艺术创作人才，为推进群众文化艺术创作提供有利的因素。鼓励群众文化活动爱好者经常展开各种文化艺术创作比赛，为群众提供展示自己文化艺术创作技能的平台，并且在这个过程中发掘更多优秀的群众文化艺术创作人才。最后，相关管理部门应该加强对文化组织人员的培训，提升创新和管理

能力，为我国基层群众文化的发展和创新奠定基础。

三、加强对各种文化服务社会组织的扶持力度

我国民政部门是推动群众文化艺术创作活动的重要政府组织部门，所以其应该制定竞争机制，适度地降低群众参与文化艺术创作的条件，让广大群众广泛地参与到艺术创作实践活动中来，实现对群众文化艺术创造力的提升，能够促使广大艺术创作爱好者能够创作出更多的文化艺术作品。通过这样的方式才能有效地激发群众文化艺术创作者的创作积极性，促进各创作者之间，以及管理者和创作者之间的沟通和交流，不断地提升群众文化艺术创作活动的质量和效率。

四、坚持以突出地方特色为主的现代题材创作

艺术的创新是群众文化艺术创作活动保持活力的重要因素，所以相关的艺术创作活动管理组织应该积极挖掘具有地域特色的创作素材。"民族的就是世界的"，所以弘扬本民族文化，创作出符合时代特征和民族特征的群众文化艺术作品能够积极推动文化艺术作品得到社会的认可。同时，文艺部门要积极地推动艺术创作队伍内部人员之间的合作，促进群众文化艺术创作团队的凝聚力和战斗力，积极推进我国群众文化艺术创作能力提高。

综上所述，群众文化艺术创作是突出国家群众文化发展状况的一个重要因素，更是一个国家的文化软实力的外在体现，对群众文化水平的提高，以及构建社会主义和谐社会发挥着积极的作用。所以我国应该重视对群众文化艺术创造者的管理与扶持，加大对各种非营利性民间文化团体的培育，加强对各种文化服务社会组织的扶持力度，提升群众文化艺术创作活动的质量和效率。

第四节 关于群众艺术创作工作的建议

一、创作活动的组织

群众文艺创作活动的组织包括创作活动选题与策划、创作人员的选择、创作素材和所需材料的准备、创作活动场地和设备的安排、创作作品的审定、创作作品的展示等工作环节。

文艺创作活动的管理者要指导业余文艺作者以火热的现实生活为源泉，以掌握的创作素材和创作灵感为基础，选择和确定所要创作文艺作品的主题，并围绕该主题对创作目的、创作内容、创作方法、创作风格、作品传播途径等进行全面设计、构思，提出创作实施计划。

由于群众文艺创作具有创作时间业余化、创作群体分散化、创作形式多样化、创作水平差异化的特点，为保证文艺创作计划顺利实施，首先要选择优秀人员组成一支包括活动的组织者、辅导者和创作者的文艺创作队伍，其中要重点发挥好群众文化事业单位文艺干部的骨干作用。其次要从文艺创作所需的软件和硬件两方面，做好前期准备工作，在软件准备方面，要推敲、找准、细化创作素材，并广泛搜集与创作主题有关的历史风俗、创作技法等相关材料，不断完善创作构思；在硬件准备方面，要根据文学、美术、摄影、音乐、舞蹈、曲艺、戏剧等不同艺术门类的创作规律，提供必要的创作室、排练场地和创作器材、创作设备等。再次创作活动的组织者、辅导者要积极主动地帮助创作者审查、核定各类作品的初稿，既要集思广益，努力帮助作者提高创作水平，又要尊重作者的意见，保持鲜明的创作风格。最后要搞好文艺创作作品的展示，用出版发行、组织演出、举办展览等方式，并结合广播、电视、报刊、网络等新闻传播媒介，充分发挥其宣传、教育功能。

二、创作内容的管理

对创作内容进行管理的重点是：坚持社会主义先进文化的前进方向，践行社会主义核心价值观，内容要体现马克思主义的指导思想；体现中国特色社会主义的共同理想；体现以爱国主义为核心的民族精神和以改革创新为核心的时代精神；体现社会主义的荣辱观和价值观。要全面贯彻"二为"方向和"双百"方针，按照"三贴近"的要求，遵循以人民为中心的创作导向，坚持正确的文化立场，弘扬真善美，贬斥假恶丑，力求创作出思想性、艺术性、观赏性相统一、群众喜闻乐见的优秀群众文艺作品。

群众文艺创作的内容要从实际出发、从文艺创作规律出发，树立群众文化精品意识，坚持遵循"小题材、小投入、小制作、大效益"的创作方针。坚持"四个结合"，即坚持弘扬主旋律与提倡多样化的结合；坚持民族文化传统和发掘时代创新精神的结合；坚持群众文艺创作新品与精品的结合；坚持舞台艺术与非舞台艺术的结合。处理好主旋律与多样化的关系、地域性题材与多样性题材的关系，在热情歌颂中华民族的文化传统和精神风貌，热情歌颂新时代的辉煌成就和模范人物的前提下，创作出群众喜闻乐见、生动活泼、风格迥异的各类群众文艺作品。

三、创作队伍的建设

对群众文艺创作队伍的建设，主要应从四个方面入手：

（一）坚持业余创作队伍与专业创作队伍的结合，扩大和壮大群众文艺创作队伍

业余文艺创作者来自社会各行各业，他们的优势是能够广泛收集生产、生活各领域中极其丰富的文艺创作素材，同时对文艺创作充满热情，能够自觉、主动地参与文艺创作；专业文艺创作和创作研究能力的优势。在文艺创作中，将两者的优势相结合，通过各类活动搭建彼此学习、交流的平台，有利于提高群众文艺创作队伍的整体水平。

（二）通过活动发现和培养创作人才，组建文化艺术团队、协会等团体

举办各类群众文艺创作比赛、交流、展览等活动，能够为广大文艺创作爱好者提供展示、交流的平台，能够为文艺创作活动管理者提供发现和培养有潜力的文艺创作人才的机会。在举办文化活动以外，通过进行专门的、系统性的训练，不断培养文艺人才的创作个性和创作风格；同时，有利于培育和形成以群众文艺创作团队、协会等为主体的地区群众文艺创作骨干力量。

（三）举办高水平的群众文艺创作活动，呈现"出作品、出人才"的群众文艺创作格局

举办高水平的文艺创作活动，可以对群众文艺创作起到积极的引领和导向作用。通过对参加活动人员的范围、结构等提出要求，对创作作品的主题、内容、形式、艺术技法等提出要求等，有利于促进群众文艺创作人才和作品的目标化、精细化培养。在群众文艺创作活动举办过程中，群众文艺创作人才、作品之间的同台竞技与展示，可进一步加强彼此间的学习与借鉴，并通过多项优秀的文艺创作作品借助活动集中涌现，表现出群众文艺创作活动发展、繁荣的景象。

第五章 文艺院团改革与群众文化团队建设的建议及对策

第一节 文艺院团改革发展的建议及对策

一、建议的理论与实践基础

（一）国有文艺院团改革的相关理论

1. 表演艺术的属性和生产特点

表演艺术是复杂的、创造性的精神劳动，会消耗生产资料和生活资料，其产品具有使用价值和价值，反映出其商品属性的一面；但是同时，表演艺术的本质还在于启发人们的思想觉悟、满足人们的精神需要，并且，它总是存在于一定的政治和社会制度下，因此决定了表演艺术必然有其意识形态属性的另一面。在不同历史发展时期，不同的表演艺术所具有的商品属性强弱不同，其获取利润的能力高低也有差别，对此应采取有差别的发展模式和对策。

表演艺术同时具有自然属性和社会属性。一方面，针对表演艺术的自然属性，艺术表演团体必须科学组织人才、创作、生产（表演艺术通过思维、科学概念和舞台艺术形态来表现外部世界，展示审美思想，以满足人们生产、生活和社会发展的需要）；另一方面，针对表演艺术的社会属性，由于表演艺术是在一定社会生产关系中进行的，就必然要正确处理和协调表演过程中人与人之间、事业与企业之间、政府与艺术表演院团之间的关系。我国社会主义国家的性质和社会主义精神文明建设的要求，决定了我国国有文艺院团必然是社会主义意识形态的活态传播载体，以优秀的作品鼓舞人，充分体现社会主义文化的先进性，体现先进文化的前进方向是其崇高使命。国有文艺院团过去是、现在是并将长期是我国社会主义先进文化传播的"主阵地"。因此，国有文艺院团改革发展具有重要的政治意义和社会意义，必须营造良好的宏观环境助其健康可持续发展。

2. 相关的经济学理论

艺术表演具有普通消费品的大部分特点，但是任何一个艺术表演市场都不接近完全竞争市场，因为一是没有足够多的卖方，二是不存在同质商品。经济分析证明，完全垄断和垄断竞争的市场结构与表演艺术有关。该研究显示，表演艺术存在规模经济的特点，并且随着任一地区艺术观众人数的增长以及艺术公司数量的增加，竞争会带来更大的差异性和风险性，更具有创新性和创造力。充分发挥市场在资源配置中的基础性作用，将会优化演艺资源配置。

这一理论为一般艺术表演团体转企改制、参与市场竞争提供了理论依据。对于一般文艺院团，要根据市场化的要求，推动其逐步转制为企业。实现政企分开，真正做到自主经营、自负盈亏、自我发展，在市场竞争中实现优胜劣汰；重点应按照市场经济规律的要求，建立企业化的产权结构和经营管理机制。并且，院团要在激烈的市场竞争中求生存谋发展，必须苦练"内功"，加快提升自我发展能力，否则，转制院团的市场空间就会被逐步挤压，直至最终完全被边缘化。因此，院团发展关键还在于增强自我发展能力。

在实际运用上述理论时，也应根据市场化程度的不同、艺术表演团体和文艺产品经济属性的强弱，分别采取不同的体制形式（这也是本书后续部分在微观运行研究中区别转制、保留事业体制及其他类型三大类情况分别做出政策建议和安排的考虑缘由）和经济补偿机制，诸如转企改制、保留事业体制、非政府和非营利机构（NGO）形式、财政补偿与投入、事业经营补偿、社会投入补偿等。

（二）国有文艺院团改革发展的国内外实践基础

学习和借鉴这些国内外艺术表演团体改革、发展的经验和做法，不能不分条件、不讲差别地照搬，而应该以贯彻党中央提出的决策为基本前提，因地制宜、从实际出发，不断探索和推进我国国有文艺院团的改革发展。

国有文艺院团改革发展虽是一个行业的问题，但它关系几千个艺术表演团体、上百万艺术从业人员的生存和发展，关系国家艺术事业的前途和兴衰，因此须结合调研实际，全面分析、深入研究，本书以下将分别从"供给主体"（国有文艺院团作为演艺市场重要和主要的供给主体）自身和"供给主体"所处的宏观环境两方面提出建议。

二、进一步增强"供给主体"自我发展能力

由于各种原因，当前大部分国有文艺院团（演艺市场重要和主要的"供给主体"）底子薄、包袱重、盈利能力弱。从世界各国的经验看，院团要想做大做强关键还在于提高院团自我发展能力。

作为演艺市场主体和改革主力军的转制院团，迫切需要提高院团的精品创作能力，创作生产更多更好的演艺产品，不断满足人民日益增长的精神文化需求；迫切需要提高院团的经营管理能力，拓展演艺市场，会聚演艺人才，积极应对市场竞争。总之，转制院团要在激烈的市场竞争中求生存谋发展，必须苦练"内功"，加快提升自我发展能力，否则，转制院团的市场空间就会被逐步挤压，甚至最终完全被边缘化。

由于转企改制的单位和保留事业体制的单位各自存有不同的难点与问题，因此解决其各自改革发展过程中面临问题的思路和方法也各有不同，本书将区分不同情况进行研究。

（一）针对转企改制国有文艺院团的建议及对策

1. 尽快妥善解决转制后遗留的主要问题

（1）转制单位"内忧"之艺术传承"断层"问题解决对策

针对转企改制后出现的"老艺人"退休离岗，艺术传承面临"断层"挑战的问题，建议采取薪酬激励等多种方式鼓励和引导优秀的表演艺术家，使其尽量继续留在演艺行业内，有利于传统文化艺术的薪火相传。同时，建议积极推进各级各类演艺教育培训体系，形成包括艺术院校、专业培训机构等在内的多种类、多层次、开放式的终身教育网络。依托科学的创新型人才培养机制，来加速推进演艺业创新型人才的培养。特别要重视艺术院校演艺类专业这一培养演艺人才的基地和主渠道，注重创新型演艺人才育人机制的研究和创新，着力创造良好的育人和用人环境，同时加快创新型教师的开发和培养，这样既能为我国演艺业的持续快速发展不断提供合格的高素质人才，也能满足时代需要和群众多层次、多方面、多样化的精神文化需求，并带动当地经济整体发展和社会全面进步。

（2）转制单位"内忧"之职工利益问题解决建议

通过继续贯彻落实现行政策中加快收入分配改革、建立企业年金、加发养老金补贴等措施，逐步解决"事企差"问题；另外，可以继续采取期股期权等激励机制，鼓励转制企业职工参股购股，既能激发员工的主人翁意识和对改革的认同感，也可能因此享受到收入的增加。另外，可借鉴其他转企改制单位的经验，对于不适合或不能继续登台演出的人

员，加强转岗培训，结合各地实际，可充实到文化馆（站）、群众艺术馆等公益性文化单位，或安排其从事艺术教育、艺术普及工作；建议还可考虑建立面向其他行业企事业单位的演艺人才流动机制。同时，对于经单位和个人双方协商一致愿意自谋职业的，依照国家有关规定支付经济补偿，为其接续社会保险关系，做到坚持以人为本，切实保障转制企业职工的合法权益，确保社会稳定，推动演艺事业可持续发展。

（3）转制单位之"外患"和不规范转制问题解决建议

对于由于政策制定具体细节和政策下达执行不力而出现的不利于顺利推进转企改制的问题，建议细致考虑政策制定，并加强相关政府部门之间的相互配合力度（本书政策扶持部分对此已有表述，在此不予赘述）。同时，注意转企整合后的人员结构、素质和层次的调配，以适应整合后院团改革发展的人才结构需要。

2. 着力解决转制后面临的改革发展问题

当前，已经完成转企改制的国有院团的发展正面临着严峻考验。成为市场主体的转制院团，面对的市场竞争日趋激烈，提高其自我发展能力显得特别重要。

本书认为，转企改制的国有文艺院团首先要尽快转变以往的发展观念，培养起市场竞争意识，主动面向市场，参与市场竞争，建立和完善现代企业制度。国有文艺院团应建立健全董事会、监事会、经理层相互制约的法人治理结构，真正赋予企业法人决策能力和管理能力；建立和完善产权制度，形成"归属清晰、权责明确"的产权关系。

在建立和完善现代企业制度的基础上，增强"供给主体"自我发展能力，还离不开艺术创作、专业人才培养、经营管理这三方面的有机结合和协调运作，因此本书提出如下建议：

（1）不断创新艺术创作机制和演出机制

创新带来生机，创新产生动力。针对当前演艺市场需求多样化和演出市场总体经济规模下降的客观情况，转制院团应积极创新艺术创作机制和演出机制，深入群众、深入生活，建立剧（节）目适应不同演出需求的多版本制，做到既能"走下去"演出，也能"走出去"演出。比如，在大剧院可以演出"豪华"的经典版，下社区、下农村就应有"简版"或"普及版"对应演出需求。院团必须拿出多版本的演出，多题材的创作，才可能获得持久发展。

另外，建议结合演出地文化特色和革命历史教育、生态及旅游景点等优势之处，在充分考察、研究普通大众的审美需求和消费特点的基础上，可借鉴国内其他转制院团的做法，大胆实施剧（节）目项目制，将剧（节）目作为具体项目管理，并可公开向社会招标，使得传统精髓在得以传承的同时又不失时机地得以科学创新。这样才可能打造出具有市场竞争力的剧（节）目，才可能吸引战略投资，为树立文化品牌和骨干艺术表演企业打下良好基础。转制后，除了政府制定相关的优惠政策和法规鼓励企业、个人和外资投资演艺业以外，转制院团还应积极依靠自身来争取包括其他企业在内的社会各界各种形式的资助，作为回馈，转制院团可考虑为资助方提供演出服务、场地等。

另外，转制院团还要努力追求多出艺术精品。发达国家经营业绩突出的演艺企业以及我国在改革中已经做优做强的演艺企业，其可观的经济效益均来自长期运营形成的经典剧（节）目及其树立的优秀品牌。因此，无论是考虑社会效益还是经济效益，艺术精品都是合法经营的演艺企业着力追求的核心目标、创造效益的重要载体。

（2）创新高素质复合型艺术表演人才的培养机制

艺术经营管理兼备的高素质复合型人才的严重缺乏是转制后院团发展的主要瓶颈，因此必须高度重视艺术表演人才尤其是艺术经营管理复合型人才的培养、培训、保护和发展等相关环节。人才的培养和发展，首先需要政策的支持，因此建议由政府及早出台新形势下培养、培训、保护、发展各类艺术表演人才的相关政策；其次要特别重视艺术院校演艺类专业这一培养演艺人才的基地和主渠道，将艺术院校、培训专业机构等多种类、多层次、开放式的培训模式与院团对艺术经营管理复合型人才的需求相结合，将艺术院校的培训和就业与院团发展不同阶段所需的各类人才相结合，将艺术院校、培训专业机构的培养和培训与演艺市场相结合。

（3）建立科学、规范、有效的内部经营管理体制

真正科学化、规范化的现代企业组织制度和管理制度对转制后企业的发展起着举足轻重的作用。转企改制院团要按照现代企业制度要求，完善法人治理结构，建立充分体现艺术规律和适应市场经济要求的内部经营管理体制，在完善内部经营管理机制上下功夫，建立健全科学规范的用人机制、收入分配机制、转制后企业的多元化经营、适时上市融资等各项制度，为增强活力、壮大实力、真正成为合格的市场主体奠定坚实基础。具体来讲，一是改革人事制度，建立广纳群贤、充满活力的用人与收入分配机制。转制企业应依照相关法律法规，与单位人员依法签订劳动合同，确立规范的劳动关系。通过考核取优汰劣，调整岗位，实施聘用制改革，专业技术人员实行评聘分离，并建立经营管理者能上能下、演职人员能进能出的灵活的用人机制。收入分配方面，推行岗位工资和绩效工资制度，建立与岗位职责、工作业绩、实际贡献紧密联系和鼓励创新的分配激励机制，可对企业主要人才和管理者实行年薪制、股票期权等激励政策，实行经营者、管理者的收入与效率、效

益和业绩挂钩，对业绩突出、贡献重大的经营、管理人员给予优厚的报酬。二是要按照"产权清晰、权责明确、政企分开、管理科学"的方针，相应建立国有产权经营制度、企业法人制度、企业组织制度、企业领导体制和民主管理制度、企业财务会计制度和以劳动人事分配为主体的企业内部经营管理制度等一系列现代企业制度，改变传统"机关化"的机构设置。三是要建立适应市场竞争需要的演艺产品生产和营销机制。作为演艺企业，应该加强成本控制，注重投入与产出，提高企业效益，以市场观念运作，严格按照企业模式组织项目生产，建立明确的投资和盈利模式。同时，运用市场手段和资本力量，进行演艺产品及衍生品的创意、生产和营销，加强专业的市场化推广能力，打造具有核心竞争力的知名文化品牌。另外，可借鉴国内转制企业的有效做法，以艺术研究机构和业界专家委员会为依托，为企业的文化品牌和战略发展提供智力支持。

（4）充分利用新技术、新媒体构建演艺发展新引擎

当前，新技术、新媒体在文化领域的运用越来越广泛，极大地促进了文化产业的生产传播方式的发展和创新。新技术、新媒体的运用对加快构建现代新型文化传播体系，推动社会主义先进文化、主流文化的广泛传播发挥了重要作用。与互联网融合发展，应该是今后演艺产业发展的一种趋势。转制院团可以积极探索创建商业性的演艺视频网络平台，让各院团的精品节目通过视频上传或在线直播，满足没有机会现场观看演出的艺术爱好者的欣赏需求，扩大传统艺术的受众范围，弥补演艺产品不可复制的劣势；同时，又能通过点击率为转制院团谋取一定的利润分成，拓展经济来源。这种方式可以推广到手机、付费电视等新媒体，用以弥补传统演艺业的不足。

（二）针对保留事业体制的国有文艺院团的建议

保留事业单位性质的国有文艺院团，主要是体现民族特色的和国家水准的艺术院团，要切实尊重和落实院团的法人自主权，结合党中央、国务院下发的《关于分类推进事业单位改革的指导意见》，进一步深入推进保留事业单位性质的国有文艺院团改革发展，建议如下：

第一，保留事业体制的院团并不是延续旧的事业体制，而是要切实进行改制，需要符合市场经济规律的制度和运营手段，需要按照符合市场规律和艺术规律的方式运营，着力提高演出能力。在实际中，应切实改革和完善院团现有治理结构以及相应结构下的人员聘用管理制度和岗位管理制度、职称制度，真正建立权责清晰、机制灵活的人事管理制度。积极探索建立适应保留事业体制院团发展的管理模式，有条件的单位可尝试剥离出其中的

经营性部分改制为企业，参与市场竞争，增强事业单位的发展活力。

第二，继续深化收入分配制度改革，落实中央提出的以工资分配激励约束机制为核心、能体现岗位绩效和分级分类管理要求的收入分配制度，定期公开绩效考评结果，将考评结果与收入分配直接挂钩，并积极完善工资正常调整机制；积极探索与艺术表演相关的知识产权、技术要素等参与收益分配的分配办法，将收入分配与实际贡献挂钩，切实保证分配的合理性和责权利的一致性，充分调动广大演职工作人员的积极性、主动性、创造性。

第三，保留事业体制的国有文艺院团应结合事业单位改革的指导意见，依法参加事业单位基本养老、基本医疗、失业、工伤等社会保险，逐步完善相应的社会保险政策。同时，特别注意国有文艺院团体制改革前后养老待遇水平的平稳过渡，切实做好改革前后待遇衔接工作，真正做到以广大演职员工利益为本。

政府应将自主权真正交还给"留事"单位，着力增强其发展活力，对于其中部分能够脱离财政供养、面向社会汲取资源的单位，建议可以考虑转化为民间非营利性文化机构。

（三）针对其他类型国有文艺院团改革发展的建议

对划入当地文化馆、群艺馆、艺术院校、艺术研究院所等机构，或转为公益性的保护传承机构，应当注意，一方面要充分利用国家对重要文化遗产的有利保护政策，另一方面也要积极研究保护和传承的各种有效方式方法，比如：对于具有重要文化遗产价值但经济效益低的戏曲演艺品种，可考虑以政府购买或补贴等方式委托相关院团进行复排，开展公益性演出，既可以起到宣传、陶冶民众的作用，也可以使得重要文化遗产在得到保护的同时更会得到长远的发展。另外，在强化其公益属性的同时，给予必要的经营自主权，鼓励和支持其真正建立科学民主的事业领导制度、多元化的事业投资与经营补偿机制、灵活多样的组织方式，使其享有充分的用人自主权，切实建立规范化的事业组织国有资产管理制度和成本核算制度，并采用事业目标管理、编制硬约束等方式进行管理。

撤销类的院团除了应该注意妥善解决好撤销过程中的资产清算相关问题，科学、合理解决分流人员的工作年限衔接、工资核算等遗留问题，还应妥善解决撤销后自谋职业人员的经济补偿和个人发展问题，通过强化和扩大文化艺术人才交流中心等机构的职能，提高其提供转岗培训和人才技术评价、人事代理、职业介绍和相关政策咨询等方面的服务能力，切实维护自谋职业人员的权益。

此外，本书认为，对于一些在改革中既不符合保持事业编制标准，又明显不能在市场中生存的院团，可以考虑参照西方国家非营利组织的模式，通过寻求企业和社会资金的支持，将此类院团改组为新的社团法人，成为非政府和非营利机构（NGO）组织。

社团法人模式适合具有明显保留价值又无法改企盈利的部分院团。其优点是作为非盈利组织，可以寻求企业和社会的捐助，必要时不应寻求政府的资助，继续从事艺术表演生产；同时，此类院团拥有的国有资产作为国家艺术资助，不予收回。在转企改制后的过渡期内，应该享受与转企改制单位同样的待遇和政策优惠。

三、多方位优化"供给主体"所处宏观环境

当前，我国演艺业正处于新的宏观体制格局正在逐步形成、微观现代企业管理制度尚不完善的过渡期。在这一过渡期内，一方面，国有文艺院团的改革成果还不稳固，广大演职人员的积极性和创造性仍待提高，院团发展的内生动力亟待增强；另一方面，改革红利还没有完全释放，院团尚未充分享受新体制的优越性，转制后的体制优势还不能立即转化为发展优势，转制院团还需要相当长的一段时间才能适应新的体制机制，在市场中发展壮大。另外，还需要指出的是，国有文艺院团过去是、现在是并将长期是我国社会主义先进文化传播的"主阵地"。在我国，群众对演艺的热爱由来已久，戏曲文化、歌舞剧都有着广阔的市场潜力，好的剧目不去占领市场，不好的剧目就会获得"话语权"，演艺领域主流舆论的传播力和影响力就会受到削弱。

总之，国有文艺院团改革发展是一项复杂的系统工程，政治性、政策性很强，涉及方方面面，除了要增强"供给主体"（国有文艺院团是演艺市场重要和主要的供给主体）自我发展能力，还需要多方面优化国有文艺院团所处的宏观环境，为"供给主体"的持续健康发展保驾护航。

（一）进一步完善政策支持体系

1. 继续完善政策的制定，加大落实力度

第一，加大政策落实力度，确保中央和地方制定的好政策能确实落地、见效。各地可结合实际，有针对性地出台与扶持转制院团发展相关的财政、税收、投融资、对外贸易、土地、工商管理等更加优惠、细化的政策；同时，建议相关部门加快研究制定关于基层院团尤其是县级院团如何处理在改革过程中遇到的公共文化服务建设、农村演艺市场发展、非物质文化遗产保护等问题的相关意见。

尤其是西部经济欠发达地区，文化市场正在发育之中，转制院团生存面临着更大挑

战，对于政策的落实存在更为殷切的期待。各地尤其是欠发达地区，还要根据中央文件，结合自身实际，制定更为细化、有针对性的政策办法，这是助力转制院团改革发展的关键。

第二，完善面向保留事业体制院团的发展激励政策，比如，可采取以完成项目多少和质量高低作为财政拨款依据的办法，激励该类院团多出精品、多出人才。与此同时，积极鼓励和引导此类文化事业单位进行市场开发，强化市场意识，打造艺术精品。对于在发展过程中具备转制条件的国有文艺院团，积极鼓励其转企改制。

同时，应当注意保留事业性质院团的传统戏剧，如京剧、昆曲等，它们的创作和演出需要长时间不断积累，需要政府主导的多方投入和支持，可借鉴日本、韩国的做法，通过相关法律、政策或教育的形式，使得年青一代了解、欣赏文化艺术瑰宝的魅力，培养潜在受众。

第三，进一步加强政府各部门间的协调配合机制，确保政策顺利落实。一是对所有适用于文化改革发展的中央相关政策，进行全面梳理，加以深入研究，尽量用足用好；二是按照"扶上马，送一程"的要求，以扶持转制院团尽快成为合格的市场主体为目标，结合本地实际，出台更加优惠的新政策；三是对尚未落实的相关政策，文化行政部门要认真与相关部门沟通、磋商，共同制定实施办法，增强落地性和执行效果。为解决由于部门间配合力度不足而导致的经费、资源等政策落实不到位的问题，应加强财政、税收、投融资、对外贸易、土地、工商管理等部门的协调配合，建议相关部委联合发布文件落实支持院团转制的具体措施，并建议成立由各部委组成的院团体制改革督导组进行不定期督查，以加强有效监督和检查。

2. 为外界支持艺术表演发展提供更加优惠的政策

鼓励包括各种所有制企业在内的社会各界，以及我国港澳台同胞、海外侨胞和国外友人或团体以无偿资助、专项资助形式进行赞助，借鉴发达国家的经验，用减免税的法律形式给予赞助者优惠待遇，并可对其给予荣誉性奖励，以使各种形式的赞助活动规范化、法制化，保证赞助资金及时足额到位、按照规定用途正常使用。作为回馈，接受社会各界资助的国有文艺院团可以到资助方进行无偿慰问演出，这样既能解决国有文艺院团的资金困难，又能在一定程度上丰富资助方的精神文化生活。

另外，借鉴国内转企改制较成功企业的发展模式，建议继续推行一些被实践证明效果显著的政策，或加强这些政策的实施力度。比如：进一步鼓励各种所有制企业以控股、参股、并购、重组等多种方式参与国有文艺院团转企改制，这些企业也可以直接参与转制文化企业的总体决策与经营管理等实质性活动，但应注重以演出主业为发展方向这一根本点。此外，政府还可继续加大鼓励类似文化艺术基金会或协会的运作力度，用以支持和鼓励表演艺术的发展，比如上海文化发展基金会、北京文化发展基金会、海南省文化艺术发展基金会等。

3. 丰富政府各部门的资助方式和形式

扩大各级财政设立的文化产业专项资金、宣传文化发展专项资金的规模，注重提高资金使用效益，结合当地实际，灵活应用贷款贴息、项目补助、绩效奖励、保险费补助等多种形式扶持转制国有文艺院团的发展。同时，进一步加大对骨干文化企业的扶持力度，包括建立重点文化企业激励和约束机制；继续加大知识产权保护力度，同时政府可以采取基金资助、人才荣誉制度等多种方式以加大鼓励原创的力度。

（二）推动政府工作有重点地阶段性演进

政府在国有文艺院团体制改革的不同阶段，工作重点和工作方式应当适时调整，以突出重点，着力解决国有文艺院团体制改革不同阶段的障碍，提高工作效率和效果。在当前国有文艺院团体制改革已经完成阶段性任务的背景下，本书认为政府应做好以下重点工作：

1. 加强组织保障工作

国有文艺院团改革发展政治性、政策性强，离不开党委、政府的高度重视和大力支持，各级党委、政府的重视在很大程度上是决定国有文艺院团改革发展取得最终全面胜利的关键。首先，各级党委、政府应将国有文艺院团体制改革纳入重点工作范围和重要议事日程，切实加强组织领导工作，这是国有文艺院团改革发展顺利推进的重要前提和基础条件。建议各地切实将国有文艺院团改革发展工作的组织领导绩效，纳入有关负责干部的考核范围，实行一票否决制，以确保各级党委、政府的重视和有效领导。

另外，各地文化厅局应结合当地国有文艺院团改革发展的具体情况，细化当地国有文艺院团改革发展的目标任务，工作进度的安排要做到定量化，责任落实到人，做到专人专职，确保工作力量和工作实效。同时，在改革采取的具体方式方面，建议给予地方更多的自主权，以鼓励探索形式灵活多样、符合当地院团具体特点的改革发展模式。同时，应加快制定和完善有效的激励和督促约束制度。比如：在各地区国有文艺院团改革发展信息报送方面，对于上报改革发展进度信息迟缓甚至信息不实的地区，要予以公开通报批评，并责令限期加快推进速度并如实上报信息；适时表彰和奖励一批在改革发展中涌现出来的先进地区、单位和个人，给予文化产业发展专项资金、投融资或基础设施投入、政府采购等方面的倾斜，以强化激励和督促约束效应。

2. 加强和完善国有文化资产监管

积极推动演艺领域国有文化资产监管体制改革，切实推进政企分开、政事分开、管办分离，避免国有文化资产流失，确保国有文化资产保值增值。同时，国家相关部门应尽快出台文化资产评估和流转等方面的评审细则，规范国有文化资产的评估和流转。同时，要加强涉及重大国有文化资产变动事项、无形资产和有形艺术品价值评估等领域的监管和审核力度；严格规范国有产权转让行为、对外投资、资本运作中的资产监管，防止国有资产流失。同理，对于注销建制的演出单位涉及重大国有文化资产变动事项的，文化行政主管部门应当报请国有文化资产管理机构审查批准，做好资产评估、清产核资等基础工作。

（三）加快演艺业发展的立法进程

建议加快由主要依靠政策规定及措施向运用法律法规来保障院团发展转化的进程，尽早形成既有时效又富前瞻性的，包括演艺业在内的，促进文化领域发展的法律法规体系，使国有文艺院团的改革与发展做到有法可依。比如：除了上述政策方面的相应规定外，还可借鉴法国等发达国家的经验，用减免税的法律形式给予赞助者优惠待遇，并可对其给予荣誉性奖励，以使各种形式的赞助活动规范化、法制化，并确保赞助资金及时足额到位、按照规定用途正常使用。另外，建议通过法律法规尽早明确民间资本、外资投资演艺业发展的法律地位、权益保护、退出机制等内容。

（四）重视建立艺术表演评审、荣誉制度

艺术表演评审体系的完善与否将在很大程度上决定表演艺术创作能否实现健康发展和繁荣，能否促进优秀表演艺术人才和作品的不断涌现。借鉴美国国会主办的美国国家艺术奖、韩国政府设立的世宗文化奖等，我国也可试行国家功勋演员制，设立评审委员会，委员会成员由业内资深专家组成，一方面负责向政府部门提供文化政策建议和咨询，另一方面又接受政府委托，组织、收集群众对表演艺术作品的意见评价，最终由委员会根据表演艺术水准、社会效益、经济效益等综合确定评审结果，完善全国性重大文艺评奖活动的审批、登记、备案制度，并在整个评审过程中接受广大群众的监督、评估。

此外，不论其是民营艺术表演团体还是国有艺术表演团体，无论是事业还是企业艺术表演机构，不分行政级次区别，只要其对不断满足人民群众日益增长的精神文化需求、引

导和促进艺术表演健康发展、繁荣艺术表演市场以及文化建设做出过突出贡献，对提高本国文化影响做出过贡献，就应对相关演艺人员及其优秀原创作品授予国家荣誉称号，并给予相应的国家优待。这既是对艺术家和优秀原创作品的肯定和奖励，也是本国文化价值观的倡导和强化；同时从长远发展来看，还直接关系我国演出艺术评价体系的确定标准。另外，建议今后逐步完善艺术表演团体的行业管理，逐步建立统一的艺术表演企业资质登记和等级评定制度。

（五）进一步完善演出市场体系

1. 依不同市场发育特点而建立表演艺术分类发展机制

就我国目前的艺术表演市场情况而言，能够欣赏交响乐、歌剧、芭蕾舞等表演艺术并具有相应支付能力的受众数量还较有限，其演出市场较为狭窄，并且具有市场难以独立完成基础性资源配置的特点；相对而言，流行音乐、流行歌舞的受众数量较多，分布范围也较广泛，因此建议将高雅艺术演出和娱乐性演出分开，在一定时期内采用分类发展模式，扶持社会效益突出但直接经济效益暂时不明显的艺术演出。这样有利于文化多样性的发展，防止出现文化单边性。但针对目前两类演出市场整体处于初级阶段的实际情况，建议充分运用产业组织政策，以高雅艺术演出市场和娱乐性演出市场的发展带动演艺产业形成有效竞争的格局，继而实现演艺产业的自我发展。

同时，从长远发展来看，建议逐步扩大公益性演艺活动的数量和规模，这样一方面有助于满足广大人民群众对于娱乐性和高雅艺术多方面的精神生活需要，并且可以提高演艺团体的开放竞争意识和社会认知度；另一方面有利于培育潜在的受众，有利于演艺市场的培育和演艺团体的长远发展。

2. 统筹院团体制改革和文化市场建设

针对老少边穷地区的经济条件、文化消费状况，建议加大对云南、广西、内蒙古等地区的改革扶持力度，建议多出台一些优惠政策，比如：加大专项资金补贴剧团采用流动文化车等多种方式下乡演出的力度、培养强有力的文化工作队伍等等，加大对其目前改革和长远发展所需的剧场、资金、人才等的扶持力度。同时，注重挖掘老少边穷地区留传下来的多彩民间歌舞、戏曲、老区革命文化等，适时开发特色文化旅游资源，这既可以促进当地文化建设，也可以为推动院团体制改革奠定良好基础。

3. 理顺文化产业链的链条关系

从国内外发展较好的演出市场来看，文化产业各链条的关系是否能理顺，将直接影响包括国有文艺院团在内的各组成主体的运转。一方面，就部门和行业内部而言，例如：针对艺术表演，剧场的深度开发和经营对于国有文艺院团的发展起着重要作用，但是，目前我国的剧场还主要停留在演出场所的浅层次开发上，剧场深度开发和经营相对落后，区域性的剧场群和全国性的剧场线也都是凤毛麟角，亟待加强开发和建设。另一方面，就部门和行业之间而言，鼓励创建跨行业、跨区域、跨部门的文化产业单位，这将有利于整合包括艺术表演在内的各组成主体、各产业链条间的资源配置。比如：可以借鉴日本的有效做法，考虑增加与演艺生产相关的产业链所产生的效益，通过音像制品、有线电视播放、餐饮、小商品服务等来有效组织相关链条的生产，最大限度提高效益。对于我国广大的中等城市和城镇乡村，演艺产业链的开发和延伸显得尤其重要和必要。

4. 加大人才、资金、技术等要素市场建设

加快文艺院团改革和发展所需人才、资金、技术等要素的市场建设。在市场经济条件下，国有文艺院团通过面向市场，适应市场需求，就能较便捷有效地产生服务群众、展现表演艺术价值的功效；而这有赖于演艺从业人员保障机制和培训机制（包括转岗工作能力的培训）的健全、具备现代经营管理素质的艺术表演人才大规模培训机制的建立、更大范围艺术人才合理流动机制的发展。就更大范围的艺术人才合理流动机制的建立和健全而言，跟我们整个社会经济体制、政治体制的改革进程密切相关，其必将伴随着社会保障体系和其他配套政策及措施的完善。

同时，加快投融资体系改革，创建全国和区域性艺术发展基金，鼓励各类投资主体共同参与的多元化资金筹措机制，逐步建立有序、稳定的演艺资金供给机制，将为保证演艺产品的稳定生产和演艺企业的可持续发展奠定资金基础。充分利用全国性和区域性产权交易机构，为文艺院团搭建产权、信息、技术等要素的流动平台，这些举措将对加快推进演出市场趋于正常化发挥重要作用。其中，尤其应该高度重视将现代科学技术与艺术表演相结合，充分运用先进科技手段提高竞争力、抢占发展制高点，这也是提升文化产业结构、转变文化发展模式的重要途径和手段。

5. 建立健全艺术表演领域内中介机构、行业组织

通过法律保障和政策支持，积极推动艺术表演领域内中介机构、行业组织的建设和发展，鼓励创新中介机构成立方式，完善丰富中介机构类型，适当降低准入门槛。同时，在充分尊重其自主性的基础上，引导并监督其规范、完善自身的组织章程和管理制度，以充分发挥中介在演出广告宣传、票务管理、剧场装台等方面的优势和特长。此外，建议由文化部监管，由演艺行业组织主导，整合现有的演艺网络信息，建立规范、统一的演艺信息

网络服务平台，及时公布全国艺术表演领域的戏剧、曲艺、歌舞等资源的供求信息、演艺交流论坛信息，提供演出推介、咨询等中介机构信息。在此过程中，通过演艺行业组织集中治理和长效管理相结合的方法，解决信息真实认证和网络安全问题。

针对目前缺乏专业演艺经纪人才的状况，建议进一步创新演艺经营管理人才培养方式，加大培养力度，造就一批熟悉国际国内市场规则、善于开拓和管理的演艺经纪人才。

（六）营造良好的演艺业创新型人才培养环境

演艺业是最传统并且最具专业性和市场化特点的艺术行业，其最重要的生产要素就是演艺人才；同时，演艺业也是最具产品衍生潜力的原创型文化产业，其可持续发展的活力源泉在很大程度上有赖于演艺业创新型人才的开发和培养。演艺业在改革开放后率先改革，呈现令人欣喜的发展态势；但是相对而言，优秀的文化产品匮乏，人才队伍发展较为缓慢，积极推进演艺业整体较快发展非常必要。考虑到创新性人才在演艺业发展中的特殊重要性及创新型人才培养的综合系统性，本书将创新型人才培养的问题进行了如下单独阐述：

1. 演艺业创新型人才应具备的素质

首先，创新型人才应有正确的世界观、良好的品德修养、强烈的爱国心和诚实守信精神，这是成为一个合格的演艺业创新型人才的前提条件。其次，人的素质是多方面的，但其持续发展的核心素质是创新能力。创新型人才不仅应具有强烈的求知欲、较宽的知识面；还应当富有怀疑性、批判性的积极探求的心理取向，演艺业创新型人才亦是如此。这种创造性思维源于对艺术的激情和欲望，渗透在每一种文化产品的创作、演出过程中，强调探索创造的发散性和新颖性、思维结构的综合性。此外，这种创新思维来自演艺实践，所以演艺业创新型人才还应具备的非常重要的一点就是科学实践精神，在实践中脚踏实地、不畏艰险、不怕失败。同时，新时期的演艺业创新型人才还应当是具有团队拼搏精神的协作型人才。

2. 建立科学的演艺业创新型人才培养机制

（1）坚持党管人才的根本原则

演艺业创新型人才培养要坚持党管人才这一根本原则，这种管理不是具体到每个人，更不是党委包揽人才的一切方面，而是党要管好演艺业人才队伍建设的全局，把握演艺业人才工作的正确方向、人才发展战略或规划，运用宏观政策和法制来指导、协调演艺业创新型人才的培养工作。唯有如此，才能使得演艺业创新型人才的培养符合社会主义市场经济要求，以市场配置为基础，以法制建设为保证，以开放、竞争为特征，更好地整合、利用好人才资源。

（2）在文化体制改革中大力推进创新型人才培养

演艺业改革被认为是文化体制改革领域的重点和难点。从目前我国演艺业发展的状况来看，政府给予演艺业改革的政策保障和支持措施是演艺业改革推进的重要基础和必要条件，演艺业创新型人才的发展和后续培养同样离不开政府的支持。演艺业创新型人才的培养机制只有在文化体制改革大环境中才能得以顺利建立，包括演艺业经营与管理体制的根本性改革，涉及文艺院团改革发展中的人员安置、养老、医保政策等，还涉及创新型人才的专项安排及社会各界、各类艺术基金会对于演艺业创新型人才的赞助和保护，搭建一流的专业技术支撑平台，建立和完善文艺人才激励机制和奖励制度等，以上都会对演艺业创新型人才的发展和后续培养产生不同程度的影响。

（3）积极发展各级各类演艺业教育培训

优化教育培训资源，将教育培训的重点放在提高演艺业人才的学习、实践和创新能力上，加强爱国主义和诚实守信等品质的教育，促进演艺业人才的全面发展。应积极推进各级各类演艺教育培训体系，形成包括艺术院校、专业培训机构等在内的多种类、多层次、开放式的终身教育网络；让从事演艺业的教师、学生具备较强的继承与创新能力、开拓演出市场的能力和正确把握演艺宣教和获取经济收益两者关系的能力，充分运用现代化手段来不断提高演艺业人才全方位综合能力，促进名家名角和演艺精品不断涌现。

（4）充分发挥艺术院校演艺类专业的主导作用

演艺业创新型人才的培养应是一个综合系统工程，包括思想道德素质、文化素质、业务素质、身体素质和心理素质等诸多方面，应统筹兼顾，适时侧重。艺术院校演艺类专业始终处于人才培养一线，在高素质创新型人才的培养中扮演重要角色，发挥着不可替代的作用。关于艺术院校演艺类专业创新型人才培养机制，本书认为应包括以下方面：

①艺术院校演艺类专业应创造良好的氛围和条件

其一，艺术院校演艺类专业教育的使命是为社会培养合格的各类人才，但他们都得具备品德优良这一基本条件。埃德加尔·富尔在《学会生存》一书中指出，教育在这个范围内的任务就是："保持一个人的首创精神和创造力量，而不放弃把他放在真实生活中的需要；传递文化而不用现成的模式压抑他；鼓励他发挥他的天才、能力和个人的表达方式，而不助长他的个人主义；密切注意每个人的独特性，而不忽视创造也是一种集体活动。"因此，艺术院校演艺类专业首先应在教会学生如何做人的前提下，倡导兼容并蓄和鼓励个性发展、协作的教育理念。

其二，应加强硬件环境建设，结合当地的特色和优势，及时优化演艺课程设置，进行专业调整，增加基础课程，重抓教学环节。在教学管理过程中，尤其应当重视不仅向学生提供获取综合演艺知识的途径，更应强调开阔学生眼界，丰富学生情趣，并把培养经营管理能力、竞争战略思维能力作为演艺教学培养的重要目标之一。

其三，要不断探索创新，把理论培训与演艺实践、国内培养与出国培训、短期培训与终身学习等有机结合起来。例如：可考虑与国外知名演艺机构合作，为学生国外演艺实习提供完备的舞台，以求在国际高水准的实践活动中获得演艺最前沿信息和技能，不断提高创新意识和技能。

其四，倡导开展演艺创新活动，并建立相应的激励机制，以奖励在演艺创新方面有突出贡献的学生和指导教师；并把演艺创新活动的开展情况纳入年终考核评估体系，作为衡量学院及学院领导工作业绩的一项重要指标。

②创新型人才的培养呼唤创新型教师

作为实施创新教育的主体——教师，在创新型人才的培养中发挥着重要作用。本书认为，一名演艺业创新型教师，首先要有高尚的师德，应热爱本职工作，对待学生要有一颗博爱之心；其次要掌握现代教育理论，拥有多元知识结构体系和精深的演艺专业知识；再次应主动掌握创新教育观念，善于激发学生的个性、知识兴趣和创造性，重视学生综合能力的培养；最后要善于运用灵活的教学方法和丰富的教学手段。这就要求创新型教师具有创造性思维能力，使演艺教学充满科学性和艺术性，并能创造性地将教书和育人结合在一起，使学生感受到生动、严肃、活泼的教学气氛，享受与教师真诚沟通的人文关怀。

教师是推动学校前进的重要动力，创新型教师在创新型人才培养中发挥着关键作用，所以我们应思索如何使教师最大限度地发挥其培养创新型人才的主导作用。近年来，我国艺术院校演艺类专业在改革教师人事制度和管理制度方面取得了一定成绩，现在的问题是在新形势下如何激发、调动演艺业教师的创新意识，提高教师的创新能力。本书认为，可考虑为演艺业教师营造和谐、创新的工作环境氛围，建立有效的沟通机制，以提高演艺业教师的归属感；实践证明，宽松、自由的工作环境，能激发教师高昂的创新热情，最大限度地发挥个人效用。与此同时，还要建立科学的价值评价与价值分配体系，其中，价值评价体系包括个性特质评价、职业行为能力评价和关键业绩指标考核，以有利于调动演艺业教师的个性、主动性和创造性；价值分配的结果建立在价值评价的基础上，科学而有竞争力的演艺薪酬体系将有助于激励和调动教师的积极性和创造力。这样，通过对演艺业教师这种独特人力资本能动性的激励和调动，演艺业创新型人才的培养就有了可靠的后盾保障。

总之，我国正处于全面建成小康社会的关键时期，必须高度重视以人为本的科学发展观，要坚持人才强国战略和人力资源是第一资源的科学判断，加快创新型人才的培养步伐。对于演艺业而言，一方面需要政府人才资源管理体制的大力创新，努力创造使优秀人才脱颖而出的政策环境，深入推进演艺业人力资源整体开发；另一方面，需要依托科学的创新型人才培养机制，来加速推进演艺业创新型人才的培养，特别要重视艺术院校演艺类专业这一培养演艺人才的基地和主渠道，注重创新型演艺人才育人机制的研究和创新，着力营造良好的育人和用人环境，同时加快创新型教师的开发和培养，这样既能为我国演艺业的持续快速发展不断提供合格的高素质人才，也能满足时代需要和群众多层次、多方面、多样化的精神文化需求，并带动当地经济整体发展和社会全面进步，提高人的整体素质，最终实现人的全面发展。

（七）政府、市场、社会"三位一体"助推院团改革发展

转制后的院团，并不是一般意义上的文化企业，其肩负的社会效益和经济效益双丰收的重要使命自始至终没有变。深入推进转制院团改革发展，要充分认识和把握转制院团这一特殊性质，以促进自我发展能力为核心，积极探索市场、政府、社会共同推动转制院团发展的途径。采取灵活多样的方式为转制院团解决排练演出场所问题，在实践中可考虑引入基金运行模式，通过设立剧场建设基金及科学管理机制保障剧场建设；鼓励社会团体、民办非企业等投资剧场建设，并按照相关规定落实优惠政策等，发挥好"1+1+1>3"的功能。

第二节　新时期群众文化团队建设的策略

群众文化团体是群众文化传播的重要媒介和原动力，基层群众文化团队的发展对我国社会的和谐稳定，以及精神文明建设具有重大的现实意义和深远的历史意义。随着我国经济文化水平逐年提升，越来越多的自发性群众文化团体开始形成，群众文化团队在推动国家经济文化发展的同时，推动了社会文化事业的前进，重视对群众文化团队建设工作的保障、健全团队管理机制，不断提高基层群众文化队伍的创造力、凝聚力和战斗力，是顺应时势的举措。

一、新时期群众文化团队建设发展中存在的问题

长期以来，我国基层群众宣传文化队伍活跃在大大小小的舞台和屏幕上，在面临许多困难的情况下，他们仍旧上交了一份卓有成效的成绩单，给国家增添了光彩，为宣传思想文化工作赢得了声誉。但是，应该看到，这支队伍面临着人员老化、知识陈旧、设施装备落后、条件待遇差，以及队伍总量不足、结构不够合理等问题。

（一）过于依赖政府，创新不够

目前，我国的群众文化团队建设投入的资金主要还是依赖政府，公益性文化活动节目的编排和组织的建立也基本全依靠政府，导致短期内团队建设加快了建设，但并不能满足长期发展的需求，此外，政府过多的介入，致使群众文化团队建设削弱了创新意识，限制了自主发展的积极性，导致负责人的威信不足，不利于内部团结，致使团队发展一蹶不振，走下坡路。

（二）人员专业度不够

由于群众文化团体面向的是基层群众，入队的门槛较低，几乎为零，且缺少专业人士的正规指导，所以大部分群众文化团队的专业性不足，又加上专业知识较少，难以引领到更高更新的层面，活动方式也都是以娱乐性节目为主，自娱自乐，缺少创新意识。

（三）投入资金的匮乏

资金是群众文化团队长久发展一个必备因素。但如今大部分的群众文化团队建设经费投入主要来自政府专项财政拨款，政府的专项财政拨款是非常有限且微不足道的，导致团队建设在资金使用、设备装备等方面难以与社会资源相融合，从而阻碍了团队可持续发展，不利于团队创新文艺活动、启迪社会想象力的发展。

（四）群众文化团队管理机制不健全

大多数团队组织者和参与者是同一批人，职责分工是不明确的，甚至一人多岗，组织松散，参与过程中没有明确责任义务，离开团队也没有一定要求，导致团队管理混乱，无法正常运行。此外，有些成员一人可以同时参加数个群众文化团队活动，个人精力和时间有限，导致积极性随着时间的推移而慢慢降低，阻碍了团队长期发展。

二、新时期群众文化团队建设的策略

（一）思想政治引领队伍建设，弘扬社会主义核心价值观

做好基层群众文化团队发展建设工作，有助于推动国家弘扬社会主义核心价值观、社会主义文化大发展大繁荣、社会主义经济稳中向好。当前，社会思潮多元化、宣传内容复杂化、信息渠道多样化，正确引导群众文化宣传工作的走向对和谐社会的发展和弘扬民族精神，具有重要的现实意义和深远的历史意义。强而有力的群众文化团队建设应以党建为引领，把社会主义核心价值体系建设融入队伍建设，牢牢把握宣传舆论走向，提升精神文明创建的质量，落实公共文化服务体系扎根于基层，完善宣传文化阵地的管理机制，造就一支政治坚定、素质优良、扎根基层、服务社会的宣传文化队伍，并为国家"十四五"规划奠定基础。

（二）深入基层落实团队建设，构建以人为本的社会理念

"水能载舟亦能覆舟。"群众文化团队的建设离不开人民群众的支持和参与，优秀的文化氛围也铸就了人民群众精神文明的提升。在开展群众文化活动过程中，要充分发挥基层群众作用，坚持以人为本，把文化宣传建设和基层团队建设进行无缝衔接，通过扎根基层、贴近生活、触动心灵的艺术创意，拉近群众与艺术的距离，提升人民群众的艺术鉴赏力，弘扬"真善美"的文化价值观，通过丰富的组织形式、活动内容、参与方式进行"走心"文化宣传，做到满足人民群众及社会与日俱增的文化精神需求。

（三）文化新意彰显队伍建设创新，启迪文艺创作想象力

数字化科技正逐渐走进众人的视野，以往群聚型文化团队活动逐渐改变群众参与体验和呈现方式。一是诸如5G因其具有的延时性小、传输流量大等特点被广泛运用在线上直播，缩小了异地交流沟通的距离。众多群众文化活动，包括广场舞比赛、舞蹈活动、健身活动、实地参观、线上K歌、游民族古迹等活动通过线上的方式，呈现了丰富的活动内容、展现了丰富的活动形式，改变了公众参与体验，同时向群众更多地展现他们平时无法触及的一面。积极整合海内外优秀群众文化团队活动资源，开展相互交流，开阔公众视野，启迪公众创造力，为推动文明交流奠定基础。二是充分挖掘自身团队建设人才的潜力和业余爱好活动者的创新力，通过对群众爱好的了解，从而提高群众文化活动的质量。

（四）多措并举管理机制，开创群众文化团队建设新局面

一是应加快工作人员的培养步伐，组织开展培训，提升工作人员综合素养和专业水准，通过在工作实践中，营造比、学、赶、超的氛围，加强交流与学习，对国家在群众文化方面的文件精神进行深刻实践。此外，应加大在各个层面的组织宣传力度，使得公众能在第一时间了解信息，并参与进来。二是灵活运用群众文化团队建设资金，发挥作用。充分利用各级政府提供的专项资金，落实规章制度，建立团队建设资金长效管理机制；其次，通过社会各阶层合资，加大群众文化团队在硬件设备设施建设上的力度，诸如培训室、排练室、音乐室、画室、阅览室、室内运动场等基础性设施，确保专款专用，在严格资金管理机制的基础上，满足基层群众精神文化需求，促进群众文化团队建设与发展。三是将群众文化团队建设各项工作实施方案进行合理规划，在此基础上，加大各基层文化团队内部交流和学习，同时辐射至各乡镇（街道）等进行文化活动会演、文化宣传、文化建设。此外，进一步利用网络资源，建设好网络文化团队建设专栏，将群众文化团队建设融入现代科技信息。

新时期新趋势，群众文化团队建设发展天地广阔、大有可为，广大宣传思想文化工作者承担的使命光荣而伟大，在不断推动我国经济文化发展的道路上添砖加瓦。只要群众文化团队建设面向群众、服务群众、抓好基层、打好基础，切实完善政策措施、整合各种资源、健全团队管理机制、调动各方面力量、创新文艺创作手法，扎实推进县级和城乡基层群众宣传文化队伍建设，基层宣传思想文化工作定将迎来更加生动的可喜局面，为社会稳定和谐发展，丰富人民群众生活，为"十四五"规划奠定基础。

第六章 群众舞蹈活动的组织与创作

第一节 对于群众舞蹈的认识

"群众文化是一定社会的政治和经济的反映，是群众利用业余时间，以自己为主体，用社会活动的方式，自愿参加的，进行自娱自乐自教的文化活动。"群众文化的内容包含方方面面，它们受到不同群体的喜爱，直接填充进大众的生活当中。其中，群众艺术是在群众生活中起到陶冶情操作用和审美功用的重要内容。书法、绘画、歌唱等艺术的魅力迁移进人们的生活中，让人们的生活充满色彩和乐趣，带动着万千大众走入不同的精神世界。舞蹈则是群众艺术当中非常受欢迎的种类之一，它不仅是生活中强身健体的有益锻炼，更是填充大众精神生活的重要部分，甚至有人对于舞蹈的热爱可以上升到"梦想"，舞蹈成为一部分人的生活方式。它是休闲时的上佳选择，也是自我欣赏、自我审美的方式之一。当下，群众舞蹈无处不在。

一、群众艺术中的群众舞蹈

（一）"群众舞蹈"概念辨析

首先明确，"群众舞蹈"的对象是群众，它是群众所参与的艺术活动。在《辞海》中，"群众"这个词汇被释义为四种，综合来看，在人们的普遍认知中，它是泛指一类群体，其中带有一定的政治意味，即是未加入中国共产党等政治团体，同时未担任领导职务的人群。而在人口十余亿的泱泱大国，群众则为最根本也是最主要的群体，广大劳动人民是其中的主要对象。随着时间的推移，人们已经不再对这类群体进行具体划分，只要是人民大众所广泛参与的舞蹈文化活动，我们均称之为"群众舞蹈"，可见群众舞蹈中所包含的内容十分广泛。

随着时代的逐步演变和群众舞蹈的逐步发展，人们不再考究其中参与对象的政治身份，而广大的群众舞蹈工作者对于群众舞蹈的参与群体的认识产生了另外一种倾向，便是职业与非职业的区分。我国自夏商时期出现了大规模的女乐群体，这些可被认为是我国古代首次登上历史舞台的专业乐舞艺人以规模之大和乐舞的奢靡程度被记载在史书当中。在政治因素作用下，这些女乐的生活当然围绕着身居高位的皇帝一人，他们成为"娱人"的践行者。随着历朝历代的发展演变，这样的专业乐舞艺人的命运各不相同，其乐舞形式和精美程度也随朝代而变，然而不变的是其专业的乐舞艺人身份，他们当中的大部分是终生居于宫廷。今日，这些终生从事舞蹈艺术的人已经更加自由，但他们都是把"舞蹈艺术"作为终生从事的事业和永远追逐的梦想，我们称这些专业的舞蹈者为"舞者""舞蹈艺术家"或"舞蹈工作者"。他们所演绎的舞蹈艺术形式便是人们口中称的"职业舞蹈"。当然，在古代宫廷舞蹈一次次问鼎高峰，被诗歌辞赋广为赞颂的时候，民间的舞蹈活动和舞蹈形式也不同于宫廷而存在着，但同样具有更广泛的参与群体，也更具活力。这些民间的舞蹈艺术无法达到专业舞者的艺术高度，但其具有广泛的参与群体、更加贴近生活等一系列自身所独有的特点。直至今日，在民间由广大人民群众所参与的舞蹈被职业艺术家评价为"接地气"，而这样的艺术形式才是群众舞蹈者最容易接触到并且也是最为关注的舞蹈形式。群众舞蹈的参与者通常都有除了舞蹈之外的固定职业，在工作之余才参与到大众的舞蹈活动当中。

群众舞蹈风风火火，大多是通过群众舞蹈活动展现出来的。至今仍有部分群体将群众舞蹈与群众舞蹈活动混为一谈，好似他们所指的内容大致重叠。然而，二者并不是同一层级的概念。群众舞蹈是我们对于群众所参与舞蹈的一类总称，而群众舞蹈活动则是其中组织方式。与群众舞蹈相对的是专业舞蹈，专业舞者的表现形式是舞台表演，他们在表演时是万众瞩目的焦点，是舞台上的中心，这是舞台赋予他们的呈现方式。那么，群众舞蹈的参与形式和表现方式又是什么呢？舞台注重的是表演，而民间的舞蹈则更多是参与。它不受地域的限制、不受艺术水平的谴责、更不受参与群体的阻碍，只要有参与群众、只要有活动场所、只要有艺术的原始活力，群众舞蹈活动就这样生发了，并且无时无刻不在。

"群众业余舞蹈活动，是群众文化生活中的一个重要组成部分。它是由有着古老传统的、代表农耕文化的各族民间舞，和近期发展起来的，代表工业文明的城市室内舞、集体舞、舞台表演性的舞蹈两大部分组成的。"可见群众舞蹈活动作为群众舞蹈的具体组织方式，在群众舞蹈中占据着重要地位，也起着重要作用。当然，这种群众舞蹈活动也可以通过各种形式展开，例如群众舞蹈展演、群众舞蹈比赛等。具备了群众舞蹈活动的广泛参与和随时随地的发生，群众舞蹈就在这样的情况下日渐繁荣，不定时、不定点地出现在人民大众的业余文化生活中。

（二）群众舞蹈的属性和特征分析

群众舞蹈作为当今社会生活中非常活跃的文化艺术形式之一，当然有着自身的特征。正是这些特征使得群众舞蹈区别于其他艺术形式和门类，形成自身的样貌和特质，为自身在社会生活中的发展和繁荣提供了条件。认识到群众舞蹈的特征和属性，我们才能够更加深入地认识群众舞蹈，从而全面地、深入地把握群众舞蹈。

1. 群众性

群众性是群众舞蹈的根本性特征。列宁曾在多次讲话中强调广大群众的重要性："正是劳动群众才应该是全部国家生活的基础。"我国自新中国成立以来就将确立的"群众路线"作为治国的重要方针，且不仅仅是在政治工作中，在艺术中更是如此。习近平总书记主持召开了文艺工作座谈会，在会上更是强调了广大人民的重要地位。"社会主义文艺，从本质上讲，就是人民的文艺。文艺要反映好人民心声，就要坚持为人民服务、为社会主义服务这个根本方向。"他指引广大文艺工作者回归人民，真正地融入群众集体当中，如此文艺事业才会持续蓬勃。可以说，有群众基础的文艺事业才是有生命的。

就群众舞蹈而言，它的参与群体是广大人民群众，其次它的服务对象和欣赏群体同样是人民群众，所有的一切都是围绕着"群众"这样一个群体。应该注意的是，这其中就包含了群体的广泛性，它的范畴几乎覆盖了全国的各个年龄阶段、各个阶层、各个民族及各个领域的民众，正是为数众多的群体构成了群众舞蹈的规模，使得这种艺术形式具有群众基础和生命活力。因此我们说，群众性是群众舞蹈的根本性特征。然而，其根本的属性和特征又不仅仅是停留在群众层面，在群众这个广大的集体中，人与人之间的交流活动构成了社会交往，因而构成了系统的社会生活，使人与人在交往和活动中构成了明显的"社会"属性，因而群众舞蹈也具有"社会性"。

2. 时代性

艺术的一切源泉都归结到生活，舞蹈艺术也是社会生活的真实体现。我国诸代的艺术跟随时代的步伐游走数千年，也经历了不同时代的持续演变。不少学者对于不同时代的艺术做出分析和探究，但是艺术是时代的真实反映，是当下时代的产物，这是不可置疑的。俄国瓦西里·康定斯基在《论艺术的精神》中也详细阐述了："每个时期的文明必然产生出它特有的艺术，而且是无法重复的。"显而易见，其时代的特征和当下社会的某些属性必然呈现在艺术当中，艺术也就呈现出本时代所独有的艺术特色。当今时代，人们生活富足，精神文化生活的空间逐步增大，业余文化生活更多地成为人们生活中的聚焦点，尤其是体现在女性群体中，这也呈现出了本时代所特有的艺术态势。茶余饭后，人们走到广场和群众文化中心参与文化艺术活动，舞蹈在其中占据较大的比重。城市中所出现并且迅速占据城市女性业余生活的"广场舞"便是当下时兴的群众舞蹈活动的典型，这样的新形式无疑承载着当下艺术活动的新时代特征。

3. 娱乐性

娱乐性是所有艺术形式所具有的本质属性，也就是娱乐的意味在其中，艺术的发生、发展和繁荣有了内在的驱动因素。中国古籍曾有记述，当内心的情绪无以宣泄，便自然而然地手之舞之、足之蹈之，人民通过这种艺术形式，通过热闹的艺术活动抒发内心的情绪，从中获取乐趣和内心的满足，这无疑是舞蹈的重要特征。

从对象的角度出发，娱乐性包括娱人和自娱两个方面。在舞蹈活动中，表演者在表演的过程中体会到乐趣，收获美的享受，从而达到自娱的目的。同时，表演者通过舞蹈的肢体和感染力呈现出的美自然而然地传递给欣赏者，在自娱的同时实现了娱人的功用。

4. 地域性

在当今的一门学科《舞蹈生态学》当中，谈及研究对象的时候，书中按照舞蹈的功能来划分，将其划分为两大类：其一是自然舞蹈，另一是表演舞蹈。除了创作型和表演性的民众舞蹈作品形式之外，如今的群众舞蹈大部分属于自然舞蹈的范畴。然而这里所研究的"自然舞蹈"便是与自然、与环境、与生态有着千丝万缕的关系。

不同的少数民族聚居于不同的地域，其地理环境自然相异，因而其劳作方式、交通状况、气候变化、服装服饰、生活习俗均是不同的，就在自然环境和社会文化环境等多重因素的影响下，舞蹈本体便产生了多种多样的呈现。因此，在不同的环境下，不同的生态当中，各种环境因素在舞蹈当中深深地刻下了印记，我国丰富的民族民间舞蹈便因民族、地域等因素的不同而生发出自身的独特魅力。从群众舞蹈的角度纵观辨析，便可将其归纳为"地域性"。

5. 审美性

"美"是使人感到愉悦，在任何时候都会不自然追逐的一种东西，因而生成了专门研究"美"的系统学科，便是"美学"。不同的人对于美的理解或许有略微的差别，并不是一言一语可以概括的，但是"美"与"艺术"的存在关系却是诸位美学大家所共同探讨的话题。舞蹈作为艺术的一个分支，自然形成了舞蹈美感。舞蹈美在肢体，美在动感，美在动作背后的深刻内涵。这种美的活动进行的同时便产生了审美活动。

群众舞蹈作为一种群众自发的舞蹈活动，并不像舞台专业舞蹈一样具备高难度的动作和技巧，但它同样具有很高的审美价值。民众参与的人数多、覆盖面广阔，欣赏者也多，每个人将自身的审美感官放在其中，自然在其中感受到了舞蹈的美感，人们从中获得美的享受和精神的满足。对于更为高级的群众舞蹈活动来说，活动前会进行规模可大可小、水平可高可低的舞蹈编排，编排者将自身的审美经验贯穿在舞蹈当中，表演者又从中进行自我审美的再改造，无疑是不同审美的多层次叠加，使观赏的人从中欣赏到更为具有审美属性的舞蹈。

6. 形式多样性

群众舞蹈不局限于舞种，不限定风格，不拘泥于任何形式的固定。如此特点自然决定了群众舞蹈是一个比较综合的舞蹈艺术形式。

从内容角度而论，群众舞蹈不受风格的限定。田间地头、村落寨里会出现最为质朴的民族民间舞蹈，城市的艺术培训中也会出现较为高精尖的舞蹈艺术。群众舞蹈活动中会有民俗表演，当然也出现了"古典舞""现代舞"。在芭蕾被冠以"高雅"的代名词之后，不少群众也开始参与"芭蕾舞"训练。公园里晨练的大军中，"快四步""慢三步""水兵舞"等西方的舞蹈形式出现，"恰恰""华尔兹"等西方的舞蹈元素也自然地融入其中，可见其内容不仅是古今结合，更是中西合璧。

从参与群体的角度而论，群众舞蹈更是涵盖了各个年龄阶层。在我国大众的普遍认知中，舞蹈素养的培养应该是自幼开始，幼儿舞蹈成为广受关注的一种形式。企业为增强集体的凝聚力和活动，开展业余舞蹈活动，成为员工所热议的话题。老年人在退休后为了丰富自己的业余生活，开始学习舞蹈，甚至是参与到群体的舞蹈活动当中，为生活增添了无限的乐趣。可见，群众舞蹈是一种老少皆宜的艺术形式，为大众所广为喜爱。

另外，群众舞蹈的形式十分灵活，它不受场地的限制，不是必须有专业的教室和高水平的指导教师，更无须精美的舞台或剧场，无论室内、室外，都可以成为群众舞蹈的广阔空间。然而，城市里的群众舞蹈在室内和室外所进行的舞蹈活动还是有区分的。室内的舞蹈更为规范，室外的活动则更是热闹欢腾。各类风格、多种群体、不同场所的多种因素相叠加，自然决定了群众舞蹈的形式必然是多种多样的，甚至是多种元素相互融合的。集体舞中有民间舞元素，舞蹈培训中也存在西方舞蹈形式。业余生活中有高雅的芭蕾，集体仪式中也有大秧歌，可谓雅俗共赏，融会相通。活动的形式也不仅仅是表演，节庆、惠民演出、比赛、社区娱乐、晨练等多种形式的出现使得群众舞蹈更为生机勃勃，十分热闹。

二、群众舞蹈包罗万象

综合了多种因素，覆盖了大范围的人群，没有具体的风格限制，也不受场所、形式的拘束，如此看来，群众舞蹈就像是个包容万象的大熔炉。这个熔炉不仅仅是有舞蹈艺术，它通常与音乐（多为歌曲）、诗歌、习俗、民间技艺等相融合，在不同的时间或者场景下出现。可以说群众舞蹈的范围非常广阔，它包罗万象。

（一）群众舞蹈的分类情况

群众舞蹈中包含了多种多样的形式和风格，且内容也十分繁杂。那么，在普通的社会生活中，因特定的人群，或者特定的风格而形成的各种"新名词"就在群众舞蹈的范围内不断地生发出来，人们约定俗成地将具有相同特点的舞蹈划分为一类。如此，便产生了企业舞蹈、儿童舞蹈、校园舞蹈、老年舞蹈、社交舞蹈等多种分类方法。或许不同的名词所涉及的人群相重叠，或许是舞蹈的风格像类似，这都是常见的现象。正是由于种类繁多，覆盖面积广，内容丰富，形式多样，因此对于群众舞蹈的分类就显得尤为重要。

"群众舞蹈"的概念与"社会舞蹈"的概念在一定程度上是相互重叠的。在《社会舞蹈概论》中将研究对象按照"社区"分类的方法将其分为乡村舞蹈、都市舞蹈、幼儿舞蹈、校园舞蹈、企业舞蹈、军营舞蹈等几大类别。

那么，参考以上分类方式，此处将群众舞蹈按照不同的属性进行划分。

在《舞蹈艺术概论》中，按照人们所认可的分类方式将舞蹈分为生活舞蹈及艺术舞蹈两大类。群众舞蹈属于舞蹈的一个分支，当然也遵循舞蹈的总体分类情况。群众所参与的，具有一定的表演功用并且经过精心排演具有一定的艺术性的舞蹈形式，这一部分可将其归类为艺术舞蹈。除此之外，大多数人民大众参与的自娱性的舞蹈则应归类为生活舞蹈。然而，这样的分类方式并不能满足体系庞大的群众舞蹈分类。那么，我们再将群众舞蹈按照不同的属性进行细致划分。

首先，群众舞蹈的参与人群不受限制，下至年幼儿童，上至年迈老人，无论是哪个年龄阶段的人都可以参与到群众舞蹈当中，因此按照不同的年龄层次将其分为幼儿舞蹈、校园舞蹈、成人舞蹈、企业舞蹈、中老年舞蹈等。其中校园舞蹈又可按照不同的教育阶段再次细分为儿童舞蹈及青少年舞蹈。

其次，群众舞蹈除了不受参与人群的年龄限制之外，同样也不受场地和风格的限制，场地不同所呈现的舞蹈形式就产生了不同的样貌。按照活动场所和性质的不同，此处将群众舞蹈划分为乡村舞蹈及城市舞蹈两大类别。这两大类别中又可按照其功用和特性将其再次细致的分类。乡村舞蹈包含习俗舞蹈、自娱舞蹈、祭祀舞蹈三大主要类别，城市舞蹈包含健身舞蹈、教育舞蹈、广场舞、表演性舞蹈、社交舞蹈及其他不可细致分类的舞蹈。

应该注意的是，以上的各种分类方式并不是独立存在的，他们之间是相互重叠交叉的。例如，成人舞蹈中存在健身舞蹈的同时也存在舞蹈培训的参与方式，而舞蹈培训也并不固定年龄，其中包含儿童培训，也包含成人培训等。我们在研究探讨的同时，不能将各种分类方式硬性割离开来。

（二）新时期的群众舞蹈

1. 形式多样、内容广泛

在文化艺术蓬勃向上的今天，各种艺术形式均以自身独有的特点受到不同群体的喜爱，也因此使得各种艺术较为均衡地发展起来。喜欢舞文弄墨的人在业余休闲时拿起毛笔，写写书法，画幅水墨画；被音乐的美好旋律所吸引的人跟随着音乐的节奏自然而然地哼唱小曲；被舞蹈的优美舞姿所打动的人就在休闲之时参与到群众舞蹈活动中跳集体舞蹈。文艺生活十分丰富，种类多样、内容繁多，在文化艺术形式快步深入人民大众生活的今时，不少人不仅仅参与一种文化活动，而是多种艺术文化形式共同参与，在更为丰富自身业余生活的同时，也使得群众文化艺术不自觉地出现了多种元素、多种形式相互冲击、相互交融的态势。

甚至是仅仅在群众舞蹈活动中，很多人也不只是参与了一种舞蹈风格的训练或表演，他们会根据自身的兴趣爱好参与到不同的群众舞蹈群体中，这一季度投入热情学习民族舞，各民族的舞蹈风格成为近段时间痴迷的兴趣点，下一季度便学习芭蕾舞，天天以最优雅的姿态出现在芭蕾舞蹈教室，等到新的舞蹈形式更为活跃时，便又转身投入另外的舞蹈艺术形式当中。这也是群众舞蹈中较为常见的情况。

2. 新的时期，新的样貌

当今时期，人们可以随时随地接触到文化艺术的方方面面，状况已完全不同过去。而新的时代，人们的生活、工作、社会都是瞬息万变，群众舞蹈也已经呈现出新时期的新面貌，最突出的便是出现了新的舞蹈形式。在各种的艺术相互融合、艺术形式的不断发展等诸多趋势当中，催生出了不同以前的艺术表现形式，其中较为突出的便是"晚会歌舞"和"广场舞"。

在文艺不断繁荣的过程中，歌、舞等艺术形式开始登上舞台，在大众传媒快速发展的时代，又催生了"晚会"这种媒体形式，歌舞自然成为晚会中最为主要的单元，占据了晚会的大部分时间和篇幅。这种艺术形式是歌与舞的结合，舞蹈这样的艺术形式以肢体为表现载体，相较于音乐能够更为冲击观众的视觉享受，因此在电视媒体的发展中、在文化艺术昌隆的盛世，"歌伴舞"便成为群众文化生活中常见的表演形式。

"晚会歌舞"在荧幕和舞台上大肆兴盛，"广场舞"却在各大广场及街心花园广为流传。在群众的物质生活得到大幅度提升的同时，群众的精神需求也在增加。人们有了更多的时间进行大众娱乐，此时便需要更多的文艺活动充实生活。满足了健身和娱乐双重需求的广场舞顺其自然地兴起，并且以群体、社区为单位迅速席卷了城市文化生活。许多人愿意在茶余饭后走到社区文化中心或是公园广场上，参与到这种群众舞蹈活动当中。这类艺术形式并不要求高技术和水平，不限制人群，包容性非常强，并且对于普通人群有着强大的吸引力。在新时期的城市里，这样的舞蹈形式适合于城市的一切因素，迅速风靡也就不足为奇。

以上便是对于"群众舞蹈"的几个重要方面做出的详细分析。我们只有立足于群众舞蹈本身，不断地加深对于群众舞蹈的认识，客观地面对这一带有自身特色的艺术形式，对其特征、分类和新时期的演变等方面深刻透析，才能在新的时期把握住群众舞蹈的方方面面。

第二节　关于群众舞蹈的思考

一、新时期群众舞蹈的特点和格局

（一）保持地域性、发展多样化

不同的地域文化催生出了不同的舞蹈语言，形成了不同的舞蹈风格，丰富了我国舞蹈的多样性，其原始的群众舞蹈形态已经在其所在地域形成了相对固定的态势。虽在现代化进程中，农业为主要依托的大国逐渐增强了工业的比重，城市的属性迁移到群众舞蹈当中，但几十年的变更远远不足以颠覆原始地域的文化样貌。群众舞蹈仍是在不同的区域呈现出不同的形态，保持了本地域的舞蹈文化。

青海所处的西北地区相对较为偏远，而北京这个多文化集合且互为融入的城市却将"多样性"体现得更为明显。不仅仅是随处可见的大众广场舞，一个公园内出现汉族秧歌、傣族舞蹈等不同民族、不同地域的舞蹈也不稀奇，一个广场内集合了拉丁舞、交谊舞、民族舞等多种不同的群众舞蹈内容更是常有之事。

（二）风格趋于统一、综合化明显

"舞蹈与环境的相互关系，是通过舞体，在舞蹈语言，具体说是舞蹈语汇的文化差异中体现出来的。"然而，由于昌明盛事文化的交流更为频繁，加之社会环境的同一化使得文化的独特特征在众多不同的因素影响下被忽略，文化的整体环境趋于统一，因而使得带有社会属性的群众舞蹈在诸多方面也呈现统一的态势。例如在城市当中，除个别较好地保留了传统文化特色的城市之外，大多数的城市建筑面貌都是现代化风格，人们的生活方式也趋同，大家所跳的都是大众广场舞，如不具体区分，城市与城市间并无明显差异。群众舞蹈也形成了风格趋向统一，综合化明显的态势。民族舞的风格被弱化了，从南走到北，不同地区的傣族舞却是没有太大差异。东北人不再扭秧歌了，而是跳起了佳木斯僵尸舞，僵尸舞并不局限于东北，转而出现在了山东，山东的四德歌却出现在了北京奥林匹克广场上。由于当代信息的通畅，大众所受欢迎的内容以网络的形式覆盖到全国，大众所学内容相同，群众舞蹈的风格自然弱化，趋向统一不可避免。

在这种"统一化"的社会大潮流和趋势当中，不少保留地方特色的舞蹈形式也被同化，随波逐流。尤其是当今一代的青少年儿童在成长阶段就已无法再接触到风格差异巨大的舞蹈文化，其所受教育和所见舞蹈都是城市中已经相对统一之后的舞蹈，在他们的意识中更是将这样的舞蹈形态作为自身认可的群众舞蹈，在随后的发展中，趋向统一的态势预计会越发明显。

（三）城乡区别缩小

随着新农村建设的脚步逐步推进，我国的乡镇发展在工业等诸多方面都颇具成效，不可避免地造成一部分乡村的消失，也自然而然地带走了一部分乡村文化。城乡一体化的体制改革，使得乡的建设迅速赶上城的建设，也使得城乡间的各种差距逐渐缩小。经济体制的变革、社会环境的变更使得城与乡在经济发展及人们的生活方式等各方面都影响着城乡间的文化发展。正如所料，城乡间的群众舞蹈样貌也逐渐削弱了先前的文化特征，变成了相对趋同的态势。城镇的群众舞蹈内容传播至乡村，生活在乡村的普通群众就像被动接受工厂的入驻一样被动接受了城乡的群众舞蹈内容。

（四）民间舞蹈峰回路转

民间舞经历了近几十年的传承演变，无论是形式、舞蹈语汇的特点、道具表达等方面都跟随着时代发展经过了自身的变迁。在从传统的样貌变迁为舞台演绎的过程中，艺术呈现方面日渐精湛，舞台表现更为华美，民间的舞蹈也上升到了"民间艺术"的范畴，尤其是"群星奖""艺术节""秧歌节"等众多比赛和会演的过程中，民间艺术已经在传统基础上经过了很大程度的变形和改造。然而，几十年时间的传承和演变，以及现代文化对于民间舞蹈的冲击影响，使得人们陷入疑惑，针对已经走上舞台的民族民间舞蹈而言，"民间舞返回传统之中"的现象又成为新的热点。

民间舞的原貌已流失甚多，这是大多传统文化所共同面临的棘手问题，于是顺应趋势，非物质文化遗产项目兴起，这其中就包含了大量较为原始的群众舞蹈内容。对于传统文化的传承与创新是老生常谈的问题，至于其中"度"的把握，不同角度皆有不同理解，也存在着千千万万种观点和做法。如今的群众舞蹈活动中，尤其是舞台上包含民间舞蹈元素的群众舞蹈创作过程中，许多人不再如从前般那样注重创作和新花样，而是回过头去，开始重新回到民间、回到传统去寻找原始的群众舞蹈的样貌，而这确实也是更为复杂且充满挑战性的过程。

二、新时期，新问题

在群众舞蹈的日新月异、一片繁荣景象背后，实则也隐现了各种各样的问题。通过以上的研究及分析，对于各种类型的群众舞蹈不免有较为明显的问题浮出水面。

（一）娱乐性群众舞蹈

大众的舞蹈形式并未过多纠结于艺术呈现，更重要的是普通群众相聚在一起的过程中产生的娱乐意味和健身功用，这样的属性决定它必然在一定程度上缺失艺术修养。大众文化并不必要过多地承担艺术责任，但是群众舞蹈艺术水准的逐步提高是众望所归。就群众舞蹈的现状而论，这其中自然形成了许多的阻碍性影响因素。

综合来看，我国目前的公共文化供给能力与普通群众的实际文化需求还存在相当明显的不平衡。这种不平衡出现在结构混乱及资源分配的不均方面，因而需求与供给无法完美对接。在并未形成较为成熟的固定模式的当今，整体需求的程度略大于供给的能力，于是在缺失的部分便出现了"以次充好"。

在群众舞蹈形式多元化、内容多样化的同时，因不同的群体、不同的形式、不同的内容、不同的氛围，在没有约束的自愿原则下，此类群众舞蹈必然是处于自娱自乐的松散状态，散兵游勇就是必然。太过自由、松散就容易致使各种问题浮出水面，群众舞蹈扰民、由于过度热衷于舞蹈活动引起家庭纠纷的报道也时有耳闻。伴随着这种大众化的现象被广泛关注之后，各地、各组织都在以开创新的舞蹈内容为主要方式规范本地的群众舞蹈活动。

校园舞蹈在各地教育局的限制和引导下相对规范，而社会中的教辅机构及舞蹈培训则是完全面向市场，在"社会效益优先"及"市场自由匹配"的驱使下，完全呈现出了鱼龙混杂、鱼目混珠的整体现状。部分舞蹈课程带有推销性质及绑架消费，很多舞蹈课程的内容东拼西凑，授课教师并没有很好的舞蹈素质，部分教师也不具备教授资格，学员的程度参差不齐却参与相同内容的课程培训。相比于舞蹈课堂，这更像是交流活动现场，更有甚者将舞蹈课程与旅游项目绑定在一起。具有较高的培训质量及较高水平师资配备的"少年行"等活动带有夏令营性质，整体安排中具有艺术课程及艺术培训，且质量较高，可算是"良心运营"，而一部分以游历为主要性质的活动组织方便是打着"艺术"的招牌招摇撞骗谋取利益了。

虽说多种多样的内容及形式直接反映了群众舞蹈活动的热闹氛围，但必要的限制及规范不可缺失，群众舞蹈在热闹繁荣的同时也需要规范有序。

1. 以"区域"为单位，大力引导

《乡土中国》之中，费孝通已经将中国人意识中抹不去的"乡土情节"和"归根情节"明确做出了分析和探讨，中国人心目中的归属感十分强烈。在几十年的新中国发展征途中便明显显现，个人从来都是归属于集体，依赖于单位。马修斯夫妇也曾指出："中国人是以集体为单位的，工厂、办公室或者农村生产队等就是这样的组织，它们是非常重要的。无论是谁，都隶属某一个集体，也就是他所在的工作单位。单位为中国公民提供必要的生活元素：住房、工作和购物的票据，上至老人的赡养，下至妊娠、托保和小孩的教育，什么事情都要经过组织打理。"显然，这是一个以集体、以单位为基本的模式。近些年，这样的模式已经逐渐演变成"区域化"生活模式，尤其是在大、中城市体现得越发明显，社区内配套设施建设在一定程度上逐渐取代着旧的建设路线。在群众舞蹈的建设上，实施以"区域"为单位，多方面、全方位大力引导是可行方式之一。前面的论述谈及以社区、居民区为单位的群众舞蹈活动已不罕见，北京舞蹈学院也以"社区"为单位，切身践行将"人人舞"的课题推行到北京的小范围区域当中，卓有成效。实现以"区域化"为单位的引导，可以使得各地居民区或群众舞蹈组织在小范围区域内统一规划群众舞蹈活动，在内容、形式、时间、人群参与等多方面实施统一的引导和规范，让区域内的群众舞蹈活动根据本区域的情况具体实施，在繁荣群众舞蹈的同时形成各区域各具特色的群众舞蹈。反之，在区域文化建设中，群众舞蹈活动也贡献着力量，使社区文化在繁荣的同时实现多层次、广泛参与的状况，也可以增强人们对社区文化的认同感。

2. 教育与活动相结合，形成"体系"

以娱乐和健身为目的的群众自发性群众舞蹈活动的参与者大多并不追求艺术的水准，而那些参与到舞蹈培训中的舞蹈爱好者在生活中也较少参与自发性的群众舞蹈活动，因想法不同、目的不同这二者间多多少少存在一定的隔离问题，如此便造成了群众舞蹈活动广度和深度的不协调发展。我们应当明白，虽身为普通群众，但成为群众舞蹈活动参与者的同时，大众也肩负着中国文化的责任和担当。参与自发性舞蹈活动的人可以自觉地走进舞蹈课堂提高自身的艺术修养，参与舞蹈培训的人也愿意走入自发性的群众舞蹈活动，使教育与活动合二为一、相互映衬，也让群众舞蹈的广度和艺术水准同步提高。在教育与娱乐相结合的前提下展开活动，经过社区的组织形成群众舞蹈活动"体系"，群众舞蹈活动自然具有了文化担当，不再是仅为娱乐。

3. 形成"一专为主，多元学习"的整体趋势

社区的文艺工作者应该根据本社区的真实状况择取适合本社区的群众舞蹈活动内容及形式，并且以此为主，让社区文化的建设、群众舞蹈的发展形成各社区各具特色的发展趋势。例如，山东省胶州湾地区原是胶州秧歌的发源地和流传地区，此处便可以将广场上的胶州秧歌作为主要内容，其他舞蹈内容与此相互辅助，共同促进，以实现群众舞蹈活动的繁荣。在"一专"的同时，也可继续完成多元化、多样化的群众舞蹈，不仅使得群众舞蹈内容得到规范，也形成了"以一为主，以多为辅"的良好局面。

（二）表演性群众舞蹈

1. 更加趋向于专业化，"专业"至上

表演性群众舞蹈的技艺和艺术水平不断攀高是大家有目共睹的事实，很多未曾专业学习舞蹈的群众也具有非常优秀的舞蹈表演能力，致使今日的专业舞者与业余的舞蹈爱好者的差距越来越小。许多参与表演性群众舞蹈活动的人们通过不断提高自身的舞蹈技艺来得到别人的认可和称赞，从中获得自我的身心满足。在虚荣心和盲目跟风的状态下，一部分人开始过分地追求"专业化"的技艺。

责任不可完全归咎于虚荣心的作怪，向专业舞蹈学习的口号已经在群众舞蹈的发展中产生了巨大的影响，好像披上"专业"的外衣就技高一筹，高人一等。这样的现象形成，当今的群众舞蹈"专业至尚"的社会氛围难辞其咎，表演性群众舞蹈的各种机制更是担负不可推卸的责任。

在我国的舞蹈实践当中，专业舞蹈以"示范"的身份参与到群众舞蹈当中，群众将其奉为"标准"，专业舞蹈与群众舞蹈之间形成了间接的"师生关系"。"业余舞蹈团体经常邀请专业机构和专业团体的舞蹈演员前来授艺，教他们排练新编的民族民间舞。各省的地方专业歌舞团体也会从其他团体聘请老师传授他们编排的舞蹈，尤其是观众翘首以待的那些剧目。"因此，表演性群众舞蹈的舞台上也出现了舞蹈基本功、软开度的大比拼，舞姿的统一化训练，就连群星奖中也出现了专业编导和专业舞蹈演员充当普通群众的忤逆比赛规则的现象。

但是，那些群众舞蹈所供奉的专业化"标准"是已经过时的专业标准。十几年前，我国的古典舞舞姿、身韵等内容使得我国的舞蹈形成了自己的一套"标准"，几乎得到了整个专业舞蹈界的认可，而今专业舞蹈的多元发展已自然而然地冲淡了这一套"标准"的权威地位。可是，在我国现今的群众舞蹈的表演中，仍随处可见这一套过时"标准"训练的痕迹，甚至是唯技巧、技艺的现象仍然大范围存在。何时群众能够发觉并且发掘群众舞蹈自身所存在的价值，摒弃专业化的视角，群众舞蹈的发展方向或许会更为清晰。

2. 缺失文化价值，仅为娱乐

为了丰富群众的业余生活，活跃社区文化氛围，以社区、街道为单位的群众演艺活动大肆盛行。他们不可避免地被晚会歌舞等形式包围，染上了同样的色彩。仅仅是图个乐儿，群众舞蹈表演的目标就成了"好看"，甚至是担负起了话剧、小品的责任"逗笑"，渐渐地，群众舞蹈演艺的文化价值就成为让人担忧的问题。

形式多种多样以满足审美需求，五花八门的舞蹈形式纷纷登台。部分节目通过使用多种道具达到内容丰富、舞台效果绚丽的目的，所以扇子、长绸等成为群众舞蹈的常用道具。部分节目通过高超的技巧博人眼球，所以踢腿、横叉等动作重复出现。慎重审视这些群众舞蹈，许许多多的节目仅仅为了娱乐，就自然缺失了文化价值。一部分作品的题材发人深思，一部分作品的肢体动作传承着中国传统审美，却有一部分作品并未让人从中发觉任何价值，值得深思。

（三）创作型群众舞蹈作品

1. 风格弱化与地域特色

由于风格的弱化、特色的缺失，群星奖作品就大大丧失了价值。为了鼓励各地创作的作品有所区分，在民间舞不能再完全代表本地域文化特色的时候，群星奖的作品创作中又刮起了一场以展现本地域特色为全新宗旨的风潮。"地域性"的呈现在此时并不仅仅是对当地民间舞蹈的运用，寻找本地域的"文化标志"以各种形式加在普通群众舞蹈作品之中，例如道具的运用、题材的选择、音乐的运用及人物的表现等方面，这是近几年来较为明显的一个趋势。

2. 陈旧作品与语汇创新

在长时间的文化流传中，"旧"的内容或成为经典、或被时代所淘汰，总有"新"意不断被创造，并且周而复始、新亦生新。群众舞蹈作品也在这个过程中不断出现"新创造"。陈旧的作品就成为新作品的铺路阶，逐渐被新作品取而代之。"新"在何处？三点最为重要：内容新、形式新、语汇新。

新时代出现了新的生活方式，作品的编创当然要紧随生活的脚步，在内容的表达上反映最近的生活乐趣与社会现实。除了保留传统遗留下来或是长期形成的地方性生活习俗，其内容的择取方面要求编创者不断地深入人们的生活，挖掘新的内容。

舞蹈语汇的创新是舞蹈界人士都在日夜冥思苦想的问题，可这并不是闭门造车就可行的。在群星奖作品的创作中，舞蹈语汇经过了从传统的民间舞蹈样貌上升为舞台表演方式，提炼加工的同时已经掺入了新时代的肢体呈现。

3. 缺乏生活与深度挖掘

早在数十年之前，这样的呼声就出现了："他们努力想在自己作品中表现出一些人生的哲理，挖掘出少数民族独有的东西。他们自愿不再站在传统的'风俗歌舞'的巨人肩上，他们想钻进传统之中，去寻生命的动力，去寻民族的心。"然而，以此为宗旨的创作进行了十多年，它仍旧就像是一句空口之谈。我国的舞蹈编创者在这方面的改进甚是迟缓。编创者并未将"民族的心"深入体会，更做不到成熟把握，除民间舞之外的其他群众舞蹈作品编创者也并不是都钻进了传统，更是未把握住"生活之源"。许多反映人们生活和社会现实的作品，其选取的故事情节都是"想当然"，其人物性格也是编创者"心目中的人物"，缺少了几分真实，缺少了普通的生活体悟，总让人觉得不痛不痒。

另一个需要更加深度挖掘的宝贵财富便是民族民间舞。近些年，原始民间舞形态的流失问题受到各界的广泛关注，其文化传承引起了世人的担忧。关于民间舞作品的编创虽也带有弊端，却也是保存并且发展民间舞的方式之一。诸多的编导在触碰民间舞时实为头痛，因为民族文化的独特性十分难以把握。那么，这些重任究竟谁来完成？又该如何完成呢？吕艺生老先生早就给出指引："民间舞产生在民间，发展它也首先要在民间，单靠专业舞蹈家去发展民间舞，实践经验证明，那种方法至少是偏激的。专业舞蹈家去做发展民间舞的工作，虽然也是历史的必然，但在含量上已经改变了民间二字的原意。民间舞就是要由民间舞蹈家去发展。"

第三节　如何组织群众舞蹈创作

一、选择题材

舞蹈作为一种艺术形式，它是表达思想感情的一种手段，通过完美的舞蹈形象，揭示人的精神世界，反映人民不同的思想、信仰、生活理想和审美要求。因此，创作一个舞蹈，选择题材非常重要。

群众舞蹈题材的选择必须考虑以下两点：

（一）是否对社会具有积极意义

群众舞蹈非常重要的一点就是贴近生活，贴近群众，为群众可理解、可熟悉，能与群众的喜怒哀乐所相通，与群众的所需、所急相关。要让群众看明白，如果看不懂，就是对群众舞蹈最大的否定与失败。

（二）是否能以舞蹈手段充分表现

要选择可以不需要用语言而是用形态、动作可以显明表述的多数知情者。生活中有大量的人物、事件，但要选择出具有舞蹈的动态性（以肢体来体情述意）和强烈的抒情性（人物的多种内在强烈情感）的生活事件来决定舞蹈的选材。舞蹈题材的选择不要求大、求全，而要以小见大，引人深思。如计划生育是我国的基本国策，如果让舞蹈说理性地去表演计划生育的重要性及其久远的影响，是万分困难的。但可否通过一个多子女的年轻体弱的母亲与她背上背着的娇儿，怀中抱着啼哭的幼女，腹中胎儿躁动带来的不适，疲累，困惑与无奈——来表现。其形体既可以把母亲情感的起伏跌宕表现得十分生动，又可以引人思考到对计划生育政策的形象理解。

二、舞蹈结构

舞蹈的结构是为了表现作品的内容而存在，因此在考虑结构时，除了作品的主题思想之外，还要考虑作品的题材风格与人物性格形象。考虑情节发展与人物情感的起、承、转、合。何时铺垫发展，何时是高潮、结尾，以达到人物性格极致的展现。而情绪舞蹈不论是二段体、三段体，还是四段体，一样要求形象鲜明，情感脉络发展清晰流畅。这需要关注以下的问题：

（一）单纯、清晰

舞蹈是视觉与听觉的艺术，为观众的听觉和视觉器官和生理、心理功能所决定——只有单纯、清晰才易于使观众理解、接受。结构的庞杂、费解，只会使观众吃力、疲劳，进而排斥、厌烦。单纯不是简单，艺术上的单纯产生自对生活、人物理解的高度集中，概括、升华为流畅自然的结构形式美。

（二）对比、和谐

任何事物的产生、发展都有其规律性，审美也不例外。人的审美感染力是有一定限度的，一定时间的紧张、单调都会使人产生感官疲劳，产生逆反心理、厌腻情绪。可以快慢相间，动静有序，对比和谐，是舞蹈结构的重要条件，是调动观众审美感官的积极性，使其保持新鲜感觉的有力手段。

三、舞蹈与音乐

"音乐是舞蹈的灵魂""舞蹈是可视的音乐"，乐、舞是一对孪生兄弟，互为依存。而成功的音乐又为舞蹈编导提供了形象，增加色彩，使舞蹈作品更加生动感人。

群众舞蹈音乐的合作方式大致有三种：

（一）专为舞蹈作品创作的舞蹈音乐

这是由舞蹈编导提出创作感想，讲述舞蹈结构，介绍酝酿中的舞蹈形象，提出舞蹈音乐的艺术风格要求，共同协商一个大致高度等，这是一个以舞蹈为核心的舞蹈音乐，可以取得较一致的艺术效果。

（二）用舞蹈艺术创作来诠释成熟的音乐作品

例如：大型舞蹈《黄河魂》就是采用了钢琴协奏曲《黄河》为舞蹈音乐，这是舞蹈编导以自己的理解，环绕音乐作品，来诠释音乐作品较被动的做法。

（三）目前被众多舞蹈编导采用的办法是：剪接音乐

电脑与 CD 的产生给许多舞蹈编导拓宽了音乐舞蹈之路。舞蹈编导根据自己作品的需求，自己动手选择、剪接能激动自己的音乐。第一步是替代音乐，随着排练场内的推敲，检验，最后定稿舞蹈音乐，如采用这种方法必须要注意不要引起版权纠纷。

根据条件的不同，可以有多种与音乐的合作途径，但都必须有助于增进舞蹈的表现并使舞蹈得到最充分的表现。

四、编舞是编导创作的关键

编舞是群众舞蹈创作的基本功，是作品成败的关键一步。

（一）寻找典型动作任何作品要形成自己风格，须找到自己独有的典型动作

构成典型动作有以下几个要素：①造型特色。造型即是舞蹈进行中刹那间的静止，也是给观众留下强烈印象的瞬间。例如：中国古典舞的园、含、别的造型。唐代舞蹈横向三道弯。楚舞的前后三道弯，和汉舞的手脚同顺一边等都形成了独特的舞蹈风韵。②舞蹈的韵律。韵律是两个静的舞蹈动作之间的流动过程，舞蹈好与不好，美与不美，常常是韵律在起作用，而这恰恰是被许多编导所忽略。③动作的节奏特色。动作的节奏特色是由作品体裁风格所决定。跳跃欢快的小快板，必须产生轻快跳跃的动作。流畅幽雅的慢板，又会产生轻柔似水的曼舞。总之，在寻找典型动作时，要把节奏特色重视起来。

（二）舞蹈的造句——舞蹈组合的编排依据

在结构中的任务；人物情感的层次。编组合和写文章一样，不同的段落有不同的任务。文章的开篇必然会介绍时代背景、人物关系、事件前因后果，而不是东拉西扯，不知所云。编舞也一样，不论人物情感如何，第一次上场都有介绍人物的任务：谁？年龄大小，形象、行为，所以舞蹈组合相对要简单些，完成介绍人物，提出事件的任务。当舞蹈

达到了高潮，人物情感也是胸怀激荡，观众也了解了冲突的由来，舞蹈组合就必然要以形体的技巧、动作的幅度、调度的速度等手段把高潮推上去，否则整个作品就平淡了。

（三）重复句子，加强语气

由于舞蹈的语言是抽象的语言，观众是要通过一系列的动作来理解并感受到编导的意图，那么一个组合只出现一次，观众可能还未接收到演员传递过来的信息，所以不妨用重复的办法来加强力度。"重复"不是单纯的重复，它也是有变化、发展的重复。

（四）重视舞蹈调度，舞蹈调度是编舞的重要手段

舞蹈调度不是摆队形，而是在舞蹈组合的进行中的舞蹈位置变化。舞蹈调度是有情感变化的。同是一个舞台斜线，从观众视觉看来，向前走与向后走情感是不同的。舞蹈调度之间要干净，每个调度变化的过程都要经过缜密的考虑。

五、舞台美术及其他

在综合艺术的舞蹈作品中，舞台灯光、景片、服装、化妆、道具等是不可忽视的一部分。但它都服从于辅助舞蹈的完美体现，而不能喧宾夺主，必须以舞为本。

小舞蹈作品的景，以不要为好，如必须要，就一定是舞蹈的景，而不是死的说明性的景，要能为舞蹈的组合变化增加色彩。

舞蹈的灯光是情感的灯光，而不是娱乐性的霓虹幻彩，凡是干扰舞蹈表现的灯光要下决心去掉。同时，灯光要加强舞台的深度、宽度，帮助舞蹈扩大舞台空间。

舞蹈的服装是人物的服装，同时又是舞蹈的服装，所谓人物的服装，就是不要乱穿衣，穿错衣。一个反映希望工程的作品，让学生们穿上反光带亮片的彩衣，就是极大不妥。而舞蹈的服装凡是约束了舞蹈的展示，就必须加以修改，绝不可以让舞蹈演员迁就服装。

常常可以听到这样的观点："××节目不是舞蹈。"原因是里边有咏诗、旁白、歌唱等其他艺术门类的技术手段。不必过于拘泥成法，只要是以舞蹈的肢体语言为主要表现手段，其他的各门艺术作为辅助手段，可以帮助舞蹈尽善尽美的展现其艺术魅力，都可以采用。

六、舞蹈编导与演员的关系

舞蹈编导与演员两者是合作的关系，仅是各自担负的任务不同，演员是艺术作品最后

的体现者，所以编导要充分尊重演员。而舞蹈编导又是演员艺术创造中的镜子，他必须准确无误地反映出演员在排练中存在的问题，这种既合作又指导的关系，要求编导十分注意排练场中的工作方法。

（一）舞蹈编导在进入排练场前，必须做好充足的排练准备

不仅有大效果上的要求，而且要对动作规格、节奏处理、舞台调度清清楚楚，先讲动作规格，再讲节奏处理，把音乐与舞蹈动作合成。之后讲舞台调度与舞蹈组合的关系。一个组合接一个组合，一个乐段接一个乐段，让演员心中明白，掌握得大致可以，就能往下进行了。如果排练中发生了排不下去的情况，就放下，跳过去，千万不可以在现场即兴的试验性排练，这对排练现场有极坏的心理影响。

（二）排练中任务要清楚，目的要明确

这次排练的任务是什么？当任务完成后就不要拖，更不要不知要达到什么目的，"再来一遍"！这不仅对排练无益，而且会使演员失去创作的新鲜感，"油"了下来。排练中要先慢、先严，不要急于推进度，而是要让演员先对要负担的任务有一个感性认识，之后再推进度就不会显得那么陌生，不知所措了。

（三）排练场的严与宽是一个辩证关系

演员刚刚接触一个新舞蹈，还没有认识这个节目的风格特色，还没有对自己树立起信心，这时的导演一定要宽，以鼓励为主。当演员觉得自己已经会了，并感觉累了，可以不再那么用心时，导演要严，要准确无误、毫不留情面地指出他的问题所在，而这时，正是演员走向成熟的时机，也是节目艺术标准提高的关键时候。

（四）排练的第一步

排练第一步是教会演员舞蹈组合，准确把握台上音乐节奏，清晰地完成舞台调度。这一切完成后，进入演员的艺术创造阶段；掌握角色的感情分寸。在"情"的带动下，掌握舞蹈的韵味，内心情感呼吸的节奏，塑造了角色，进入了表演状态。当演员还处在第一阶段，就要求演员"笑啊！笑啊！"是完全不恰当的。

七、舞台合成、彩排等

舞台合成阶段是综合各个创作部分，检查灯光、服装、化妆、道具、音响效果等是否

都达到预期的效果，是否达到烘托演员——艺术效果最终体现者的目的。还需要调整哪些部分，舞蹈编导要检查舞台的大小与设计中的音乐高度是否合适，有没有影响舞蹈调度的效果，地板的质量有没有影响舞蹈技巧的发挥，等等。

彩排是编导对演员及各部门的一次总体心理把握。审查、比赛等重要场合，各个部门易过分紧张，产生变型、走样的不协调；而上演一个阶段后，又易松懈，不认真。这时导演都要把握分寸进行调整，或给予鼓励，或给予激励，要酌情处理。

当所有这一切完成之后，在演出的进行中，编导可以在剧场一个角落，与观众一起，理智地审视这一个回合的创作过程，是否达到了预期的艺术追求效果。不断总结，争取以最佳的艺术质量把作品带给更多的人民群众。

第七章 群众文化艺术活动的策划和实施

第一节 群众文化艺术活动的功能和特征

一、群众文化活动的功能

（一）示范引导作用

群众文化活动巨大的社会影响可以将大量的信息传达给广大群众，人们可以从活动中得到许多收获。归纳起来，群众文化活动可以从以下几个方面发挥示范引导作用：

1. 活动方向的引导作用

各级政府可以通过活动向社会传达当前群众文化活动发展的趋势与走向，形象展示我国主流文化的形态，群众文化单位和部门可以从大型活动中领会到什么样的活动是健康有益的，什么样的活动是消极落后的，如何将党和政府的声音形象地传达给人民群众，引导群众自觉地建立起社会主义价值观。

2. 艺术审美的示范引导作用

由于群众文化活动影响的范围广，涉及的地区和单位多，因此它成为展示本地区最高文化艺术水平和推广最佳群众文化艺术产品十分理想的表现方式。各级群众文化活动的组织者可以从中找到自身的差距，领悟出向更高标准发展的方向。广大群众也会从群众文化活动本身的震撼力中体会到艺术的魅力，对开阔眼界、提高艺术审美水平具有重大意义。

3. 活动运作的规范化作用

我国群众文化活动经过多年的发展，广大群众文化工作者积累了丰富的经验，这些经验在组织基层文化活动中发挥了重要作用。但随着时代的发展，群众文化活动的理念和规模都发生了很大变化，文化工作者仅凭经验已经无法跟上科学化发展的速度了。群众文化活动可以为群众文化单位提供理性化学习的机会，人们通过参与和运作大型活动，对掌握活动规律、操作程序、宏观布局及规范化理念的形成等都会有新的认识，加速各类群众文化活动运作由经验型向规范型的转变过程。

4. 活动理念的示范作用

我国是现代化高速发展的国家，各类理论和理念的更新速度十分迅速。群众文化活动的社会影响力要求活动的组织者和策划者要努力将现代元素融入活动中，从策划到实施都会不断地展现时代的信息。无论是群众文化工作者还是参与活动的群众，都可从大型活动中感悟到新的理念，如供需理念、竞争理念、公平理念、环保理念、和谐理念等。经常参加大型文化活动有助于群众文化活动综合水平的提高。

（二）文化传承作用

文化传承作用本身就是群众文化主要特性之一，群众文化活动将其集中体现出来，成为文化传承的重要载体。

中国各个民族千百年来共同创造了悠久丰富的华夏文化艺术，数不尽的民间文化艺术在这片土壤中生息、酝酿、发展、繁荣。民族文化旺盛的生命力首先来源于继承，这是保持文化特征的根本因素。文化的继承主要应体现在两个方面：首先是保持承递渠道。在我国历代都保留着口头流传、师徒承递、家族承递等传统的承递通道。当代的各类文化培训班、辅导班促使文化继承走出了封闭形态。但文化继承仅有承递通道是不够的，还必须得到社会的承认，在这个方面群众文化活动发挥了重大作用。每一个民族都有自己的大型文化活动，这些活动在保持本民族文化特征方面功不可没。例如，蒙古族的那达慕、白族的三月街、潍坊的风筝节等。群众文化活动把继承内容交给了公众，广大人民群众的认同使继承的内容有了生存发展的土壤。因此，群众文化活动是文化继承不可缺少的重要环节。

文化传播是群众文化传承的另一个方面，群众文化活动强大的社会影响力赋予了其文化传播的功能。前文已述，在群众文化活动的必要条件中，有一条是"能够产生重大社会影响"，许多地区正是把握住了这一"影响"条件，经常通过举办大型文化活动来传达政府的声音，或用来提高地区的知名度，其主要原因就是充分利用了群众文化活动的轰动效应。

群众文化活动是一种特殊的文化传播载体。其特殊性表现在广大人民群众在参加大型文化活动时并不是被动型参与，如看电视、读报纸、阅览图书杂志等。而是主动参与到活动之中，并投入了大量的精力和情感，他们对活动预设的继承性文化元素能够获得亲身的体验和感受，这是其他传播方式很难做到的。被群众接受的文化是接地气的文化，它来源于民间，扎根于群众之中，是最有生命力的。

从文化传播的角度上看，群众文化活动比中小型群众文化活动更具有优势。大型活动的宣传效应往往与各类媒体和宣传机构联系在一起，其传播的速度和影响力都大于其他类型的群众文化活动。应当说，群众文化活动将我国民族文化的继承和传播有机地结合在一起，在文化资源的挖掘保护、文化技能的传承、文化内容和形式的传承等方面，发挥着不可替代的作用。

（三）普及推广作用

广大人民群众精神文明水平和文化素质的提高，很大程度上取决于对科学文化知识的掌握能力上。群众对知识的学习动力来源于兴趣，群众文化活动在普及新知识、新理念，推广新的文化品种方面发挥着重要作用。这主要来源于其强大的号召力和影响力，它可以吸引广大群众的注意力，调动其潜在的文化需求心理，为群众文化辅导活动打下良好的基础。在群众文化领域中可以从以下几个方面发挥作用：

1. 弘扬和推广我国优秀文化遗产

几千年来扎根于民众之中的民族民间文化，是我国民族文化的结晶，保护文化遗产是各级群众文化单位的职责。收集、整理、加工、抢救是继承文化遗产的必须步骤，但最有效的保护方法是优秀遗产的普及推广，将小众文化变为大众文化。如风筝、剪纸、年画、苏绣、蜡染等，早已成为广大人民群众喜爱的民间文化形式。群众文化活动可使地区性的或知名度较小的民间文化品种得到普及，广大群众是文化遗产的最大保护载体。例如，北京市用了数年时间对本地区的民间秧歌进行了加工改造，先后创编了十几个民间秧歌，并采用群众文化活动的方式在全市进行了系列性普及推广活动，为弘扬我国民族文化做出了贡献。

2. 普及和推广新的文化艺术品种，发扬时代精神

我国经济和科技的现代化发展，促进了群众文化事业的现代化发展，人们的文化需求水平有了显著提高。随着群众文化生活的日益多样化，传统的文化内容已不能满足群众的需求愿望，人们渴望新的文化艺术品种和方式出现，以此充实群众文化活动。在十年前，摄影艺术对大多数群众来说，还是个可望而不可即的事情，而现在从公园到街头，随处可见离退休老人手持相机进行摄影创作的身影，这是现代科技发展的成果。过去以民间花会

为主要活动方式的北方农村，对"国标舞"很难接受，但现在舞蹈老师供不应求，这是社会开放的结果。群众文化活动的主要任务就是将这些时代的信息和精神，通过新的文化形式推广到广大群众中去，这也是群众文化的重要功能。

3. 促进外来文化与我国群众文化的有机结合

我国改革开放以后，大量的外来文化涌入国内，中外文化的交流使广大群众的文化需求理念不断地发生变化。如何解决西为中用的问题，对于群众文化事业来说同样是一个重大课题。群众文化活动在这一课题中起到两个重要作用：第一，引导群众对外来文化进行鉴别，普及优秀外来文化艺术；第二，寻找外来文化与群众文化的结合点，使二者得到有机结合。

（四）宣传鼓动作用

群众文化活动是群众文化活动的有机组成部分，寓教于乐的本质特征同样适用于群众文化活动。人们的各类文化需求是通过丰富的群众文化活动得以满足的，大型活动最容易吸引群众的注意力并使群众从中得到启示，从而激发人们产生新需求的兴趣，这是群众文化活动的特有优势。群众文化活动的组织者和策划者应当运用大型活动的号召力，将社会主义文化精髓和民族精神融入活动之中，人们通过文化活动亲身体会和感受活动的内涵，这是最好的宣传鼓动方式，群众文化活动在潜移默化中影响着广大群众的价值观。

群众文化活动主要以文艺形式和娱乐活动来宣传社会主义核心价值观，以优秀的文艺作品感染人，以高尚的精神鼓舞人。

二、大型群众文化活动的特征

（一）活动立项的程序性

大型群众文化活动的立项不具有中小型群众文化活动的随意性和灵活性，它除了考虑群众的文化需求以外，还要兼顾活动的社会影响和目标导向，经认真调查研究后才能够认定。

大型群众文化活动在立项前要经历一个创意阶段，这是个集思广益、群策群力的过程，全程要求科学严谨，不仅要立意新颖，还要切实可行。

当完成了立项准备工作后，才能进入严格的申报审批程序，因此大型活动立项的程序性是群众文化活动领域中的重要特征。

（二）活动内容和形式的综合性

这是由大型群众文化活动的规模和群众的文化需求所决定的。群众文化活动在内容的选定上本身就具有综合性，它不像其他艺术门类的类型选择，如舞蹈、戏剧、美术、摄影等。群众文化活动的内容选择依据是群众的文化需求，而群众的文化需求是多样的，群众的多样化文化需求决定了群众文化活动的多样性，群众文化活动的规模为群众的多样化文化需求提供了可资选择的各种文艺形式。

由于大型活动内容和形式涉及的范围广、受众面大，因此参与活动的单位数量众多。需要文化、公安、交通、环保、旅游等不同性质的单位共同协作才能完成，这从协同关系上表现出其综合性特征。活动内容和形式决定了大型活动协同的综合程度，种类越多综合程度就越高。

（三）策划和各项计划的严谨性

在实施的过程中，活动计划的严谨性尤为重要，这是由大型群众文化活动的复杂程度决定的，任何环节上的疏忽都会给活动带来麻烦，甚至造成活动的失败。

当遇到意外情况时，小型文化活动可以随机变更，灵活调整。但大型活动由于其复杂的操作程序，必须由众多单位和部门的共同协作才能完成，所以，活动一旦立项就不能轻易更改。活动的策划者必须在策划阶段就将各种状况考虑在总体构思和设计之中，活动的实施方也必须将可能发生的各种因素列入各自的计划之中。这就需要有一种办法来确保项目组按部就班地工作和从容有序地实施，这个办法就是制订严谨的活动策划方案和实施计划。

策划方案是活动的依据蓝图，而实施计划则是完成活动任务的基础。一项群众文化活动需要多种类别的活动计划，这些活动计划必须相互结合，形成有机的链条，每一项计划都有其相对独立的工作任务，但各计划又必须成为一个整体，确保活动的顺利进行。

计划中的内容要尽量做到严谨、完整、针对性强，这是确保活动质量的根本保证。

（四）操作过程的协调性

大型群众文化活动的策划和操作是一项系统工程，就像是一个链条中的各个环节紧紧相扣，其中有一个环节出现问题就可能导致活动的失败。而这些个环节都是由不同的相关单位来承担的。只有完成了各自所担负的任务，才能保障该项文化活动的顺利进行。

在一项大型群众文化活动中，为了保证工作的进度和质量，通常要根据任务状况组建相应的工作机构。设置工作机构的种类和工作人员的数量要视活动任务的需要而定。这些工作机构在完成各自任务的同时，必须要保持相互之间的高度协同性。例如，某个城市在市中心公园举办了夏季文化广场大型文艺演出活动，演员预定在下午6：00从驻地出发，市交通部门进行了周密的道路通行部署。但活动的后勤部门因某种原因将出发时间推迟了半小时，打乱了交通部门的部署，造成了市中心道路交通混乱，导致文艺演出无法按时进行。究其原因是部门间的协同工作出现了问题，后勤部门没有提前将时间变化通知交通部门，致使交通部门措手不及。因此，协同性运作是群众文化活动的基本特征，没有协同就没有秩序。

第二节 如何策划群众文化艺术活动

策划是一项既系统又严密的工作，大型活动的策划，要面对多种复杂的因素和矛盾。策划人要学会遵循一定的策划原则并掌握相应的策划技巧，增强把握活动各要素的设计能力。策划是创意的继续，是把活动的创意设想转变为实施的依据和蓝图的过程。从丰富的想象到蓝图的制定需要一个复杂的过程，因此在策划过程中的一些操作要点必须得到重视。

一、盯住核心，逐一分解

（一）主要矛盾与次要矛盾

在大型活动中，策划人往往是处在一系列的复杂矛盾之中。面对众多需要解决的问题，如何处理，如何布局，解决这些问题是策划人的基本功。

策划群众文化活动时所面对的矛盾和问题，在大的方面可能有所相似，但由于所处的环境和实际状况不同，其主要矛盾也就各不相同。策划者必须要将诸多的矛盾进行分析和排列，研究它们之间的因果关系，并找出其中占据主导作用的矛盾。

（二）主要力量与主要对象

策划人员应对两方面的人员进行认真的分析和设计，即主要力量的使用和主要对象的布局。

1. "力量"

"力量"是指活动组织人员，即指挥系统领导下的各类指挥力量和操作力量。就策划人而言，决定活动的关键力量的要素是活动的主办方、受众及承办方，而主办方和承办方的人员是策划人必须关注的可支配要素。虽然策划人在活动的策划方案中不对具体岗位任务进行设计，但活动的策划者必须充分照顾到组织工作中的各个因素，即主要人员的调配及使用。活动的主要力量的分配要视活动内容的设置和性质而定，在实际策划过程中，工作人员力量可分为决策领导力量、组织操作力量、专业技术力量三部分。不同类型的群众文化活动的主要力量分配应有区别。例如，内容较单一或竞赛性较强的活动，应把注意力放在活动本身的主要项目上面，专业艺术人员或技术人员应作为重点设计对象；内容综合性、协调性较强或大型广场活动，应把注意力放在活动全局的关键部位上面，活动指挥力量及实施人员应作为设计重点。

许多活动的策划人不重视参与活动人员的力量设计，认为这是承办方的任务，其实这是一个误区。策划人必须掌握各部力量的总体数量、水平能力等实际状况，并在活动布局上有所体现，给实施单位的具体运作创造有利条件。

2. "对象"

"对象"是指活动的受众方人员，即具有不同需求和爱好的不同人群。举办群众文化活动的目的不同，其服务的主要对象也不同。街舞大赛的服务对象主要是青年人，少儿京剧比赛的服务对象主要是少年儿童，策划人必须按照活动对象的不同需求来设计活动内容，充分考虑群众的认同程度。例如，街舞活动的布局应本着激情热烈、健康欢快的气氛进行设计，而少儿京剧比赛应体现少年儿童天真活泼的特点，以欣欣向荣的氛围进行设计。又如大型群众文化活动具有内容多样的特点，其中的主要内容应符合不同对象的需求。主要内容和次要内容的布局及分配，要针对参与活动对象的人数和流向进行安排，将群众的文化需求与活动安全作为设计重点。

总之，主要力量要服务于主要对象，要根据主要对象的具体情况来分配主要力量，而不是反之。那些仅凭决策方的主观意志，而不对活动对象进行分析的任何策划设计都必须坚决纠正。

二、拓展思路，重点突破

（一）信息量越大越好

在策划活动的初期，要大量阅读和研究相关信息、资料。这是一项艰苦的工作，但这又是产生好的创意的必经之路，没有捷径可走。有些信息表面上看与活动没有必然联系，但正是这些看似没有联系的信息往往会促成策划人产生新的灵感或对活动进程产生较大影响。某些活动的策划人在策划时不愿意在收集信息上花时间，为了节省时间或省些气力，仅凭自己的灵感进行设计，这是不负责任的行为。在通常情况下，收集的信息数量越大、涉及面越广越好，没有数量就没有质量。无论策划人的经验多么丰富，个人的知识总是有限的，采用多种手段获取信息，多元的信息是提高策划人设计能力的最佳方法，对于活动的策划人来说，没有养成收集信息的习惯就不会有大的作为。

（二）整理提炼越精越好

信息提炼的质量直接关系到活动创意的质量，策划者必须将大量的信息进行分类，并逐一进行分析。虽然要求策划人要拥有大量的信息，但在活动策划的初始阶段，这些信息还处在散乱的状态之中，必须将有用的信息从散乱的信息中分离出来，这个分离提炼的过程是与策划设计同步进行的，信息的数量为信息的提炼提供了充分的选择空间，而经过提炼的信息又为策划设计补充了营养，在分析的过程中可对原有的设想进行不断的修订和完善。在提炼信息的过程中，策划人应特别注意对细节的分析，往往特色就隐藏在细节之中。

（三）思路越开阔越好，重点突破口越少越好

在创意及策划的初级阶段，在大量的信息面前，针对活动主题的思路越开阔越好，不必受内容和形式的局限，不会拓展便没有创新。在这个阶段，十个策划人可能提出十个不同的设计方案，这是最理想的现象，开阔的思路是为了更全面和更合理的布局，最终都要为活动的主题服务。要以非常开阔的思路为基础，以活动的主题为目的，选择好活动的重点内容。如果刚刚进入策划阶段就对设计思路进行规范和限制，策划人的创作激情和灵感就会被扼杀。因此，活动的决策机构不要过早地介入策划布局之中，要确保策划部门和谐而热烈的创造性氛围。

当策划构思到一定阶段时，各种思路就要向活动主题集中，思路重点不可过多，在一般情况下，一项活动只会有一个主题，一切策划点都应围绕着主题而展开，因此其重点的突破口一定要少而精。

（四）内容越丰富越好，方案设计越实用越好

活动的内容要求多样和丰富，即使是单项群众文化活动也要设计相应的辅助内容进行

陪衬。方案设计要实用，这是群众文化活动策划的基本原则。每一个策划人都希望通过自身的努力产生全新的创意，在策划案中能体现自己的策划意图，达到尽善尽美的效果。但在实际工作中，这一主观想象和美好的愿望总会与实际的客观条件产生距离。策划者必须不断地针对当时的具体环境和实际条件对策划案进行调整，使之具有操作性。二者的距离越大，其调整的难度也就越大。因此，策划人必须在策划方案制订之初就在可操作性上下功夫。无论多么优秀的策划方案，一旦失去了实用功能，便失去了其存在的意义。

三、放出信号，先听回音

群众文化活动的策划方案形成之前，必须要多方听取对活动设计的意见，这是确保策划质量和活动方向的必要步骤。策划人在活动创意初步形成的时候就应该开始倾听外界的声音，随时收集、随时修订，不要等到策划方案完成后再一次性地征求意见，这样修改的工程就会相当庞大。

（一）听取他人意见的面要广

1. 听取领导意见

活动的策划人可采取及时汇报和请示的方式，将初步设想向上级反映，征求上级的意见，上级单位应当从宏观上和政策上把握活动的大方向，使策划过程始终清晰有效，目标明确。

2. 听取专家意见

活动策划人在设计活动时往往处在一个亢奋的情绪之中，经常把活动的结果设想得十分美好，而忽略不利因素。随时倾听专家的意见可使策划人时刻保持清醒的头脑和准确的判断力。专家除了在把握活动的创新性和示范性方面给予指导，更重要的是可对活动的可行性提出意见，这是非常宝贵的意见，也是活动策划人最需要的意见。

3. 听取群众意见

要确定活动是否具有群众性，是否符合群众的利益，最直接的方法就是将设计构想交给群众去评判，这一点最容易被忽视，但又是最为重要的。做到这一点其实很容易，平时与群众的接触当中随时都可以听到群众的反应，策划人应当做一个耐心的听众，和不同类型的群众进行交流，特别要注意活动主要对象的意见，群众的意见往往是最客观的。

4. 听取同行意见

这主要是为了解决活动中的技术问题。活动方案是否可行，布局是否合理，同行最有发言权，他们的意见关系到活动操作程序的严密性和总体布局的科学性。策划人在征求意见的同时，还可以了解同行们的实际能力和工作风格，这对组织机构的设置和活动步骤的安排将产生重大作用。

（二）多种手段发布信息，及时反馈

当策划方案形成以后应当立即进行活动信息发布工作，这是活动实施前向社会征求意见的最后时机，可利用召开新闻发布会，发布网络消息，报刊文章及各种座谈会等多种形式，全面听取社会的反映，并及时反馈，进行全面分析。这一过程应纳入可行性研究的重要程序之中。

在实际工作当中，活动的主办方经常在活动即将举办的前夕才进行各类宣传性发布工作，实则这个过程应当提前。例如，北京奥运会举办之前数年就开展了各项发布工作，在创造社会氛围的同时获取了大量的反馈信息，促使各类方案不断地进行修改和完善，确保了活动的圆满完成。

"放出信号，先听回音"的意思是强调活动的策划人一定要在不断地听取意见的过程中进行布局设计，万不可闭门造车。

四、看准方向，用风驶船

（一）看准方向

策划目标确定之后，一切工作都要围绕目标开展，把握住活动方向不可偏离，不仅是活动内容，还包括后勤保障、安全应急、机构设置、经费预算等一切与项目有关的方面。这已成为策划人的基本工作原则，但实际工作起来并不是那么简单。由于策划人随着策划设计的不断深入，其注意力也会因内容的丰富、形式的多样而发生变化，其创造性的设计可能在不知不觉中使活动的目的悄然发生改变，当活动结束后，主办方会发现活动效果并不是最初预设的结果。究其原因，多是因为在活动方向的把握上出现了问题。例如，某地区举办群众性歌咏比赛，主办方举办活动的目的是加强团结，提高群众的亲和力，构建和谐的生活环境。但策划人在设计活动时为了增加活动的热烈气氛，设计了许多对抗性、竞争性环节和规则，造成该次活动的火药味十足，各合唱团只关心自己的名次和成绩，而不关心相互的艺术交流，比赛结束后不但没有增进团结，反而造成了隔阂。类似这样的事情在群众文化活动，尤其是中小型活动中时有发生，因此强调活动的方向性对群众文化活动的健康发展具有重要意义。

（二）用风驶船

"用风驶船"是指充分利用可使用的条件，千方百计将条件用足。在活动的策划过程中，一般可利用的条件有以下几个方面：

1. 自然条件

它是形成活动特色的重要因素之一。自然色彩、地貌、气候、季节等都会对活动产生影响。将捕捉到的自然素材融入活动之中，往往会产生意想不到的效果。西北高原造就了豪放粗犷的文化风格，江南水乡产生了温柔细腻的艺术特征。就是在同一个地区，由于自然条件的差异也会使当地群众形成不同的文化氛围。自然环境具有强烈的直观性，策划人在这方面做文章会比较容易吸引群众的注意力，激发人们的文化需求兴趣，春季赏花、夏季郊游等活动都是因自然条件发挥作用的结果。

2. 人才条件

人才分自有人才和外来人才两个方面。挖掘自有人才的潜力和发现、利用外来人才是人员配备上的两个重点。有时自有人才就在你身边，就看策划人是否用心去挖掘，群众文化骨干是在实际活动中产生和涌现的，这需要长期的积累和培养。对外来人才的利用应视活动的实际需要而定，邀请最合适的人才来承担最合适的任务，既是对人才的尊重也是对活动的负责。那些请名家来撑门面的做法是不可取的。

3. 时机条件

任何群众文化活动都应选择最适当的时机举行。活动时机取决于群众文化需求趋向和社会文化环境状况。许多时机都是稍纵即逝的，一旦错过就无法挽回。抓住时机就可以最大限度地发挥群众文化活动的社会效益，而没有把握住时机，群众的参与热情就会大大降低。成功的活动策划人绝不会浪费任何可利用的机会，时机是产生特色活动的源泉，抓住时机可以达到事半功倍的效果。

4. 经济条件

由于我国地幅辽阔，经济状况各异，在其制约下的群众文化活动开展状况也就各不相同。策划人应当善于将有限的活动经费进行巧妙的分配，本着量力而行的原则发挥经费应有的效益。经济条件包括地区的经济状况；政府对文化事业的实际支持能力；当地群众的文化消费观念和消费水平以及社会办文化的热情等，这些直接关系到策划人的设计方向和方式。群众的生活水平和文化需求愿望都与经济条件相关，经济发达地区群众的文化消费意识比较强，经济条件相对困难地区群众的自娱愿望比较强。活动的策划人要根据不同地区的实际情况进行有效的设计，避免形成固定的创意套路不加分析地到处套用，群众文化活动是受经济条件制约的。

第三节 如何组织群众文化艺术活动的实施

一、建立活动实施规范

第一，当活动的承办方完成对活动任务的分类之后，要立即对各项任务进行定性定量分析，从而得出各项任务的实际工作强度。在此基础之上，各部门自身的任务量和任务强度也会逐步明确，为以后的定岗定人定责打下基础。

第二，各部门的任务明确后，要按活动的需要制定各项任务的执行办法和实施规范标准。例如，群众性文艺比赛活动的业务部门，要针对参与活动群众的实际情况和比赛内容的艺术要求，制定出参赛规则和评比标准等。

二、分解、落实活动任务

第一，根据活动中各项任务的实际工作强度进行再次分解，明确各项任务所需的岗位数量和人力投入量。如活动的宣传部门需要完成的任务有信息收集、文字撰写、宣传品制作、新闻发布及宣传展示等。这五类任务需要五类岗位，但不一定是五个人，仅新闻发布一项就需要三人，因此这个部门的五类岗位需要十几名人员。

第二，活动承办单位将工作队伍人员按照活动确定的岗位数量和岗位任务，进行对位分配，并按岗位进行责任分工。

第三，按照活动任务量的需要，将分解后的各类任务再进行细化，并落实到各个岗位及个人。在落实任务的同时对上岗人员的运作能力再次核实，如不符合要求应当进行相应的培训或人员调整。

三、制定活动保障措施

第一，当工作任务落实到每个岗位和个人时，应立即对工作机构的部门进行岗位职责设计，将职责落实到每一个上岗人员。在活动的策划阶段，策划人已对各部门的职责进行了设定，这时所指的落实是将部门职责分解到各个岗位，将每一个人的工作任务与岗位职责对位，使岗位人员明确自己的工作目标。

第二，由于在活动的操作过程中，各部门、各岗位的工作性质不同，其操作的方法和流程也会存在较大的差异，因此建立良性的协同机制十分重要。参加活动的所有工作人员都应当在同一个运作机制下开展工作，需要制定相应的工作制度和相关纪律，保证正常的工作秩序。

第三，根据各实施部门和岗位的实际状况及各项任务的具体特征，制定出包括技术、后勤、协同、安全等在内的一系列相关因素在内的保障性措施，确保各岗位的顺利操作。例如，文艺演出的舞台供电；广场活动的通信设备的提供；大型群众性活动中相关单位（机关、学校、企业、人民团体等）的协调等，都需要用相应的措施来保证。

第四，活动经费按时到位，这是活动能够正常运作的前提，没有经费保证其他一切措施都失去了实际意义。活动承办方必须制订详细的经费使用计划，并以此为依据把活动经费分期分批拨到指定位置。

第五，活动操作方制订目标明确的活动实施方案，各相关部门以实施方案为依据，根据自身的任务性质制定出实施方案细则。各个岗位按照实施方案的要求进行有步骤的操作。如果说活动的策划方案是策划阶段的最终结果，那么实施方案的制订就是各岗位实施运作的最终依据。

四、实施前的项目验收

在举办群众文化活动前，一般都要经过较长时间的筹备和准备阶段，如节目的排练、服装的制作、舞美的设计制作等。在准备阶段的后期，活动的领导机构应对各部门的准备工作进行综合性的验收工作，主要包括三部分内容：

第一，各指挥系统在活动的实施前，要对操作队伍的状况、岗位运作能力和水平、任务落实的合理程度等状况进行最后认定，如发现问题可进行适当调整。在实际工作中，大部分活动的组委会对活动前的微调工作都十分重视，这是实施前对人员的最后一次主动性调整。如果在活动的运行中进行人员调整则是被动性调整，会给活动的整体秩序带来不利影响。

第二，活动指挥部对活动的各阶段准备结果进行检查，尤其是各项实施方案的执行情况，如安全预案的落实、应急方案的准备、后勤方案的保证等。实施方案是各岗位运作的依据，方案没有落实则证明准备工作没有完成，必须立即采取措施加以弥补。

第三，检查各系统的运作状况。了解总指挥系统与分指挥系统之间、分指挥系统与各部门之间、各部门与各岗位之间的协同是否默契，磨合是否到位。活动当中的指挥体系和运作机制必须在检查中确定下来，这是活动实施的基本保证。

五、实施活动内容

举办一项群众文化活动，从创意策划开始一直到各阶段的准备工作，都是为了活动的最终实施。活动实施是活动的展现阶段，前期所做的一切努力都要在这个过程中得到检验。在活动的实施阶段要做好下列工作：

（一）各实施系统按照活动实施方案协同有序地开展工作

第一，各岗位人员按照规定时间准时到达指定位置，逐级向上报告活动实施前的就位准备情况。

第二，总指挥系统确认各分系统及各岗位准备就绪后，按照计划约定下达活动开始指令。

第三，各分指挥系统在总指挥系统的领导下行使各自的指挥权。

第四，各工作岗位按照工作计划要求完成各自承担的任务，保证活动的正常运转。

第五，活动所有程序完成之后，总指挥系统在确认群众已经撤离，收尾工作已经完成的前提下，下达活动结束指令，标志活动顺利完成。

指挥系统可按照活动的规模和性质自行简化或增加上述工作程序。

（二）总指挥系统在活动实施的主要工作包括

第一，指挥——向下级系统下达相关指令，调动所属力量实施有效操作。

第二，控制——掌握活动节奏，控制活动局面，控制下一级人员的行为规范，保证活动的有序运转。

第三，协调——协调各系统、各部门之间良好的协作关系，确保所属系统的协同一致。

第四，应急——是各级指挥系统在活动运作过程中最应当重视的环节，群众文化活动的群众性和丰富性使活动在实施过程中充满着变数，发生意外状况是不可避免的。各级领导应时刻注意活动中的每一个细节，随时按照应急预案做好应急准备，做到有备无患。

第五，决策——当活动处于正常运行状态时，指挥系统以发布指令的形式对下属行使指挥权。但当活动发生意外状况时，各级指挥系统则应当按照各自的职权行使决策权，并对决策产生的结果负责。

（三）各分系统根据活动中出现的问题随时进行调整和协调

第一，当活动实施当中情况发生了变化、任务需要调整时，根据实际需要及时进行岗位调整，对人员重新部署，保持指挥系统的畅通无阻。

第三，在活动操作过程中，由于任务繁重、不可预见因素较多，部门之间、岗位之间发生工作性矛盾是很难避免的。分指挥系统的指挥者应当及时发现苗头，消灭隐患，没有良好的协同机制做保障，活动就无法顺利进行。

第三，掌握活动进度，调节活动节奏，坚决贯彻总指挥系统的部署和计划安排，保持上下畅通，将总体部署与部门任务有机地融为一个整体，使每一个岗位人员在目标一致的状态下开展工作。

（四）活动指挥部应做好活动实施过程中的现场效果记录

现场效果记录内容包括以下三点：

第一，各级指挥系统的构成及相互关系、工作内容和方式、处理问题的经过和结果、指挥系统的特征和风格等。

第二，各部门和人员的岗位设置、任务性质和数量、人员工作饱和度和压力状况、所述人员的精神面貌和思想状态、遇到的问题和处理结果等。

第三，各系统的协同运作状况、各环节的配合默契程度、实施计划完成状况等。

六、检查活动效果

在活动实施终结时，在现场工作记录的基础上，须进行本次活动的运作效果检查。检查内容包括以下几方面：

第一，活动实施方案的完成情况——完成任务的比例是多少；还有哪些任务没有完成；未完成任务的原因及对活动产生的影响；需要改进的内容有哪些等。

第二，各级系统的运作效果——各工作系统设置得是否合理；人员布局是否恰当；工作运转是否高效等。

第三，活动中指挥协同效果——各级指挥系统设置是否简捷；指挥渠道是否通畅；机动性调整是否迅速；整体协同是否有效等。

第四，活动安全预案执行效果——安全方案制订的安全措施是否合理；安保人员的到位情况；有哪些内容已经启动；活动实际安全状况等。

第五，活动的后勤保障效果——预测保障内容与活动实际需求是否一致；后勤保障任务完成状况；应改进的内容和以后应注意的问题等。

第六，现场群众的满意度——群众参与活动的数量；群众对活动的热情程度；参加活动群众的构成状况；到场群众的满意度等。

第四节　优秀的策划组织者必须具备的素质和条件

在群众文化活动的全部过程中，策划人员的素质起着决定性的作用，他们决定了活动的走向和水平。活动的主办方对策划人员的选择十分严格，他们的思想和价值理念会对活动产生极大影响，在活动中，人们往往可以看到策划人的"影子"。群众文化活动的社会功能要求活动的策划人必须要具备较高的综合性素质。

一、政治素质与社会责任

（一）策划者要具有较高的精神文明素质和政治素质

我国改革开放几十年来，人们的思想观念和社会理念发生了重大变化，多元化的价值观念带来了多元化的社会思想形态，这是社会发展的必然阶段。群众文化活动如何在复杂多样的社会生活中保持社会主义先进文化的前进方向，是每一个活动策划人必须面对的问题。策划人只有具备了较强的政治素质，才能正确理解党和国家的方针政策，才能在形态各异的文化现象面前辨别出哪些是正文化现象，哪些是负文化现象，才能避免在文化活动的策划过程中出现方向性错误，策划人对社会现象的敏锐辨别能力来源于本人的政治素质。

（二）明确自己所从事的这项工作的社会责任

群众文化活动是广大群众的情感交流平台，是通过人与人面对面的特殊沟通方式进行的文化行为。人们丰富的情感与美好的愿望需要通过群众文化活动来得到体现，这就需要活动的策划者深入群众中去了解他们，亲身感受群众的心理需求，这是一件十分辛苦的工作过程，必须要具备对群众文化事业的高度责任感和勇于奉献、不计个人得失的优良品质。爱岗敬业是每一个策划者，甚至是每一个群众文化工作者的必备素质。

群众文化活动的群众性特征决定了其社会的影响力，对构建和谐社会发挥着重大作用。因此，活动的策划人在策划设计时同样担负着重大的社会责任，要通过对社会的观察研究广大群众的社会心理。在日常生活中做有心人，从细小的现象中找出群众文化活动与群众文化需求之间的最佳结合点，研究如何发挥群众文化寓教于乐的作用，怎么乐怎么教，怎样把握活动的方向。向社会负责、向群众负责是社会对策划者的基本要求。

（三）具备较高社会责任感和政治水平

策划人在策划活动时会将自己的情感和对社会的态度带入创意及策划之中，他们的世界观和价值观将对其策划成果产生重大影响。无数个事例证明，享乐主义思想严重的人很难理解无数革命先烈为何甘愿抛头颅、洒热血；极端个人主义思想严重的人，更不能理解那些长年在平凡岗位上默默无私奉献的人的伟大情怀。设计健康文化活动的人自己的思想首先要健康。

二、创意能力

群众文化活动的策划是开拓性、创造性很强的设计活动，创意是策划的核心，因此创意能力是策划人员应具备的最基础的专业条件。创意的灵感来源于多种因素，就策划人员来说长期的工作积累和丰富的理论知识是必不可少的，归纳起来应具备以下三个能力：

（一）加强科学知识的学习，提高理论水平

群众文化活动的策划人员在策划活动时，要面对大量的文化信息和社会信息，如果没有丰富的知识就很难对各类信息做出有效准确的辨别和判断。群众文化活动是社会性活动，群众文化需求的多样化要求策划人员应掌握更加多样的知识，如民俗学、社会学、心理学、教育学及相关艺术理论和大众文化理论等。策划人员掌握的知识越全面，其对活动的分析能力就越强，可在实际工作中最大限度地减少盲目性。

（二）加强对社会现象和事物的捕捉能力和洞察能力

在平日的工作中，策划人员应养成观察生活的习惯，善于从细节中找灵感。群众在社会交往中往往仅通过一个眼神一个表情，就能表达出自己的态度和心情，而恰恰是这些细

微动作将群众的心理变化反映出来，成为策划人设计活动时的依据。"捕捉"需要迅速，"洞察"需要敏锐，只有两者兼备的策划人才能在创意时擦出耀眼的火花来。

（三）培养逆向思维能力和超常规思维能力

在开展群众文化活动的过程中，由于群众的参与目标不同，文化需求程度和满意程度各不相同，其对活动的兴趣点也不相同，活动的策划人员用同一种思维模式去设计不同的活动一般都行不通，有些活动的设计思维路线甚至是相反的。例如，群众性合唱培训活动，一般的设计思路是采用由浅入深的方法，先学乐理基础知识，再进行发声练习，经过视唱练耳等一系列的训练后再进行歌曲试唱、参加演出，这是一般常规性思维设计。但群众性歌咏比赛活动的策划思维就必须加以改变，首先通过参加演出比赛使群众对合唱活动产生兴趣，然后再进行基本功的练习。在群众文化活动领域里，这样的超常规思维的现象很多，活动的多样化要求策划人员的思维模式也必须是多样化的，这是活动策划人的基本能力之一。

三、信息资料的处理能力

现代信息对群众文化活动的作用是不言而喻的，离开了信息，活动的策划就无从谈起。在某种角度上说，策划人对信息资料的处理能力直接关系到该项活动的质量。具备信息处理能力需要多方面的要素和要求，归纳起来主要表现在三个方面：

（一）全面占有资料的能力

群众文化活动的社会性和群众性使活动的内容、方式所涉及的信息面很广。策划人员在策划活动时必须从不同的角度和侧面去分析群众的文化心理及需求，如果所获得的信息面过窄，其创意的思路就要受到局限，因此不同领域、不同范围、不同角度的信息都要引起策划人的重视，只有大量地占有信息才能保证策划人员的创作思维空间。

许多群众文化单位的活动策划人员都有自己的艺术专长和艺术倾向，在信息的收集整理过程中自觉或不自觉地表现出对信息的好恶倾向，常常将自己理解或有好感的信息保留下来，将自己不理解或不愿接受的信息淘汰出局，由此不可避免地出现对文化活动的判断失误。例如，有些年龄大的策划者偏爱民间传统文化艺术，对外来文化有着莫名的排斥心理，在策划节日广场文化活动时，将街舞等外来文化信息排除在外，在无意之中伤害了青年人的文化需求热情。由此可见，信息资料的占有不能依据策划人员的好恶而定，必须根据文化活动本身欲达到的目的和内容的需要来决定信息的取舍。

（二）多种手段收集信息的能力

在现代化的信息社会里，群众文化信息的获取手段是多种多样的，活动的策划人员必须掌握多种手段才能满足现代群众文化活动发展的需要。在通常情况下可分为三种方法：

1. 网络媒体收集法

利用现代互联网的科技手段收集相关信息，这是获取横向信息的普遍使用方法。这种方法快速、简便、涉及面大，达到了"秀才不出门，便知天下事"的功效。各类媒体的宣传报道也是获取信息的有利渠道，报纸刊物、广播电视的记载性和可视性较强，可供策划人员反复思考和利用。

2. 档案资料收集法

档案资料收集法是获取纵向信息的主要来源，通过文字、图表数据及可视性资料等为策划者提供了丰富的历史经验。策划人应当通过档案资料了解和掌握群众文化活动的规律，避免走弯路，重蹈覆辙。

3. 体验实践收集法

网络信息和档案信息虽然为策划人员提供了高质量的获取平台，但它们都有一个共同的缺陷，即欠缺策划人与活动受众的直接交流，感性体验不足。群众文化活动最重要的是群众参与，仅凭大量的间接信息无法感受到群众真正的文化需求心理，策划人的实践体验可以弥补这方面的不足。

策划人员的直接信息收集可通过在工作中的实践积累，深入群众、加强互动交流和参与各类活动的观摩学习等方法来实现。不愿到生活中去收集信息的策划人不可能成为优秀的群众文化策划者。

（三）提高对信息资料的整理分析能力

群众文化活动的策划者应具备处理信息的能力，要能够从获取众多杂乱无章的信息中提取可用信息，并熟练地运用到策划设计中去，这是每一个活动策划人的基本功。

处理文化信息要经过"获取""鉴别""提炼""归类""筛选""应用"等过程。策划人要熟知每一个信息处理阶段的方法和要求。群众文化活动的类别不同，目标和规模不同，其对信息的要求也不相同。活动的策划人在处理信息之前必须要对拟举办活动的相关情况进行详尽解析，提前对所需信息的方向及种类做到心中有数，避免在处理信息时出现无效劳动，影响策划设计质量。

四、对活动项目的判断分析和预测能力

群众文化活动策划人员的判断和预测能力在整体策划过程中起着十分重要的作用，缺乏预判的设计方案会给实施方带来许多不确定因素，运作过程中在问题面前常会表现出不知所措。活动策划人若心中无数，时常会将这种状态传染给承办方，这种现象一旦发生，该项活动失败的概率就会增大。

第一，策划人要对自己设计的活动布局和方案所产生的结果和效果做出判断和预测。在群众文化活动的策划阶段，策划人对活动的目的、内容形式、设计原则和要求等方面的信息掌握应当是最全面、最有发言权的。对策划设计的各类布局和安排所产生的效果应当心中有数，并有足够的信心。策划人应当及时将这个信心及预测的效果传达给决策方和承办方，使策划与决策成为有机的整体。承办方的有效实施来源与策划方的有效策划，策划人应对自身设计的方案具有准确的预判能力。

第二，策划人的策划设计不是在封闭的环境中进行的，而是要面对许多与活动相关的不确定因素的影响，而这些不确定因素又往往关系到活动的最终结果。策划人必须对涉及的各种因素进行分析，做出对活动结果的最终判断。这项判断要明确外来因素的数量和对活动影响的程度，哪些需要考虑，哪些需要排除，最终对活动能产生何种结果。

第三，正确的判断可使大型活动进入良性运转状态，而错误的判断，则会使决策单位产生错觉和误导，其后果不堪设想。对活动的判断要贯穿策划阶段的全过程，要对每一个环节都做出明确的结果目标，并做出可行性推测，活动结果的预测是根据各阶段的判断结果做出的，预测的结果是否准确，与各阶段的判断有直接的关系。

群众文化活动的策划人员要充分认识判断与预测之间的关系。判断的依据是获取的各类信息和活动面对的实际条件等因素，而预测的依据是判断的结果。没有信息就没有判断，没有判断就没有预测。也就是说策划人员必须经过详尽的调研后才能做出判断，而预测更不是策划人的主观想象得出的论断。在实际工作中，策划人不愿意做细致的调研工作，主观臆断的现象时有发生，这是一种不良作风，必须克服。

五、策划意图的表达能力

群众文化活动的策划人员必须要具备多种形式的表达能力，这是综合素质的重要组成部分。在活动的策划过程中，策划人仅凭静态信息是无法设计出高质量文化活动的，必须

通过大量的动态信息来加以补充。亲身采集、互动交流、实践体验是获取动态信息的主要来源，策划人员没有良好的表达能力就无法进行有效的信息采集。

群众文化活动是具有人与人直接进行情感交流特点的文化行为，活动策划人要捕捉群众需求热点和需求心理，必须要通过参与群众生活去体验和发现，个人的亲和力和表达能力在与群众的情感交流当中起着重要作用。

在群众文化活动的策划过程中，策划人要不断地将策划意图、设计构思及相关情况与活动的主办方、承办方及社会有关方面进行沟通，争取相关单位的支持和理解。活动的策划部门应采取多种方式将自己的设计思想和创作思想表达出来，如工作汇报、学术交流、媒体宣传、座谈讨论等。上级部门和社会的支持力度在很大程度上与策划人的表达水平有关。

在通常情况下策划人的表达方式有以下几种：

（一）文字表达

各类信息的收集，各种因素的分析，针对实际状况的研究，呈送上级单位的书面报告和最终策划方案的形成等，都要靠文字来表达。包括文字资料、数字统计、表格分类等。

活动策划人应具备用精炼的文字表达完整内容的能力。在实际工作中，一些活动的策划人员总是担心没有将问题表述清楚，于是反复说明、反复论证，结果造成逻辑混乱，反而什么都没有说清楚。因此，文字简练、逻辑清晰、层次分明、重点突出是对活动策划人员文字表达能力的基本要求。

（二）语言表达

各类信息的传递、经验交流、会议的发言、向上级领导机关的汇报等，经常需要用语言表达方式来体现。包括口头语言、形体语言和艺术语言等。

活动创意的传达往往是通过策划人的语言表达来体现的，语言是人们情感交流的最佳方式，也是对文字表达的有力补充。对于群众文化工作者来说，语言具有情感表达力、形象感染力、说服鼓动力及诚实可信感是对其语言表达能力的基本要求。

（三）可视性表达

通过包括图片、录像、光盘、影视等手段，进一步丰富其他表达手段的内涵，使其更加形象、立体、生动，同时又具有收藏性和资料性。

在现代群众文化活动的策划过程中，运用可视性表达方式是一种普遍应用的方法，它可以增加表达对象的形象感和想象力，提高对表达内容的理解程度，从而减少了文字表达和语言表达的压力。典型适量、类型齐全、说服力强、形象生动是对策划人可视性表达能力的基本要求。

（四）网络平台表达

策划人可以在不受情感影响的氛围中，完整地阐述策划理念，并迅速获得不同角度的反馈，受众面之大是其他方式不能相比的。

利用互联网来表达文化意象和文化理念是群众文化活动策划人员必须掌握的技术，这是现代科技发展的结果，是群众文化事业飞速发展的需要。策划人通过网络平台可以感受到时代的气息和改革的脚步，对提高策划人的综合素质具有重要意义。但在网络平台中得到的反馈声音可能是杂乱无序的，不同的角度、不同的目的、不同的价值观念会发出各种各样的信息，因此策划人员应当具有较强的分辨力、耐受力、亲和力和较强的悟性。

（五）媒体宣传表达

活动策划人可通过各类媒体系统地传达策划设计意图，从而达到宣传目的。

媒体表达包括：新闻发布、广播电视专题专访、发表文章、现场调查等。群众文化活动的策划人应在突出主题、捕捉亮点、面向群众、服从全局等方面下功夫，使媒体宣传表达能够有的放矢。

六、策划方案的编写能力

第一，策划方案由创意方案发展而来，是策划活动的最终结果，是策划人策划意图的集中体现，也是组织实施单位实际操作的根本依据，因此策划人对策划方案的编写能力是衡量其综合能力的主要内容。

群众文化活动的策划者应对活动创意方案和策划方案的特征及作用有明确的认定，并掌握各自编写的规范。在实际编写策划方案的过程中，策划人为了提高方案的感染力，将创意方案中的某些内容和形式融入策划方案之中，使方案更加生动、活泼，这是可取的。但策划方案的编写者必须认识到策划方案与创意方案有明显的不同，两者不可替换。

群众文化活动的策划方案与实施方案也有重大区别，前者是活动的设计布局，而后者则是任务的实施分配，两者的目的不同，其方案编写者的思维方式也不相同。一些活动策划者在编写策划方案过程中经常出现越位现象，将实施方案中的任务分配、具体时间安排等写入其中，给活动承办方的运作带来很大的不便。活动的策划阶段是活动的未来时设计，策划人无法知晓承办方的具体运作过程和工作风格，就像盖建楼房的工程设计师在设计图纸时无法预测施工单位哪天拉吊车，哪天拉水泥一样，应严格掌握策划方案的编写原则和规范。

活动的策划人员应掌握在中小型文化活动经常使用的简易方案编写方法，这是基层文化单位普遍运用的方式。这种方法简单明了，没有明显的策划方案和实施方案的界限，适用于规模较小，内容单一的基层文化活动。

第二，策划人必须明确认识到，策划方案的编写过程贯穿于整个策划行为的各个阶段，是对全部策划设计的全面总结，是活动的承办方实际运作的基本依据，策划方案的可运作性是活动策划人必须遵守的重要原则。

策划方案的起草者应熟练掌握编写方案的规范、结构和基本要求，应熟知活动实施过程中的一般流程和规律。在条件允许的情况下尽量与承办单位进行接触，了解其实际能力和工作特征，使策划方案的针对性和实用性特征更加突出。一个好的策划方案应做到：结构严谨、内容全面、重点突出、逻辑性强，最大限度地为承办方提供运作依据和方便条件。

第八章 群众文化艺术发展的科学化

第一节 群众文化艺术发展与创新的根本和关键

一、群众文化事业：站在新的历史起点上

群众文化事业是公共文化服务体系的骨干力量，在国家实力逐渐强大、社会保障日益健全的时代背景下，群众文化事业作为公益性文化事业的主导部分，在构建现代公共文化服务体系的进程中，将会在群众文化生活中发挥越来越重要的作用。

（一）政府主导：保障公民基本文化权益

中华人民共和国成立以来，群众文化事业的建设与发展历程，积累了丰富的经验，成为中国特色的社会主义文化的重要组成部分，是体现文化公平和保障公民基本文化权益的重要途径。

在文化类别中，专业文化与群众文化，对于文化建设、发展和群众文化需求来说同等重要，只是各自的性质和从事者职业的不同，艺术水准有高有低，但像中央电视台春节联欢晚会中深受欢迎的舞蹈《俏夕阳》《千手观音》等，演员和取材都是属于群众文化范畴，同样能够成为艺术精品，具有很强的艺术感染力。职业外的文化艺术创作、鉴赏等都应属于群众文化，包括群众文化工作者，虽说很多业务干部有艺术专长，但现在从事的专业是群众文化，并不是职业的艺术家，所创作的属于群众文化范畴，研究也不是在专职的研究所。所以说，群众文化工作更多的是一个综合性的，以艺术文化的普及与提高为核心内容，业务体系职能主要有组织、辅导、研究，其中辅导是重心。在当前服务对象和服务内容繁多的情况下，这个基本职能仍是群众文化事业单位独立存在的根本所在。

当前，在文化馆的改革与发展中，最紧要的是政府在体制上对文化馆进行定位和改革，将现在文化馆中的非事业性部门、人员和项目进行剥离，对留在文化馆的人员，根据国家人事部事业单位岗位设置管理试行办法，确保专业人员和工勤、管理人员的比例。然后，根据国家对文化馆的职能定位和工作要求，合理设置职能部门，在业务管理上实现标准化、规范化、科学化。

（二）学科建设：群众文化理论不应缺席

群众文化学是一门应用性很强的科学。群众文化学科属于社会科学范畴，与艺术学、民俗学、教育学、社会学、公共事业管理、非物质文化遗产学、民间文艺学等学科和研究具有千丝万缕的联系。群众文化学有明晰的研究边界和研究方法，有相对稳定的人才培养目标，有对学科建设的需求。从学科模式来讲，这门新兴学科是一个综合性交叉学科和应用性知识体系，这个成长中的学科知识体系目前正在由冷门变成热门。其理论既有基础理论，又有应用理论，随着国家实力的不断增强，公共文化服务体系建设得到加强，在群众文化实践中，迎来了前所未有的大好机遇，有很多值得深入研究的课题，而群众文化理论研究的现状不容乐观。由于多方面的原因，一直十分薄弱，致使一些地方在群众文化发展上没有把握好中央的精神，仍处于低水平运行状态，甚至"四基建设"都没有很好落实。在国家学科目录修订时，应将"文化学"作为一门独立的学科门类，作为一级学科，文化学理论、群众文化学、非物质文化遗产学、民间文化学、文化管理学、公共文化学、大众文化学、文化产业学等作为二级学科。这样，群众文化学科建设才能落到实处。

（三）队伍建设：需要在战略高度上深度探索

群众文化事业的发展，关键在人。在队伍建设上，加强后备力量的培养和各层次在职人员的培训已经成为群众文化事业发展中非常迫切的问题。因为群众文化一直没能成为一门独立学科，人员来自不同专业，人才培养多是在工作中的传帮带和个人摸索。很多文化行政部门和群众文化机构的领导不知道群众文化的专业知识，专业人员也只是学过一门艺术专业，对群众文化知识的学习，目前只能靠培训来完成。建议在队伍建设上抓好各层次人才的培养。目前，中等职业教育已开设了群众文化艺术专业，还应在高等职业教育中开设该专业。上海戏剧学院戏曲舞蹈分院已率先开设了群众文化管理专业，文化部、教育部还应在有关院校开设群众文化或文化管理专业的高等教育和研究生班，在群众文化高层次人才培养上，拓宽思路，创新方式。如，借鉴中国戏曲学院优秀青年京剧演员研究生班的经验，由中宣部、文化部、教育部主办，由相关学院承办，面向群众文化以及文博、图书馆系统的优秀青年专业人员举办长期性的、几年一届的文化管理研究生班。另外，解放思想，更新观念，制定和执行好有关人才培养、使用、管理和评价的制度，对文艺人才的评价不单是以职称、学历为标准，而应以业务技能和业绩为主要标准综合评价，营造不拘一格评价和使用人才的行业规范和社会氛围，也是队伍建设尤其是文艺人才脱颖而出的一个重要保证。

（四）文化创新：群众文化事业发展的灵魂

群众文化事业的创新是与文化体制改革和机制创新紧密相连的。文化创新的灵魂是制度创新。在制度化的框架下，统领各项工作，突破文化管理的瓶颈，迎来文化的繁荣兴盛。群众文化在当前形势下的创新，主要突破点集中在以下十个方面：

一是改革体制和创新机制。包括体制改革、场馆设施管理、组织与机构设置等。体制改革主要是解决当前文化馆体系的管理体制和人员分离或重组的问题。分离出去的一部分人员组建专门机构，参与市场运作大型文化活动和经营性艺术培训，另一部分人员纳入物业运营机构，对文化馆体系的设施进行物业管理。留下来的是专业艺术人员，实行全额拨款，主要从事群众文化专业工作。场馆设施运行管理全部回归到公益性，面向群众举办保障公民基本文化权益的低偿或免费的讲座、活动排练、辅导、演出、展览、赛事等，真正实现群众文化设施让群众真正占有。在组织机构设置上，建立由政府文化部门、文化馆决策者和人大代表、政协委员、专业人员、专家、文化志愿者、普通居民代表等组成的文化馆理事会，共同决策文化馆体系的公共文化服务事项，政府应派公务员负责监督管理。发挥现有社会文化工作委员会等协调机构的作用，各专业协会侧重于各艺术门类的单项活动。

二是推出群众文化工作和活动品牌。文化馆体系要取得发展，应立足自身专业属性，不要只是被动地成为大型活动的陪衬。推出节庆活动品牌。以艺术文化的普及为重点，举办覆盖各个艺术门类的文化艺术节，在内容和形式以及运作方式上做大做强，兼顾演出、展览、创作、论坛等，并建立社会化运作的新模式。推出公益服务品牌。文化馆体系对街道、社区文化进行业务辅导，并抓好场馆阵地活动，提高场馆设施使用率，抓好文化工作的常态，采取以人为本的方法，最大限度地满足群众的文化需求。

三是对文化馆体系专业艺术工作和人员的管理要做到精细化。当前很多文化馆没有专业艺术管理制度，群众文化辅导、组织、研究以及配套的管理制度欠缺。

四是促进文化事业的社会化。公益性文化事业的社会化和经营性文化产业的市场化，是文化发展的两个基本路线。社会化是在保证政府主导和财政基本投入的前提下进行的。已经在深圳、济南、青岛等全国一些地区进行了有益尝试，目前的任务是仍需要政府大力倡导和积极探索，争取在全国各级文化部门和群众文化事业机构形成共识。如文化志愿者队伍的招募，文化赞助政策的落实，文化设施和文化活动的社会化运作等，都需要去创新、去探索、去执行。政府应发挥在文化事业中的主导作用，提高"执行力"，抓好各级文化政策法规的学习、贯彻和落实。搭建平台，通过举办以社会化命名的、文化项目信息发布、募集资金等活动，以冠名、授牌、确定合作伙伴等为回报，互惠互利，实现群众文化和赞助单位或个人的双赢。

五是文化志愿者队伍建设。《关于深入开展志愿服务活动的意见》中指出："志愿服务体现着公民的社会责任意识，是人们自觉为他人和社会服务、共同建设美好生活的生动实践，是现代社会文明程度的重要标志，是新形势下推进精神文明建设的有效途径。""进一步建立健全志愿服务活动的运行机制，不断提高志愿服务的科学化、规范化、专业化和社会化水平。"需要政府出台相关政策，加大宣传引导，搭建志愿服务的平台。国务院发布、2017年12月1日起施行的《志愿服务条例》对保障志愿者、志愿服务组织、志愿服务对象的合法权益，鼓励和规范志愿服务，发展志愿服务事业制定了若干具体条款。群众文化场所应为开展志愿服务提供场所和其他便利条件。政府应建立对文化志愿者的奖励机制。

六是加强基层文化管理。包括政策引导、统筹规划、政府监管、文化设施的均衡化布局等。尤其是加强对乡镇（街道）文化站、社区文化室的业务指导和辅导，抓好阵地活动，杜绝设施闲置，使其发挥出综合效能。加强群众文化艺术组织和团队的建设，把文化服务落实到基层和基础之中。在文化设施的布局上，应与城市建设相衔接，按人口基数合理配置文化设施，而不是单一地按行政区域配置。

七是建立群众文化发展基金会。广泛吸纳社会资金，本着公开、公平、公正的原则，自由申报，由专家咨询委员会确认，用于群众文化事业的创新和发展。

八是做好群众文化的交流与合作。文化具有人本性、多样性、传递性的属性特征，文化的发展需要兼收并蓄，海纳百川。同行业间，思想需要碰撞产生火花，经验需要相互交流学习，"文人相轻"应变为"文人相亲"，应把地区间和跨地区的群众文化交流与合作经常化。在与新闻宣传媒体的合作上，政府应加强协调，扩大群众文化活动和服务的影响，提升水平，开创群众文化繁荣兴盛的可喜局面。在伙伴合作上，应把握好政府群众文化机构与民间社团的关系，取长补短，满足群众多元化、多样化、多层次的文化需求，平衡社会文化发展。在北京有的文化馆，建立有以文化艺术为活动内容的俱乐部，俱乐部作为民间群众团体，与文化馆是伙伴合作关系，应明确相互之间的责权利，共同为群众文化发展服务。

九是加强群众文化服务的宣传推广。政府文化部门应协调有关新闻宣传媒体做好重大文化事项的报道。对常态性和创新性文化服务，应运用在活动场馆张贴告示、印制宣传品免费领取、网络、报刊等多种手段，及时让群众知晓。对创新的文化服务方式，应以多种方式向社会宣传推广，落实到社区、学校、机关、企业事业单位和居民家庭。

十是创新群众文化服务的内容和方式。群众文化事业机构在服务内容上应以艺术文化的普及与提高为核心，根据群众文化需求和地方特色，适当做文化服务的延伸。在整合资源和提高场馆利用率上，应将各类群众文化设施进行整合，合理调配、使用资源。在非基本文化服务方面，根据《中华人民共和国公共文化服务保障法》规定："公共文化设施开放收取费用的，应当每月定期向中小学生免费开放。"其他时间段，可以将文艺活动室向未成年人、老年人等优惠开放。在优惠措施上，可采取在不同时间段对老年人和未成年人实行半价优惠。还可尝试会员制，根据群众文化消费次数，给予优惠。加强管理，在服务环境和质量上不断提高服务水平。

二、群众文化创新的根本和关键

群众文化是我国文化事业发展的基础。群众文化在人类生活中有史以来就不是可有可无的，它随着社会的发展而发展。我国经济社会飞速发展，国家软实力逐渐增强，正在从传统的农业社会、工业社会向信息社会转变，脑力劳动者越来越多，闲暇时间越来越多，人们的生活质量显著提高，对精神文化的需求日益增长，群众文化日益重要起来。

群众文化主体的能动性和创造性的发挥，必然成为推动群众文化不断向高层次、全方位发展的内在动力。尤其是国家正在加快公共文化服务体系建设，群众文化工作者应抓住大好时机，站在新的历史起点上，以更高的视野、更新的平台，拥抱群众文化的新境界与新天地。

（一）固本强基：群众文化创新的根本

在群众文化实践中，会遇到很多新情况、新问题，需要学术上的探讨和理论上的指导。对群众文化的基础理论、基本概念、业务体系、学科建设等基本理论和基本方向的深刻理解和总体把握，是群众文化创新的根本。

1. 深刻领会群众文化的概念

群众文化是人们职业外自我参与、自我娱乐、自我开发的社会性文化。这个概念已经得到学术界和群众文化工作者的普遍认可。其中，职业外，是指"非职业""业余"的概念，强调的是职业、工作，并不是强调时间段，不能简单地理解为工作时间以外或八小时以外、下班时间，也不能理解为专是指没有职业的老人、小孩或无业人员。如果专业人员（包括曾是专业人员，现担任本专业领域领导职务的人员）在八小时以外从事本专业活动，如专业人员组成的各艺术门类的俱乐部，则属于专业性质，不属于群众文化范畴。例如，由不同文艺团体的专业相声演员组成的周末相声俱乐部的演出，仍属专业活动范畴。而专业人员所从事的本职业以外的群众文艺活动，则属群众文化范畴，是职业外、业余行为，这个业余是指本职工作之外、工作之余，纯是字面意思，不代表水平低，人们常把业余与水平低画等号，这是长期以来人们对"业余"一词在认识上的误区。在精神生活中，每个人的兴趣爱好和潜能都是十分广泛的，而人们的职业和爱好很难一致，群众文化具有精神调剂、宣传教化、普及知识、团结凝聚的社会功能，所以人们更渴望在自我参与、自我娱乐、自我开发中得到全面发展，而职业外的精神生活为人们实现自我、实现梦想搭设了舞台，促进了人的全面发展。从这个意义上，可以说，群众文化是人类的精神家园和梦想舞台。

2. 紧密围绕群众文化的业务体系

群众文化事业的发展是围绕群众文化的业务体系展开的，尤其是国家提出建设公共文化服务体系以来，群众文化事业得到"政府推手"的强大支撑，获得了新飞跃、新发展。群众文化学将群众文化事业机构的业务体系概括为"三大要素"，即组织、辅导、研究，其中，辅导是核心，组织、研究是围绕辅导进行的组织、研究。可以说，群众文化的主业应突出以文艺辅导为核心的社会审美教育。根据群众文化事业机构级别，三大要素各有侧重，群众艺术馆以艺术文化为主业，三者并重，文化馆围绕文化活动的核心，侧重于组织、辅导，文化站具有"大文化"的综合性，侧重于组织，还兼有一部分管理职能。

3. 加快推进群众文化学科建设

学科是人类知识体系的基本单元。群众文化学是一门新兴的综合性的交叉学科，属于社会科学范畴。除了各级群众文化学会的学术组织、中国文化馆协会等行业协会组织，文化、教育部门和社会科学研究机构应重视群众文化学科建设，建立群众文化学科体系，加强基础理论和应用理论研究，加强群众文化专业化建设，建议中央文化管理干部学院以及在综合性大学或文化艺术学院建立群众文化学院（学系），解决教材、师资方面的问题，尤其是国家对研究生教育进行改革，从只注重培养学术研究型向研究型与专业型并重转变的背景下，有条件的高等院校，应设群众文化学位和招收群众文化专业研究生，培养一批有权威的专业工作者，推动群众文化事业的繁荣兴盛。

（二）科学理性建构：群众文化创新的关键

创新是文化建设的本质特征和基本规律，是推动文化发展繁荣、提高文化软实力的不竭动力；创新是文化发展的血脉和灵魂，为文化发展带来生机和活力。群众文化创新是一个永恒的课题，是深化文化体制改革的一个重要组成部分，面临着许多问题需要解决，尤其是群众文化事业在经过不断的探索、改革和发展之后，需要以科学发展的观点和全球全局的视野进行科学理性建构，瞄准着力点，优先解决制约事业发展的瓶颈和体制机制上的障碍，这是群众文化创新的关键。

1. 文化立法

在深化文化体制改革中，文化立法是关乎全局的不可缺少的一环。文化立法是整个社会系统工程的一个子系统，是一个动态的过程。中华人民共和国成立以来，我国政治、经济体制中的弊端，也反映在文化体制上，所以，文化体制也必须改革。要使改革能够顺利进行，一靠政策，二靠法律。要有正确的方针政策指导，要有相应的法律来体现和补充政策。尤其是群众文化领域，需要以法律的方式承认群众文化的不可替代性，保障群众文化的发展必然性，调节群众文化的社会广泛性，裁判群众文化的现实矛盾性。需要在认识群众文化自身特点和规律的基础上，探索出一套科学的管理方法，并将其制度化、法律化，用以指导实践和理论研究。近年来文化体制改革、文化发展战略研究、文化标准化建设和目前正在进行的公共文化服务体系建设，都是在揭示文化规律，为文化立法提供科学依据、创造条件。

2. 中央群众艺术馆复建

健全群众文化事业机构体系，开展阵地活动，是群众文化的重要工作。公共文化服务体系中，国家级文化设施有国家图书馆、国家博物馆、中国美术馆，唯独缺少中央群众艺术馆，没有中央群众艺术馆，群众文化网络就缺少最关键的一环，这对开展全国性群众文化活动，对全国群众文化事业机构进行业务指导，以及"政事分开、管办分离"的体制改革是十分不利的。文化部应会同有关规划建设部门，尽快恢复建立中央群众艺术馆，使其代表国家群众文化形象。在公共文化服务体系建设中，中央群众艺术馆要乘势而上，担负起历史使命，发挥出特有的职能，不能长此以往地缺位。

3. 规范名称

在群众文化体系的文化事业机构中，省、自治区、直辖市；计划单列市；地（州、盟）、地级市设立群众艺术馆。也有的改叫文化馆，原因据说是宪法中提到文化馆，没提群艺馆。县、旗、县级市、市辖区设立文化馆。乡镇（街道）设立文化站。群众文化事业机构的名称是历史遗留下来的，因机构性质、功能和业务范围各有侧重，名称有区别。但近年来，有的省把群艺馆的名称改为文化馆，还有的个别地方把群艺馆与文化艺术活动中心名称共存，从名称上模糊了群艺馆的性质。笔者认为群艺馆是国家群众文化网络中重要一环，其名称已经存在很多年，已经成为一个品牌，在群众文化生活中具有一定的知名度，也适合当前公共文化服务体系建设的要求，应该保留这样的历史名称，不宜盲目地更改名称，给群众认识上造成混乱。乡镇（街道）一级文化站的名称也已经多数又称作社区文体中心，并从属于社区服务中心，随着《乡镇综合文化站管理办法》的颁布实施，相信文化站的名称会得到沿用。鉴于都是公共文化服务机构，可以借鉴饭店星级管理或旅游定点饭店手段，在不改变机构自身原有标志的基础上，可以统一于公共文化服务标志，便于群众识别。

4. 系统性和结构性建设

群众文化设施的网络建设是一个系统性问题，设施的分布是一个结构布局的问题，应考虑到城市和农村的区别，以人口基数为标准，设置文化场馆的数量。深圳市福田区提出"一公里文化圈"的概念，还有很多地区提出打造城乡"十五分钟文化圈"，群众步行十五分钟就可以到达一处文化设施，这在城市是可以办到的，因为城市的市、区、社区和街道都建有文化设施，在农村也基本可以办到，因为每个乡镇都建有文化站，每个村也建有文化室。只要这些文化设施正常运转，就可以为群众提供公共文化服务。单位部门和岗位设置属于结构性建设，应按照科学合理的原则，从管理系统、业务系统、运营系统，围绕群众文化事业机构的工作设置部门和岗位，便于开展业务工作，便于更好地为群众提供高水平的公共文化服务。

5. 群众文化场馆服务内容和方式的创新

文化部《群众艺术馆、文化馆管理办法》规定，群众艺术馆是组织、指导群众文化艺术活动，培训业余文艺骨干及研究群众文化艺术的文化事业单位，也是群众进行文化艺术活动的场所。文化馆是开展社会宣传教育、普及科学文化知识、组织辅导群众文化艺术（娱乐）活动的综合性文化事业单位和活动场所。在公共文化服务体系建设中，群众文化事业机构应牢记群众文化概念和群众文化事业机构业务体系三大要素，突出公益性，在免费文艺活动上加强创新，不仅要满足群众文化基本需求，更需要引导群众实现更高层次的文化需求。在阵地活动上，招募文化志愿者，推出免费文艺培训品牌。深圳市群众艺术馆、青岛市群众艺术馆、江苏省泰州市文化馆等常年开办公益性免费文艺培训，成为公共文化服务的新亮点和公益品牌。在办好阵地活动的同时，尝试送文艺服务下基层等多种便民服务方式，实现人人参与文化，人人享受文化，让文化惠及每个人。同时，营造社会各界支持公益事业的良好氛围，引导受益单位和个人积极赞助或捐助群众文化事业，形成"政府主导、社会参与、区域联动"的文化服务方式。此外，群众八小时以外，周六、周日、节假日的活动应加强，应调整作息制度，探索符合文艺专业人员工作规律的工作制，让文艺专业人员的作息时间与群众文化活动时间合拍，便于为群众提供文化服务。艺术系列一条线，文化系列一个面。群众文化活动场馆应创新文化服务的内容和方式，以多样性的文化供给满足群众多样化、多元化、多层次的文化需求。

第二节 创建现代化国际城市群众文化发展的新规则

在群众文化服务可持续的发展探索中，新机遇、新动向、新理念始终伴随着群众文化的发展脚步。新的发展态势对群众文化工作者的服务理念和服务能力提出了更高的要求。这也是城乡文化发展，尤其是现代化国际新城文化服务中需要研究讨论的新课题。

在大发展大变革大调整的战略机遇期，社会管理在创新，社会治理框架在重构，在这个创新与重构的过程中，现代化国际城市必然会以全新的姿态参与未来群众文化发展新规则的创建。

一、群众文化发展的新机遇

在加强社会主义先进文化建设中，群众文化发展的新机遇从六个方面体现：一是加快公共文化服务体系建设为群众文化提供了新的理论视野、发展平台和时代要求。设施运行、公共服务、队伍建设、综合管理等逐步走向科学化、规范化，平等、免费、人性、便利、共享等服务理念正在注入群众文化事业机构的服务中，尤其是随着国家对公益性文化场馆实行免费开放和保障机制的建立，免费开放成为群众文化事业机构角色转型的时代新形象和新要求。二是改革创新成为群众文化发展的灵魂。突破传统的体制机制束缚，充分发挥文化引领风尚、教育人民、服务社会、推动发展的作用，以高度的文化自觉和文化自信推进文化改革发展，在中国特色社会主义伟大实践中开创文化建设新局面，正在成为我国当前深化文化体制改革的重点。三是群众文化现代化的发展理念和运作管理机制正在逐步形成。四是各地群众文化工作实践中的新思路、新探索，昭示着群众文化创新发展势头风起云涌、锐不可当。五是人民群众对实现基本文化权益的均等化优质化需求日益增长。六是以计算机、互联网为代表的信息技术和文化科技拓宽了群众文化数字化、信息化服务渠道。

二、群众文化发展的新动向

群众文化发展的新动向体现在公共文化服务方面，主要体现在以下四个方面：

（一）以总分馆制为切入点，带动群众文化格局的科学化和服务的专业化

2015年1月中共中央办公厅、国务院办公厅印发的《关于加快构建现代公共文化服务体系的意见》中提出："以县级文化馆、图书馆为中心推进总分馆制建设，加强对农家书屋的统筹管理，实现农村、城市社区公共文化服务资源整合和互联互通。"2016年12月29日，文化部等部门印发《关于推进县级文化馆图书馆总分馆制建设的指导意见》的通知中提出："推进以县级文化馆、图书馆为中心的总分馆制建设，是构建现代公共文化服务体系的重要任务，对于有效整合公共文化服务资源、提高公共文化服务效能、促进优质资源向基层倾斜和延伸具有重要的推动作用。"2017年2月23日发布的《文化部"十三五"时期文化发展改革规划》中提出："建立健全县级文化馆、图书馆总分馆制。"总分馆制即"一个总馆+多个分馆+若干服务网点"的模式。总分馆制是国际流行的一种图书馆管理模式，将分散的、隶属关系不一的总分馆和社区（村）服务站点组合成正式的、相对固定的、联系紧密的公共文化服务网络组织，推动公共文化资源的共建共享。这种更加专业和高效的组织形式和服务模式经过探索，必将成为群众文化服务体系中令人瞩目的亮点。在我国行政和财政体制下，可以在区县文化馆和乡镇综合文化站等基层文化事业机构试行。以区县级文化馆为总馆，乡镇（街道）文化站为分馆，社区（村）文化室为基层服务点，让分馆成为总馆的有机组成部分，让若干社区服务网点成为分馆的延伸补充，实现建设、管理和服务的一体化，逐步达到基础设施标准化、文化资源共享化、服务系统网络化，从而形成便利的文化服务圈。浙江省嘉兴市、江苏省张家港市、深圳市福田区、重庆市大渡口区、北京市朝阳区的文化馆站已经进行了总分馆制探索。

（二）以项目负责制为切入点，引领群众文化事业机构内部管理机制的创新

项目负责制是以项目的策划到实施的全过程为工作核心，以项目预期目标的实际完成情况为考核内容，根据考核结果对项目负责人及项目团队予以评价和奖惩的一种管理模式，也可称之为一种运行机制。其特点是注重横向间的联合，特别突出了资源整合的特点，是一种高效灵活的工作机制。在内部管理机制上，以岗位管理为基础的项目负责制为切入点，对组织构架重新进行整合，建立健全科学的用人机制、分配机制、激励机制、考核机制，推行社会文化指导员职业资格制度，真正实现群众文化事业机构"大业务、大服务"的功能，进一步提升工作效率和服务能力。北京市朝阳区文化馆的项目负责制已经进行了多年的探索。该馆不设办公室、不设部门及中层干部，按项目制管理，竞聘项目负责人，突出了岗位管理，减少了机构臃肿、相互扯皮、人浮于事和官僚化、衙门化，为想干事、能干事、干好事的人才营造了良好的发展空间。

（三）以文化服务配送为切入点，推动公共文化服务内容、形式和传播方式的创新

文化服务配送是一种公共文化服务方式的创新。包括政府文化采购配送和群文服务配送两种方式。政府文化采购配送是政府借助市场手段，通过招投标、政府采购、项目补贴、定向资助、贷款贴息等方法，对重要公共文化产品、重大公共文化服务项目和公益性文化活动，实行政府采购，如北京市进行的文化下乡、文化星火工程等文化惠民工程。群文服务配送是由群众文化事业机构搭设群文配送服务平台，以网站、社会公示、发布媒体广告等方式，整合群众文化专业队伍、文艺骨干和文化志愿者的力量，公布群众文化服务菜单，接受基层群众的点击或报名预约，从而实现了群文机构与市民群众的文化服务供需对接。

（四）以社会化运作为切入点，促进群众文化的社会化

社会化运作是群众文化组织运作的主要方式。其运作方法主要有四个方面：一是政府购买社会资源的方式开展的公益性群众文化活动；二是鼓励社会单位的文化设施向社会开放；三是公益性群众文化活动对社会推介，拓宽融资渠道；四是鼓励国家有关部门、企业事业单位、集体和个人自办文化或以资助、合作、志愿服务等方式与群众文化事业机构共同进行群众文化建设。

三、联合、融合与整合：群众文化发展的新课题

当前，我国基本实现了公共文化服务体系全覆盖，公共文化服务已经进入一个需要广泛联合、相互融合、深度整合的时代，一些更为机制化的公共文化服务模式和体制正在公共文化服务实践中形成和使用，促进了公共文化服务内容和方式的创新，也对群众文化服务提供了新的发展理念，带来了前所未有的生机活力和发展空间。

群众文化服务体系是公共文化服务体系的重要组成部分和重要的依靠力量。在公共文化服务体系中，群众文化服务体系是最完整的，群众文化事业机构的健全、职业的专业化，以及其独特的中国特色和重要使命，使其具有强大的生命力。当前，各种文化资源的联合、融合与整合，是代表着群众文化服务专业化发展的新理念，也是群众文化服务中需要引起社会关注和实践探索的新课题。

广泛联合，是在行业内外和区域内外探索合作模式，彼此借势，分享资源。一是业内联合，是文化馆（站）等群众文化事业机构之间利用各自的人才优势和资源优势合作开展群众文化服务的形式；二是区域联合，是在一定区域内，实现群众文化的区域文化联动；三是跨界联合，是群众文化与专业文化、传媒、大专院校以及工、青、妇等群众团体之间的合作。

相互融合，是各种社会文化形态之间、各种行业之间的互融借力。一是指群众文化、专业文化、大众文化、民间文化等社会文化形态融入公共文化，政府发挥宏观调控功能，调集各种社会文化形态的力量开展公益性文化，为人民群众提供均等化优质化的公共文化服务；二是除了业内的联合，还应加强与其他行业的融合，加强行业之间的互融、渗透、借力，吸收、学习、借鉴其他行业已经被证明为行之有效的管理经验。

深度整合，是将文化资源进行统筹发展、整体布局、合理分配和有效利用，探索群众文化服务体系有效协调与管理模式。首先，体现在行业管理体制和机制上，主要有总分馆制、项目负责制等方式。实现资源优化配置，避免同质化竞争，获得更大发展空间，提高公共文化服务效能。其次，体现在整合的内容和方式上，主要有人才资源整合、品牌资源整合、媒介资源整合、社会资源整合等。人才资源整合包括对群众文化从业人员、专业艺术院团文艺人才和业余文艺人才，以及文化志愿者的资源整合。品牌资源整合是在大品牌下整合推出若干个子品牌，如在群众文化艺术节品牌下，可以整合推出舞蹈大赛、声乐大赛、戏剧小品比赛、书画摄影比赛、文学大赛、理论研讨等子品牌。媒介资源整合是在群众文化服务中整合网络、电视台、电台、报刊等媒体，建立战略合作伙伴关系，搭建整体

活动宣传推广的广阔平台。社会资源整合主要是在群众文化服务阵地上进行共享、扩大和延伸。一是整合社会单位内部文化设施资源向社会开放。二是利用社会资源进行基地建设，培养、挖掘和储备优秀文化人才，联合举办群众文化活动。从单打独斗到发挥整体优势和团队优势，提供资源整合服务，可以催生新的文化服务联盟模式。

第三节 群众文化艺术事业的发展理论与建设引擎

一、群众文化事业的发展需要理论的支撑

当前文化学术理论研究领域长期以来被很多专家学者忽略的领域——群众文化领域的研究，明显薄弱，需要有责任感和使命感的各界文化人士聚焦这块处女地。

随着国家将文化建设分为文化事业和文化产业，以及对加强公共文化服务体系建设的高度重视，群众文化事业作为政府举办的公益性文化事业，在公共文化服务体系建设中明显处于核心地位。不仅具有数量庞大的机构设置和众多的从业人员，而且面临着一个前所未有的发展机遇期，必将成为社会主义文化繁荣兴盛的重要力量。

面对扑面而来的机遇，每个群众文化工作者都应该是热血沸腾、激情满怀。但我们也应该看到，群众文化事业在多年的发展进程中，虽说开创了辉煌的事业，积累了宝贵的经验，但文化政策与法制化建设仍很欠缺，基础理论和发展理论仍很薄弱，学科建设仍在茫然期待中。

各地的群众文化实践仍是各自为战，连文化馆到底需要多大的面积，内部设多少活动厅室，设几个部门，配多少专业人员、配哪些专业都没有相对统一的权威规范，和教育事业相比真是差距太大了。甚至有些专业人员一天上班都干些什么，连他自己都不知道。很多领导也是半路出家，对群众文化专业知识和理论研究缺乏，日常工作疲于上级指令性的所谓大型活动，而将群众文化自身的专业弃置一旁，将阵地活动和业务上的常态性工作忽略了。有的文化馆人事、财务、保卫等制度很健全，却把最主要的文化馆群众文化专业艺术管理制度忽视了，业务工作无法可依，往往凭在任领导的主观意识决定行事。好在文化部开展了文化馆评估定级工作，出台了《文化馆建设标准》《中华人民共和国公共文化服务保障法》等，为群众文化事业发展提供了标准和保障。随着国家文化标准化建设步伐的加快，希望在群众文化标准化建设中尽快建立群众文化专业艺术标准，以规范、约束和指

导全国群众文化业务工作。

群众文化具有特定的内涵，随着人们精神文化需求的日益提高，群众文化事业的发展空间将会越来越大，是不可能被忽视的，更不可能被替代。在群众文化事业的发展机遇期，需要各级领导和从业者提高思想认识，努力学习群众文化理论，应用到广阔的实践中，为构建现代公共文化服务体系献出自己的一份力量。

二、"人才兴文"战略：群众文化建设的引擎

人才因事业而聚，事业因人才而兴。在构建现代公共文化服务体系过程中，如何在新的形势下开拓群众文化工作的新局面，进一步巩固与发展具有中国特色的群众文化事业，在群众文化领域推出思想性、艺术性和观赏性有机统一的文化艺术精品及丰富多彩、特色鲜明、群众喜闻乐见的文化活动，更好地满足群众日益增长的精神文化生活的需求，面对这诸多的挑战，关键在于要建设一支以"四化"方针和德才兼备为标准的有知识、有文化，专业水平高、责任心强、热爱群众文化事业的高素质的文化工作队伍。

（一）高素质文化人才是实现群众文化现代化的关键

我国现代化建设的进程，在很大程度上取决于国民素质的提高和人才资源的开发。群众文化的现代化关键在于高素质的文化人才。

从群众文化的属性和作用来看，群众文化具有综合性、社会性和面向基层、面向群众的文化的普及性、群众性等属性，在促进人的全面发展中发挥着不可替代的作用。随着我国现代化进程的逐步推进和社会主义文化事业的不断发展，群众文化的内涵更加深邃，蕴含着极其丰富的作为生产、接受和交流活动的文化艺术的审美实践。但群众文化工作者在年龄层次、知识结构、业务能力等方面与文化事业发展之间的不协调日益明显，随着社会经济和物质文明的发展，群众对文化生活和精神文明的需求也在日益增长，要求渐高，群众的文化生活极大程度地需要充实、辅导、提高，这些工作又迫切地需要一大批专业的群众文化工作者来完成。时代的发展、群众的文化需求与文化人才素质之间的不平衡，给群众文化的发展带来了矛盾。

从群众文化的服务对象来看，群众文化受众群的人员结构、范围及其生活方式、文化素质、审美追求都发生了很大的变化，受众本位意识正在逐渐加强，若从接受美学的角度来讲，就是更注重审美主体的心理反应。人的文化个性和审美享受主体性意识大大解放，可以自由自在地选择自己喜爱的文化艺术形式，它的接受也是一种"在自然状况下"的接

受，审美判断既是一个非功利的、无任何强制的判断的模型，又是"具有不由概念或原则决定的一致同意"的判断。而且审美活动呈现出一种动态多变、追求高层审美享受的特征。群众在参加各种各样的文化活动的过程中渴望在"创造、美觉和净化"的审美经验中获得高品位的文化享受，满足自己求乐、求知、求新、求美的欲望，达到审美上的愉悦和精神与情感上的交流。很显然，时代的发展和随之而来的新形势下广泛而旺盛的社会需要给群众文化工作赋予了更广泛、更深刻的社会意义，也使群众文化不断向更新的层次和深度发展，对群众文化工作者提出了更高的要求。

发展中国特色社会主义文化，实现群众文化的现代化发展，满足人民群众日益增长的文化需求，必须要有一支适应社会主义现代化建设的高素质的文化人才队伍，否则一切发展群众文化事业的蓝图和构想都将成为空中楼阁。而且，随着文化事业的发展，群众文化领域内群众追求高品质文化生活和高质量文化服务及这种追求的动态多变的特征已成为群众文化工作很显见的一种规律，要求群众文化业务人员的思想觉悟、专业化程度和创新意识越来越高，高素质群众文化专业人才匮乏的现象也就日益凸现出来。

（二）群众文化人才的内涵

发展群众文化事业，关键在人。加强群众文化人才队伍建设，建立学习型、知识型、专业型、复合型、创新型的群众文化人才队伍，是推动群众文化事业发展的迫切要求。群众文化人才主要包括从事群众文化工作的文艺专业技术人才、高技能型人才、专家型理论研究人才和复合型运行管理人才，以及社会上的文艺骨干和文化志愿者。

1. 群众文化工作者

群众文化事业单位的群众文化工作者包括管理岗位和文艺专业技术岗位及工勤技能岗位的人员，一般来自部队专业文艺团体和大专院校以及社会文艺人才。由于群众文化业务体系包括组织、辅导、研究三大要件，要求群众文化人才具有一专多能的特征，要具有一门文艺专业技能，又要具有群众文化专业业务技能，以便更好地发挥群众文化事业单位的公共文化服务职能。

群众文化事业已经站在新的历史起点上，但是，由于行业特点和发展的不均衡，目前群众文化领域人才队伍仍存在结构不合理，视野宽、懂策划、有创意、会管理的"复合型"文化专门人才匮乏，尤其是高层次人才缺乏的现状。管理型领导对群众文化事业的责任意识、创新精神和把握全局、驾驭全局的能力不强。有的管理人才知识结构老化，视野不宽，观念陈旧，缺乏学习文化管理的自觉性和开拓创新精神，跟不上改革发展的步伐。

根据群众文化事业的发展，建设一支懂业务、高素质、善管理的文化人才队伍，应包括创新型文化名家和擅长管理艺术的文化人才，增强队伍的主体创造精神和综合素质，成为具有学习研究、谋划工作和组织协调能力，既精通本职专业知识，又胜任本职工作，成为群众文化工作的行家里手。

领导者是处于高层的群众文化工作者，包括各级政府和职能机构的主管领导以及群众文化单位的领导班子。中共中央"十三五"规划建议中提出"注重培养选拔政治强、懂专业、善治理、敢担当、作风正的领导干部"。对于文化管理者来说，"真正的文化管理者应当是既懂得艺术规律，又懂得管理规律，有组织领导能力和管理能力的'通才'。"主要侧重在以下六个方面的素质构成上：政治素养、人文品质、管理技能、艺术才能、经营才干、宏观能力。还应具有勇于进取、敢于负责、踏实肯干和宽以待人的精神品质。由于"官本位"的思想根深蒂固，有些领导者在决策和管理中既不懂群众文化业务，又缺乏民主思想和群众意识、服务意识，在群众文化的有些服务领域存在"守摊儿"和"不作为"现象，因此，群众文化领导者的综合素质对群众文化发展起着关键的作用。人大、党委、政府等机构应执行自身权利，发挥自身职能，加强监督、监管，建立完善的民主管理和科学的评价考核机制，保障人民群众的基本文化权益。

2. 群众文化志愿者

群众文化属于公益性事业，利用公益性事业的社会性来引导社会力量参与文化馆的建设与发展，实现社会化运作，是群众文化事业发展的主导理念之一。在社会力量中，文化志愿者是特别需要组建和壮大的一支重要力量。群众文化事业单位应向社会广泛招募文化志愿者，建立文化志愿者信息资源库，按照分级管理、择优使用、面向社会、服务群众的原则，凝聚群众文化人才。文化志愿者应包括具有文化艺术特长的专业文艺工作者、业余文艺骨干，以及没有文艺专长，但热爱文艺事业，积极参与文化建设或参与文化服务，常年志愿为文化出资出力的热心人士，同时，接受在校学生志愿服务。

群众文化事业单位应将发展壮大文化志愿者队伍纳入日常工作，包括招募、培训、使用、交流、表彰等，形成一套完整的工作体系。

业余文艺骨干长年接受群众文化单位的专业指导，也是文化志愿者队伍的骨干力量。专业文艺团体的文艺工作者是文化志愿者队伍的一支重要力量。随着人民群众文化素质和鉴赏水平的提高，人们对群众文化艺术活动或文艺节目的文化内涵和审美意蕴提出了更高的要求，渴望看到综合性的全方位展现艺术魅力的具有一定艺术水准的群众文化艺术精品，并渴望自己也创作或参与进来，因而，这火热的基层文化领域潜在着极大的文化需求，急需专业人员去进行辅导提高，也需要专业人员带去新锐的、创造性的艺术思维和更加新颖的、高水平的文艺节目。这种专业团体和群众文化的结合、渗透与联系，既为群众带来了丰富的可供学习、借鉴与提高的精神食粮，也为文艺工作者提供了了解群众需求、汲取创作营养的沃土。

（三）建立健全群众文化人才科学发展机制

人才资源是第一资源。创新群众文化人才建设举措，建立一支规模较大、素质优良、结构合理的群众文化人才队伍，是推动群众文化繁荣兴盛的当务之急。

从具体工作角度，应做好以下工作：

1. 规划引导

强化对建设高素质人才队伍的职责意识。政府文化部门成立群众文化人才建设领导小组，制订群众文化人才工作实施规划，将群众文化人才工作纳入基层领导班子目标考核责任制。同时，对群众文化事业准确定位吸引人才，在政策法规上对群众文化人才的发现、培养和使用等进行规范。实施"人才兴文"战略，做到"以人为本"，切实抓好文化人才队伍建设，优化人才结构，增强人才创新能力，营造人才全面发展的良好氛围。科学分析，统一规划，针对群众人才队伍的现状、特点，抓重点、抓基础、抓薄弱点，在培训内容、培训形式等方面不断探索，抓高层次群众文化人才队伍培训，抓紧缺专业群众文化人才队伍培训，抓重点专业人才培训，抓基层文化队伍培训。

2. 科学评价

建立社会公认的群众文化人才评价制度和以行业公认的业绩为衡量标准的人才考评机制，做到正确评价和使用各级干部和各类人才，真正达到不拘一格、人尽其才的用人效果。在人才评价标准上，原来人才引进政策主要将学历、职称作为评价标准，将大量业绩突出的高端人才拒之门外。实践证明，仅凭学历、职称作为评价标准是不科学的。

3. 培养选拔

全面加强各级各类群众文化专业岗位任职人员的知识更新和素质提升教育工作。由于群众文化的学科建设长期滞后于群众文化的发展，很少有大专院校开设群众文化专业，致使绝大多数从业者没有系统学习过群众文化专业，只能靠岗位培训来弥补。应打破只管使用、不管培养的雇佣劳动观念，建立群众文化人才信息库，将群众文化人才按照专业、能力等进行分类，开展有针对性的培养；创新培养方式，采取形式多样的培训方法，采取"请进来""走出去""以岗代培"等方法，掌握群众文化业务技能，提高整体素质和能力。

4. 合理使用

推行公开选拔、竞争上岗等制度，大胆发现、使用文化人才。创新文化活动形式，为文化人才提供广阔的施展空间。营造尊重知识、尊重人才的社会风尚，并使之成为社会的主导价值。以人为本，不断创新、改革用人机制。实施全员聘用制，变干部、职工的身份管理为岗位管理，各级领导岗位试行选聘制、任期制。杜绝官本位思想，根据文化人才的特长，尊重人才不能简单地理解为让文化人才当官从事领导或管理，而是创造条件，最大限度地用其所长，人尽其才，同时，提高文化人才政治、经济和社会地位。提高人才使用效益，对高层次人才从单位人向社会人转变，实现人才最大效能的发挥和群众文化行业对人才资源的共享。单位聘请的专家和人才，来去自由，待遇从优，成果重奖。在明确责、权、利的前提下，专家也可选聘到多个单位。探索文艺专业协会或行业协会管理文化人才的办法，通过人事代理和人才托管方式，推进人才管理和使用的社会化。

5. 创新管理

建立与社会主义市场经济相适应、与促进文化事业繁荣兴盛相适应的人才发展机制和人事管理体制，建立考评机制、用人机制和激励机制。科学合理、公平公正的文化建设考核指标体系是考核工作的关键。完善文化建设目标考核测评体系，包括考核指标、考核内容、方式方法、考核结果的评定和运用等，每年进行量化考核。打破体制束缚，以人才为中心，建立客席聘用制、项目合作制、签约制、兼职制等相对独立、更加灵活的人才管理模式。推行岗位管理制度，由身份管理向岗位管理转变，规范按需设岗、以岗定酬、合同管理等环节。在科学论证的基础上，从实际出发，统一编制并规范各类文化事业单位的专业设置，层次配置、岗位职责和任职硬化条件规定，对具备任职资格的专业人员实行竞争上岗，选贤任能，规范并做好职称评聘工作，充分发挥其在人才队伍建设上的激励作用。抬高晋升"门槛"，激励自学成材，鼓励钻研业务、岗位成材，全面提高群众文化专业人才队伍的整体业务素质及专业创新能力。对空缺岗位实行社会招考录用，并向基层文化单位有基层工作经验的优秀人才倾斜，以全面整合并充实文化系统专业人才队伍。以人为本，对文化人才队伍进行"人性化"管理，调动他们的主观能动性。创新奖励机制，从各方面激发文化人才参与社会主义文化建设的热情。设立优秀文化人才奖，并与文化专业人员职称评定结合起来，作为破格晋级条件之一。同时，严格按照岗位职责兑现人才绩酬，鼓励各类人才积极报考相关技术职称。探索建立特殊人才岗位津贴，稳定人才队伍，激发和增强文化工作者的事业成就感、文化自豪感和团队归属感。对工作成绩卓著、有突出贡献者，应大力表彰、奖励和破格提拔任用，以调动各级群众文化工作者的积极性和创造性。

第四节　少数民族群众文化的现代化发展趋势

"文化是一个民族共有的精神家园，文化的民族性构筑了世界文化的多样性。""文化的民族性指一定民族在历史上所形成的区别于其他民族的文化特殊性，如生活方式、习俗、语言、思维方式、心理、性格以及礼仪、制度、艺术风格等。"

我国是一个以汉族为主体的多民族的国家，包括汉族在内共有56个民族。汉族文化与少数民族文化一起构成了中华民族的整体文化结构。中华民族作为一个多民族的国家，各民族的分布和结构、历史发展是十分复杂的。汉族在历史上一直占有人口的绝大多数，在文化艺术上取得了重大成就，而少数民族更保留本元文化的特征。各民族创造的民族民间文化是中华文化的根基和重要组成部分，是承载中华民族精神与情感的重要载体，也是维系国家统一、民族团结的基础和联系世界的桥梁。

少数民族在实现社会现代化过程中，文化的现代化是一个重要课题。少数民族文化的现代化发展是一个巨大的系统社会工程，是政治、经济、文化、社会的全面、协调、可持续发展中的一个重要方面。随着改革开放的深入，随着党和国家对文化建设的不断加强，整体发展观已成为少数民族地区干部和群众的共识并付诸行动，少数民族地区的文化行为正在由部门行为上升为政府行为，少数民族文化进入了一个与其经济社会同步发展的新的历史时期。

少数民族的群众文化是国家群众文化事业的重要组成部分，也是特色鲜明、丰富多样的一个文化类别，是少数民族地区群众在职业外，自我参与、自我娱乐、自我开发的社会性文化。少数民族群众文化具有光辉灿烂的历史和异彩纷呈的民族风格，在今天更是焕发着勃勃生机，在少数民族群众生活中占有举足轻重的地位，成为生活的一部分，渗透到生活的方方面面。

在中国特色社会主义文化的统领下，在国家加快公共文化服务体系的时代背景下，少数民族群众文化呈现出民族化与地域化、多元化与集约化、开放化与国际化、社会化与公益化、专业化与体系化的现代化发展趋势。

一、多元化与集约化

多元化主要体现在少数民族群众文化中传统文化与现代文化、民族文化等文化形态的多元共存。这是少数民族地区群众文化的一大特色。文化多样性是人类社会可持续发展的基本特征。由于地域发展水平、民族文化特征、阶层、各种不同利益集团、个体差异等多方面的差别，各种不同的社会群体必然要求享受与自己趣味爱好、身份、文化素质相适应的文化服务。另外，不同的民族在传统文化特色上也具有传承性，使民族特色更为鲜明，构成了民族文化艺术民族特征的多样性风格。时代的发展也为少数民族文化赋予了时代气息。因此，少数民族群众文化发展应坚持"二为"方向、"双百"方针，坚持以人民为中心的工作导向，坚持以社会主义核心价值观为引领，坚持创造性转化、创新性发展，坚定文化自信，唱响主旋律，传播正能量，应注重与民族共同的审美心理相结合，与传统的文艺样式和活动形式相结合，与现代文化的时代特征相结合，保持民族风格和时代气息，保持民族文化形态的多样性和丰富性，尊重少数民族传统文化自由存在和发展，对于加强民族团结、促进民族交流和发展、更是意义重大。

在文化功能结构上，形成"大文化"格局，面对少数民族人民群众文化需求的多样化，可以更好地调动群众参与文化的积极性，满足多层次多方面的精神文化需求。

现代化的大生产赋予了现代文化以新的丰富内涵，少数民族的现代文化应是具有民族特色的现代文化，而现代文化从结构构成要素来看，一方面是细化，另一方面是集约化。这也是文化多元化发展趋势的一种体现。

二、开放化与国际化

开放化主要体现在地域民族文化由传统的封闭内向的文化模式向开放外向的现代文化模式发展。借助现代交通信息媒介，少数民族群众文化实现异质文化的交流、碰撞。在双向交流中，一方面为少数民族地区带来了外部世界的新观念、新气息。一方面促进了少数民族文化的传播和走向世界。对外交流中，民族群众文化艺术等具有浓郁的少数民族风情的文化艺术项目占了很大比重。交流与合作的形式更加多样化。对外文化交流与经贸、旅游结合，与科技成果交流贸易结合，与其共同发展、相映生辉，促进了少数民族群众文化的发展与繁荣，如内蒙古的"那达慕大会"、傣族的泼水节、壮族的"三月三"风情艺术节等，都以特有的群众文化活动展现着民族文化的魅力，吸引着大批海内外游人旅游观光、洽谈生意。少数民族地区文化的发展应善于学习一切先进文化，以开放的态势，创造体现历史传统、民族传统，又体现改革开放、开拓进取的时代精神的高品位的精神文化。

少数民族鲜明独特、绚丽多彩的文化形象一直伴随着人民，表达着他们的思想、意志，记录着他们的历史，哺育着历代文艺家，以它得天独厚的民族性、原发性、传统性的魅力与能量，成为满足人们丰富的精神文化需求的宝贵的文化资源。随着社会的发展，少数民族文化正在走出封闭的小天地，走向开放的大世界，登上国际化大舞台，引起越来越多的世界的目光，也说明了"越是民族的，就越是世界的。"尤其是新疆维吾尔木卡姆艺术、蒙古族长调民歌成为"人类口头和非物质文化遗产代表作"之后，独具魅力的民族文化成了少数民族地区与内地、与世界沟通往来和密切联系的新的桥梁，提高了中国的国际声誉和少数民族地区的知名度与美誉度。

三、社会化与公益化

社会化主要体现在建立社会参与的机制，引导和鼓励社会力量参与公益文化服务，支持群众文化事业发展。从文化体制看，文化事业将由国家举办为主向社会举办为主过渡，调动社会办文化的积极性。打破单纯依靠国家办文化的单一体制，形成集体、个人、国家办文化的多元体，文化投资也由单一渠道变成多种渠道。少数民族群众文化的社会化运作主要是在人、财、物上实现资源整合，共建共享，实现社会、集体和个人参与文化的文化自觉。其中，文化志愿者队伍是社会化运作中不应忽视的重要力量，志愿服务应成为少数民族群众文化工作中公共文化服务的新途径、新方式。在近年的文化援疆工作中，文化部就开展了"春雨工程——全国文化志愿者边疆行"活动，调集全国文化志愿者力量对口支援边疆地区文化建设，以文化志愿者为骨干，以各类文化艺术形式为载体，把优秀的文化艺术资源带入边疆。

少数民族的群众文化是公共文化服务体系建设的一部分，国家群众文化事业机构是保证人民群众基本文化权益的载体，本身具有公益性质。随着国家公益性文化设施实行免费开放，公益化的群众文化将让更多的少数民族群众享受到文化权利。

四、专业化与体系化

群众文化是一个具有丰富内涵、与众多文化类型相互交叉的文化形态。具有自身的专业属性和本质特征，以艺术文化为核心，业务体系主要体现在组织、辅导、研究三大要素。与专业文化相对应，并与大众文化、公共文化、非物质文化遗产等文化类型相关联，是我国公共文化服务体系的重要载体。少数民族的群众文化也符合群众文化的基本特征，需要专业化发展。

少数民族群众文化是宝贵的文化资源，有着悠久的历史传统和丰厚的艺术遗产，很多文化项目被列入各级非物质文化遗产保护名录，少数民族群众文化在自身发展中，应加强体系化建设，包括文化设施、人才队伍、组织管理、业务工作等，做到体系化、系统化。同时，处理好少数民族群众文化工作与非物质文化遗产保护、中国民间艺术之乡、中国民族民间文化保护工程等相关工作或业务的关系，处理好保护地域文化的原真性、原生性与时代发展、树立品牌的关系，处理好民族文化与外来文化的关系，处理好继承与创新的关系，传承民族文化的文脉，保持民族文化独特性，维护世界文化多样性，以中华文化的文化自觉、文化自信、文化自强迎接中华民族的伟大复兴。

第五节　群众文化品牌的多样化、特色化、科学化

当今时代的消费已经进入品牌化时代，文化消费也已进入品牌化的轨道。群众文化是人们职业外自我参与、自我娱乐、自我开发的社会性文化，在满足人民群众求知、求新、求美、求乐的精神文化需求方面发挥着重要作用。随着社会文化发展的多元化，群众文化在新时期改革与发展中，逐渐进入科学理性发展阶段，群众文化因其综合性、多样性的特殊工作性质，在实现统筹发展和均衡进步的进程中，需要进行新探索，寻求新突破，需要建立新的文化发展理念，需要在科学发展和战略高度上进行品牌的打造与提升，在品牌战略的研究和项目策划、运作、管理上实现多样化、特色化、科学化，用品牌的价值推进群众文化社会化进程，提升文化活动品位，形成区域文化特色，增强文化认同感和凝聚力，引领群众文化的新发展。

群众文化品牌是一个综合概念，包括群众文化机构品牌、群众文化工作品牌、群众文化队伍品牌、群众文化活动品牌、群众文化作品品牌等。群众文化品牌显示了群众文化的档次和品位，具有鲜明的独特品性、深厚的文化内涵和广泛的社会影响，发挥着引领、导向和示范作用，其目的是更好地提供公共文化服务。群众文化品牌一般要经过长期积累、实践检验、社会认可和时代提升等几个环节，而多样化、特色化、科学化这一发展理念在打造和提升群众文化品牌中具有重要的战略意义。

一、多样化：全方位打造群众文化品牌

文化表现形式的多样性决定了群众文化品牌的多样化。群众文化品牌的多样化是公共文化服务均衡化理念指导下和群众文化需求多元化的必然趋势，主要体现在群众文化创新思维的多样化和文化艺术服务内容与方式的多样化。

（一）创新思维的多样化

文化是最需要创新的领域，创新是文化的本质特征，也是文化富有生机与活力的不竭动力。创新思维主要通过群众文化机构的职能发挥和从业人员的职业素养、专业水平、创新能力等来体现时代性、把握规律性、富于创造性，在群众文化品牌的打造和提升中具有统领作用。下面主要从群众文化的机构品牌、工作品牌和队伍品牌三个方面探讨。

群众文化事业机构品牌是指认真贯彻党和国家文化工作方针，积极探索、勇于创新、深化改革、取得显著成绩的文化部门和单位。群众文化事业单位作为政府公益性文化事业单位，因其"国字号"招牌，代表着政府公共文化服务形象，在社会文化发展中具有天然的品牌效应。在业务组织、辅导、研究上地位显著，在设施、师资和组织网络体系上占有优势。在群众文化改革创新的实践中，北京、上海、深圳、济南、青岛、成都、张家港、马鞍山等地先后涌现出了众多群众文化机构品牌，向服务型政府迈出了重要一步。如青岛市文化局根据"文化强市"的战略部署，创建了"文馨益民"机关品牌，用一套完整的机关精神、品牌内涵、工作理念和价值体系来统领全局。

中华人民共和国成立以来，根据党和国家的工作重心以及群众的文化需求，群众文化工作在改革中不断创新，推出了一系列具有创新思维的工作品牌，并随着时代发展进行科学理性梳理和品牌提升。如文化部"群星奖"是国家文化艺术政府奖，经过实践探索，在评奖内容和方式上日趋完善，除了对群众文艺各门类评奖，还设有事业奖，已经成为整体推动社会文化工作全面发展的国家级品牌，对全国群众文化发展起到了导向作用。

群众文化队伍包括文化行政管理者、基层专业和业余文化艺术人才等，群众文化队伍品牌包括集体和个人。如北京市的优秀品牌团队和群众文化明星。打造群众文化队伍品牌的根基是高素质的群众文化队伍。在群众文化领域，当文化环境、方针政策、规范管理等日趋健全以后，人的因素越发凸显，文化队伍的素质决定着精神文化的品质和公共文化服务的水平和质量。经过深化文化体制改革和统筹文化建设，目前文化行政管理者、群众文化专业工作者基本实现了年轻化、知识化、专业化，素质显著提高，为公共文化服务奠定了基础。业余文化艺术人才是群众文化艺术活动的骨干力量，尤其是文化志愿者队伍成为群众文化的重要力量。北京、青岛等地在发展文化志愿者队伍上均进行了卓有成效的实践探索。陕西省榆林市榆阳区以政府出面招聘专职文化协管员的形式，探索社区文化活动有序开展。

（二）服务内容与方式的多样化

群众文化活动在群众文化体系中处于核心地位。群众文化艺术服务内容与方式的多样化主要通过文化艺术活动来体现。实现服务内容与方式的多样化，可以从文化的多元化和群众文化业务体系两个方面来突破。

文化的多元化主要指文化艺术类别的多种多样，不仅包括各门类的艺术文化，还包括品类繁多的民俗文化等。应统筹好打造品牌与多元化发展的关系，在多元化发展的基础上打造品牌，避免只顾打造一门艺术、一个节庆的品牌，而忽视满足群众多元化的文化需求。

组织、辅导、研究是群众文化机构业务体系的三大要件，实现服务内容与方式的多样化还应统筹好打造品牌与群众文化业务体系的关系。整个业务体系都需要打造品牌，也就是说，品牌应覆盖整个业务体系，包括组织、辅导、研究的品牌。

二、特色化：群众文化品牌的价值体现

特色是品牌的根基和价值的体现。随着国家加强公共文化服务体系建设步伐的全力推进，群众文化在均衡化发展的基础上，积极创新公共文化服务机制，涌现出了一些有特色的品牌，提高了群众文化活动的品质、品位和影响力。

（一）群众文化品牌的类型

根据群众文化品牌的内涵，品牌的特色大致分为以下五种类型：

1. 地域型

即地域文化特色品牌，是指依托自然地理特征创建的群众文化特色品牌，如北京妙峰山庙会、国际青岛沙滩节、中国海南岛欢乐节、中国汨罗江国际龙舟节等。

2. 历史型

即历史文化特色品牌，是指挖掘和利用本地区的历史文化资源创建的群众文化特色品牌，如北京东城建国门鞭打春牛和南新仓"开仓节"等。

3. 节庆型

即节庆文化特色品牌。节庆是群众文化活动的重要依托，按形成的动因，节庆文化活动主要可以分为四类：传统节庆文化活动，如地坛春节文化庙会、北京端午文化节、端午节赛龙舟活动、北京和平里夏至节；附有政治或人权意义的节庆文化活动，如国庆游园活

动；文商结合的节庆，如潍坊国际风筝节、自贡灯会、中国—太原晋商文化艺术周；推动旅游或名特产品的节庆，如北京什刹海文化旅游节、大连国际服装节。

4. 艺术型

即文化艺术特色品牌。艺术型品牌是群众文化机构应积极创建的核心品牌之一，代表着群众文化艺术的主体形象，如北京市"五月的鲜花"群众歌咏活动、"舞动北京"群众舞蹈大赛、"文荟北京"北京市群众文学创作优秀成果选、北京海淀文化节，天津"和平杯"中国京剧票友邀请赛，昆明市盘龙江艺术节，杭州市"三江"歌赛，以及体现非物质文化遗产特色的内蒙古库伦旗"中国安代艺术之乡"、湖北宜都"中国谜语村"等。

5. 复合型

即复合多种文化特色品牌。是传统文化、时代特征、艺术品位、民族特色相结合的群众文化特色品牌，体现出多元化特征。如成都市以本土特色文化为核心的"成都风"群众文化系列活动品牌、江西省农村文化"一村一品"建设、北京市朝阳区文化馆"社区一家亲"文化活动、广东省东莞市莞城街道"文化周末"系列工程等。

（二）非物质文化遗产是特色化的重要资源

在群众文化品牌的特色类型中，除了艺术型品牌需要群众文化机构重点打造之外，非物质文化遗产因其独特的个性，也是特色化品牌的重要资源。打造以非物质文化遗产为特色的群众文化品牌，包括非物质文化遗产项目品牌和活动品牌。如昆曲、京剧、抖空竹、智化寺京音乐、"面人汤"面塑、天津杨柳青年画、蒙古族安代舞等是项目品牌，中国成都国际非物质文化遗产节、北京厂甸庙会等是活动品牌。应以项目品牌为内核，整合文化资源，打造活动品牌，促进非物质文化遗产的传承与弘扬，发挥品牌的综合效能。

三、科学化：群众文化品牌的实施战略

科学化是群众文化品牌的实施战略。群众文化品牌的科学化体现在品牌的策划、运作、管理全过程之中。

（一）深度策划是打造品牌的基础

文化是品牌的支撑点。打造群众文化品牌应以文化内涵为核心，精心策划，准确定位，在文化内涵、工作水平、活动特色等多方面进行深度挖掘。文化领导者在决策中应争取文化专家的参与，为品牌探求文化的支撑和长远的发展。此外，应统筹品牌战略与区域

文化功能定位的关系，在立足本区域、发展特色的基础上走向全国、走向国际，而不是不顾地区文化需求和文化特色的实际一味地推出全国性国际性活动品牌。

（二）创新运作是打造品牌的关键

继承是创新的基础。创新运作首先应建立长效机制，实现品牌的持久性和连续性。品牌需要长久的培育，一经形成，需要一个地区几届政府、几任领导班子的精心维护，从事文化决策的领导者应树立正确的政绩观和创新思维，在品牌的积累、宣传推介等方面做到有延续有创新。其次是对品牌活动进行项目制运作，以项目制重新打造群众文化服务模式。文化活动的项目制是以活动项目的方式，组织相关业务人员，共同组建项目组，以项目组方式推进业务的制度。项目负责人应选用群众文化的一线专家和卓越的领导者。

（三）科学管理是打造品牌的保证

群众文化管理是一门科学，也是当前在群众文化领域亟待加强的一个重要方面。在群众文化品牌的打造中，科学管理需要在宏观管理和微观管理方面有一套科学体系。从品牌的规划、创建、激励、提升等全方位实现科学发展。目前需要在激励措施上进行推进，建立协调联办和扶持激励机制。北京市文化局近年来进行的"我最喜欢的春节庙会灯会"评选活动、北京市优秀品牌团队评选，对群众文化品牌的打造起到了积极的推进作用。

品牌的打造与提升是群众文化创新与发展的重要一步，需要群众文化的领导者、工作者、志愿者以及全社会的共同努力。品牌形成以后的目标是成为群众文化界和社会上叫得响的名牌，用名牌的美誉度和影响力更好地体现群众文化的整体形象，创建高效的群众文化机构、工作和队伍，用高质量的群众文化产品和服务满足群众日益增长的文化需求，实现群众文化的繁荣兴盛。

第九章 群众文化艺术治理的规范化

第一节 探索群众文化事业管理体制与运行机制的现代模式

"加强和创新社会治理"是"十三五"规划和党的十九大报告中确定的社会建设的重要目标，也是在新时代新形势下摆在全党面前的一项重大战略任务。社会的进步总是在不断解决新的矛盾、新的问题中实现的。面对社会发展中的新矛盾、新问题，需要加强和创新社会治理，提高社会治理能力和水平。

社会管理体制改革与群众文化事业的建设与发展紧密相连，关系到群众文化事业的外部环境和整体布局，关系到公共文化服务体系的构建。社会管理体制改革也为探索群众文化管理体制与运行机制的现代模式提供了契机。

一、社会管理体制改革对群众文化事业的影响

群众文化事业是政府公共文化事业的组成部分，政府管理体制和运行机制的改变，使群众文化事业的外部环境发生变化，群众文化的工作模式也会随之发生相应的变化。

二、群众文化事业单位内部管理体制的新探索

所谓事业单位，在国务院《事业单位登记管理暂行条例》中的定义是："国家为了社会公益目的，由国家机关举办或者其他组织利用国有资产举办的，从事教育、科技、文化、卫生等活动的社会服务组织。"

文化馆作为群众文化事业单位，与企业管理有很大不同。企业一般实行职工代表大会制，企业的价值是由职工和商品的经济价值决定的。职工直接关系到企业的生死存亡，生产的商品经受市场检验，产生经济效益，其决策要考虑职工利益和市场规律。事业单位的

价值是由社会群众和文化服务的社会价值决定的，其服务要经受社会群众的检验。因此，在公共决策中，除了征求职工意见，还要征求专家、服务对象和广大群众的意见。其内部管理体制的探索主要围绕以下几点：

一是确立事业单位作为公共服务主体地位，创建事业单位自我管理的现代运行机制。事业单位的改革，关键是完善事业单位法人治理结构，推进事业单位依法独立运作，创建事业单位自我管理的现代运行机制。人事管理制度是现代事业单位内部管理制度的核心。服务业发展特别依赖于人力资本，在高知识含量和高度专业化的服务业如研发、咨询、设计、影视、体育等行业中，核心人员起着关键作用。我国事业单位以受教育程度、工作年限、职位职称等作为收入分配的主要决定因素，对高水平人才的激励明显不足，同时人员的流动性又较差。因此，需要加快改革，形成更加灵活有效的人事管理制度，使优秀人才能够更好地发挥作用。

二是实行馆长负责制，探索文化馆法人治理结构。探索馆长职业化和专家咨询、社会监督、民主管理的有效途径。充分发挥馆长办公会、馆务会、职工代表大会、专家委员会（艺术委员会）、理事会（联席会）决策咨询委员会在科学决策、民主决策、依法决策中的重要作用，以及专家委员会（艺术委员会）在业务建设、业务评价、业务发展中的重要作用。扩大社会合作，建立由社会贤达、行业专家、人大代表、政协委员、文化志愿者、服务对象、企事业单位、群众团体等社会各界代表组成的决策咨询委员会，作为吸纳民智的渠道之一，采用会议制度、直接访谈、书面征询、专题购买服务以及 OA 系统等方式，确保该制度正常运行，健全社会支持和监督文化馆发展的长效机制，扩大公众参与。作为公共性极强的公共文化服务，其绩效评估应将内部评估（政府内部、行业内部）与外部评估（独立第三方评估、公众评估）相结合。推进章程建设，按照章程规定管理文化馆。建立健全文化馆法人治理结构，健全举办者、决策者、执行者、监事者相互制约的机制。同时，通过公开征求意见、开听证会等形式，大量征求普通群众的意见。内部管理的核心基石就是：要努力打造一个决策过程"自下而上"的平台和制度。决策过程的"自下而上"，需要由来自"下"方的相关人员的学术水准与职业操守作支撑，更需要健全的机制或制度加以制约。

三是推行去行政化、去官化，体现专业化。文化馆的行政化、官样化、衙门化不仅体现在外在像政府机构，内在也是按照政府机构的机制来运作的。文化馆去行政化、去官化的改革，首先是馆长和各职能部门负责人去官化，变职业化。文化馆作为公益性文化事业机构，内部不应该有任何干部级别，所有的管理者都应能上能下。北京市西城区文化馆作为全区文化体制改革试点单位，管理岗位和专业技术岗位除非特殊需要，不再允许双肩挑，不设专职书记。其次是馆长以及各职能部门负责人作为管理岗位上的行政官员，从利益回避出发，不能再从事专业技术工作，为自己争取专业技术资源。对管理人员实行职员制度，对专业技术人员实行专业职务聘用制。再次是内部管理机制改革中公开聘用的实施、岗位设置的明晰、绩效考核的完备。让改革朝着"淡化身份、强化岗位、增强活力"的方向趋近。在部门设置上实行按岗位类别设置的大部制，减少行政层级。在岗位设置上，突出文化馆业务单位的特性，突出专业化，借鉴企业总工程师、首席职工等制度，在馆长负责制的同时，设立艺术总监，艺术部门设立艺术指导和各艺术门类总监、艺术指导、艺术指导助理等，可以与社会文化指导员国家职业资格靠拢，也可单位内部自行设置和聘任，成为专业技术人员晋升的渠道。

三、群众文化事业运行机制上的新探索

随着国家加快建设公共文化服务体系，群众文化事业的运行管理也带来了新思路新理念。在服务方式上，包括免费开放、政府购买公共文化服务、群文配送服务、文化志愿者服务体系等；在内部管理上，有大部制、项目负责制，以及二者的结合等方式。

（一）文化馆（站）免费开放

文化部、财政部发布实施《关于推进全国美术馆公共图书馆文化馆（站）免费开放工作的意见》。免费开放包括文化馆（站）场馆设施免费、基本公共文化服务免费，保障人民群众的基本文化权益，满足人民群众的基本文化需求，体现了人人平等、公平地获得文化服务，是实现公共文化事业均等化的重要举措，更是公共服务均等化的良好开端。免费开放实现了文化馆（站）向实现公共文化免费服务的角色转型。

在免费开放中，文化馆（站）还应扩大群众免费参与文艺活动的范围和参与面，真正体现群众文化的群众性，提高群众参与率。扩大免费服务的类别和艺术门类，提高文化场馆和设施设备的利用率，减少场馆设施设备闲置和资源浪费。树立以人为本的理念和服务观念，提高服务质量和水平，提高群众的满意率。

（二）政府购买公共文化服务

政府向社会购买公共文化服务，是重大公益文化服务项目社会化运作的方式之一。已经在北京、深圳等地实行多年。文化行政部门使用财政性资金及集中使用的预算外资金，

将重大公益文化服务项目通过信息发布、接受申请、资格认定、专家评审、授权实施、监督审计等一系列程序，以"契约""定单"等方式，授权或委托符合条件的企业、事业单位及社团、民间组织来承办。政府通过"花钱买服务"，借助市场，满足人民群众的文化需求。

第二节　体制机制与机制改革创新

一、体制机制：文化馆改革顶层设计

（一）文化馆改革要有顶层设计

1. 顶层设计概念的含义

顶层设计是信息系统规划设计中经常使用的一个重要概念。它意味着在规划设计一个信息系统的时候，首先要确定这个子系统的主体结构，然后才能进行它的各个子系统的设计，否则，各个子系统之间就很难沟通、兼容和联动。

顶层设计字面含义是自高端开始的总体构想。改革顶层设计是战略性设计，其目的是解决事关可持续发展的全局性问题。因此，改革顶层设计应当高屋建瓴，首先把握具有全局性的难点问题。改革是一个系统性工程，改革进程本身就是有"破"有"立"的过程，顶层设计就是通过自上而下的"系统谋划"，解决事业发展中越来越复杂的深层次矛盾，从源头上化解积弊，在重点领域取得突破，尤其是从法律法规、制度设计及体制机制上总体架构，整体突破。新公共服务理论认为，公共行政人员应该是公共资源的管理员、公民权和民主对话的促进者、社区参与的催化剂和基层发展的领导者。因此，顶层设计意味着政府要当好"舵手"，当好"总设计师"，这是政府的职责所在。

2. 文化馆改革顶层设计的内容与路径

文化馆（群艺馆）改革顶层设计，也就是在当前这个历史发展阶段，以合乎广大人民群众长期利益为出发点，关于建一个什么样的文化馆（群艺馆）的设计，需要在立法和制度上，明确文化馆（群艺馆）作为政府公益性文化事业单位的性质和职能定位。文化馆（群艺馆）是干什么的，有哪些业务，业务体系是什么，业务人员的业务职责有哪些，如何进行行业管理等，打造专业化、规范化、现代化的新型文化馆。

文化馆（群艺馆）的顶层设计，具体地说，包括硬件和软件两个路径，硬件就是文化馆（群艺馆）的设施建设问题，这个问题已经在 2010 年 12 月 1 日施行的《文化馆建设标准》中规定得比较科学和规范，具有权威的指导性和前瞻性，是当前和今后一段时间文化馆（群艺馆）馆舍新建和升级改造所遵照的国家标准；软件主要是运行机制和组织管理。

3. 文化馆体制机制改革的关键和目标

管理体制机制改革是软件建设的引擎，改革成败的关键是建立法人治理结构和内部人事制度改革，改革的目标是建立现代事业组织体系和专业化业务体系。这也是站在新的历史起点，在新的社会形势和文化发展要求下，从顶层设计的高度推进文化馆事业升级转型的具有划时代意义的重大变革。

（二）管理体制："政事分开""去机关化"

"体制"，从管理学角度来说，指的是国家机关、企事业单位的机构设置和管理权限划分及其相应关系的制度，是有关组织形式的制度。要建立现代的新型文化馆（群艺馆），除了硬件设施的现代，首要的是建立文化馆（群艺馆）新型的管理体制，建立现代事业组织体系。左然提出，事业单位改革的方向是构建中国特色的现代事业制度。现代事业制度是与现代企业制度相平行的现代公益组织制度。按照现代事业制度的要求，事业单位作为一种事业法人，既享受着事业法人法定的各种自主权，又要接受事业法人治理结构的内部约束和必要的外部监管。

1. 实行管办分离的新型管理体制，真正实现政事分开

术业有专攻，而行政也应视为现代职业分工的一种。行政有行政的规律，事业有事业的规律。"政事分开"是事业单位改革的关键，是事业单位体制改革的基本原则，也是从根本上触及事业单位的管理体制，解决"政事关系"，改变现行"行政事业一体化"的组织体制。重新定义政府与事业单位之间的关系，将公共服务举办主体和实施主体之间由传统的隶属关系改换为公共契约关系。"政事分开、管办分开"的原则方向要求政府对事业单位的管理要由微观具体事务管理转向宏观综合管理上来，从过去以行政命令、指令性计划为主的直接管理转到运用法律、经济手段为主的间接管理上来。政府部门对事业单位的管理职责主要是政策引导，管好领导班子（或只管法定代表人），监管国有资产，并切实采取措施，保障事业单位的独立运作权，使其能够自主决定本单位的发展规划，独立开展活动。通过改革，应达到如下目标：一是把政府部门从"办事业"中解脱出来，使政府行政部门集中精力履行社会管理监督职能；二是解决政府公共服务资源分割的问题，提高政府对公共服务的统筹能力和管理水平，政府部门不再既当裁判，又当运动员。

2. 去机关化，去科层体制，实现事业单位职级制，推行职员制

毛寿龙教授认为："事业单位存在的价值是提供专业性的公共服务机构，提供专业知识。"事业单位最大的问题是本身缺乏好的治理结构。同时又没有管办分离。目前事业单位还有行政级别，按照行政标准来设立事业单位，不同的事业单位，往往被设置成不同的行政级别，缺乏专家、专业精神，很多运作具有行政化特点。

当前，事业单位内部各级领导人在职称评审、职务晋升、经费分配、人员调配、绩效考评、奖励惩罚等方面具有决定权，不担任领导职务的专业技术人员则在专业技术事务管理中缺乏发言权和影响力。事业单位内部管理体制的缺陷助长了行政化和官僚化趋势，严重损害了专业技术人员的敬业精神和职业追求，削弱了事业单位参与社会管理和服务所拥有的专业技术优势和核心能力。

文化馆（群艺馆）是专业性的业务单位，而非政府行政机关，作为公共服务事业单位，类似于英国的"非部委公共机构"。这种机构的共同点是：不必遵循行政部委的科层制运作方式，在人事、预算和管理方面具有很大的自主权，其运作职责通常由文官队伍之外招聘的专业化管理人员来担任，根据其与所属部委之间的"框架文件"或"责任书"来行使宽泛的管理权限，强调绩效管理。"框架文件"或"责任书"通常规定"非部委公共机构"的宗旨、工作量目标、财政安排（包括预算与审计程序）、人事政策和绩效指标等。该"责任书"的实施完成情况由代议制机构和政府行政部门考核。"非部委公共机构"和政府行政部门之间不是上下级关系，而是伙伴关系，两者在法律地位上是相互独立的，合法性均来自代议制机构。因此，"非部委公共机构"一般只受到其所属部委的预算金额的影响，具有相对的独立性。

变科层制运作方式为项目负责制是文化馆（群艺馆）管理体制的创新。按专业聘岗位，按岗位竞聘项目负责人，不再设各部门及部门主任、部门办公室。不再允许"双肩挑"，行政领导职务不再参加群众文化专业技术岗的职称评审，不再从事专业技术工作。文艺人员实行目标考核下的弹性制。根据《文化馆建设标准》，文艺人员不设办公室，设业务用房，用于艺术业务工作。

（三）运行机制：建立法人治理结构，推进文化馆专业化

"机制"由有机体喻指一般事物，重在事物内部各部分的机理即相互关系。在文化馆（群艺馆）改革顶层设计中，创新公共文化服务设施运行机制，实现现代组织体系和专业

化业务体系是迫切需要解决的问题。政府在加大对文化馆（群艺馆）资金投入的同时，鼓励社会兴办和支持公共文化事业，建构"国民文化经济共同体"，实现"公共文化事业主体多元化""公共文化事业社会化共建""公共文化事业专业化管理""公共文化事业大众化运作"的模式，形成公共文化事业政府投入与社会投入相结合的多渠道、多元化的投入机制，提高公共文化事业建设效率。同时，文化馆（群艺馆）应完善内部运行机制。

1. 建立法人治理结构：为文化馆引入现代治理模式

事业单位法人治理结构，是指提供公益服务的事业单位，以依法独立运作、自我管理和承担职责，实现事业单位宗旨和职责为目标，各利益相关方共同参与治理的组织架构与运行机制等相关制度安排。

2017 年 8 月 31 日，中宣部、文化部等部门联合发布《关于印发〈关于深入推进公共文化机构法人治理结构改革的实施方案〉的通知》。实施方案中提出"推动公共文化机构建立以理事会为主要形式的法人治理结构，吸纳有关方面代表、专业人士、各界群众参与管理，落实法人自主权，进一步提升管理水平和服务效能，增强活力，为人民群众提供更加优质高效的公共文化服务。""相关行政主管部门作为举办单位，负责对公共文化机构和理事会建设进行监督指导、绩效考核。理事会负责本单位的发展规划、财务预决算、重大业务、章程拟订和修订等决策事项，按照有关规定履行人事管理和监督职责。管理层按照理事会决议自主履行日常业务管理、财务资产管理和一般工作人员管理等职责。"

在通过加强立法、统一监管和政事分开建立起科学的事业单位宏观管理体制基础上，与之相适应，在事业单位内部模仿现代企业制度建立法人治理结构，是完善事业单位内部运行机制的有效手段。

法人治理结构是去行政化的方向。建立和完善事业单位法人治理结构是建立现代事业单位法人制度的核心内容。在事业单位逐步脱离政府内部行政管理机构的序列，获得了独立运作的自主权，不再受到自上而下的约束之后，如果不及时建立起替代性的约束制度安排，将导致事实上的"治理真空"，带来"混乱"或"无序"，"多中心治理"的方式用来填补政府过度监管力量退出后产生的秩序和权威真空。事业单位脱离了原"主管部门"的"主管"，事业单位的投资人仍是政府，事业单位仍要受到出资人的监管，也要受到所有政府部门的依法监管，治理结构的建立成为必需。

理事会是事业单位的最高权力决策机构，行使事业单位重大决策权。理事会成员由政府部门代表、社会人士、行政执行人等多方组成。理事（含理事长）由事业单位举办主体任免。管理层由行政执行人及其副职、财务负责人组成，作为法定代表人负责事业单位日常工作。职工大会决定事业单位重大事项，全体职工 2/3 以上多数通过后方可提交理事会审议。公众对法定机构的监督主要通过单位的年度报告制度、绩效评估制度、信息公开制度来实现。

理事的产生，应当遵循规范透明、公平公正和满足工作需要的原则。代表政府部门或者相关组织的理事一般由政府部门或者相关组织委派，代表服务对象和其他利益相关方的理事原则推选产生，事业单位党组织负责人、行政负责人以及其他负责人可以确定为当然理事。理事长的产生，可以根据事业单位人事管理权限和本单位特点，采取由理事会选举产生、由理事会提名后经有关部门或举办单位批准、直接由有关部门或举办单位任命等不同方式。理事会（或董事会或管委会）下设管理层作为执行机构，理事会之下还将设咨询委员会或战略、审计、财务、薪酬与考核等专门委员会。也可以设置监事或监事会，作为本单位的内部监督机构。

文化馆的法人治理结构，就是要建立理事会决策、管理层执行、监事会监督"三权制衡"的现代事业制度运行体系框架，其中在管理层实行馆长负责制，同时，充分发挥专家委员会（艺委会）、群众文艺社团、职工大会等在专家咨询、社会监督、民主管理方面的作用。

2. 内部人事制度改革：用人机制、收入分配机制的科学化

人事制度改革的重点有两个，一个是推行全员聘用制度，另一个是搞活内部收入分配。人是一切工作的决定性因素，事在人为，关键在人，关键在人才，关键在队伍的素质，而所有这一切的关键，又在于建立形成一种有利于人才脱颖而出、人才辈出的干部人事管理激励机制。从体制上、机制上解决压抑人才、埋没人才、浪费人才和流失人才的问题。通过深化改革从思想上打破论资排辈、身份管理、官本位等陈旧观念。树立"能者上，弱者让，庸者下"的观念。

文化馆（群艺馆）内部人事制度改革主要是实现用人机制和收入分配机制的科学化。

第一，科学设岗和以用为本是实行全员聘任的前提。因为聘任之前，要先有科学的岗位设定及详细的岗位职责描述。根据文化馆（群艺馆）专业类别和人员所学专业及技能情况，科学设岗，制定岗位职责，进行岗位聘任，根据岗位确定绩效工资，坚持"以用为本""不拘一格"，注重岗位所需的专业技术和实际技能，打破唯职称、唯学历的传统观念。

第二，人才评价标准和职称多轨制是全员聘任制的基点。管理岗与专业技术岗在职称评定上分开，管理岗实行职员等级制，业务人员的专业职务按照中央职称改革工作领导小组有关文件规定评定并实行专业职务聘任制。专业技术职称只面向专业技术人员，管理岗有相应的职务晋升渠道，且职务与职称在待遇上是等同的。考取职称只是具有资格，是应聘相应岗位的条件之一。可以低职高聘，高职低聘，破格聘任。

第三，建立以项目负责制为基点的绩效工资制。主要内容就是实行岗位工资，每个岗位都根据责任大小、工作量和工作难度大小以及履行岗位职责的业绩大小、贡献大小来确定待遇。最终，真正实现重贡献、重实绩和"人员能进能出、职务能上能下、收入能高能低"的用人与分配新机制。形成"专业—岗位—项目—绩效工资"的模式。绩效不单一按职务、职称，而是按竞聘到的岗位和实际工作量，有职称资格而未聘到相应的岗位，不予兑现取得职称资格的待遇。

3. 专业化业务体系：推动文化馆专业化建设

"非部委公共机构"的基本原则主要是专业原则和自治原则。根据社会分工原则，事业单位只有实行专业化管理才能够提高效率。文化馆（群艺馆）是业务单位，组织、辅导、研究是其业务体系的三要素，专业化是业务体系的核心理念和技术支撑，应加强文化馆（群艺馆）的专业化建设。

（1）坚持专业原则

从制度上和工作机制上保证专业工作和专业人员发挥最大效益，按专业艺术门类实行与专家工作室结合的项目负责制，文艺人员实行弹性工作制，完成组织、辅导、研究等文艺业务工作，同时建立文艺辅导配送平台，将文艺人员纳入配送制，对基层进行文艺辅导。

（2）开办免费开放服务项目

加强业务辅导，建立文艺辅导配送平台，发挥专业人员及专家的作用，打造文艺专家巡讲团服务品牌。以岗为核心，突出专业化，每个岗以专业为支撑，开展免费服务，包括：阵地服务（利用各厅室举办免费开放活动、安排有组织的群众文艺团体免费使用设施）、流动服务（大型活动、下基层服务）、数字化服务（利用网站开展比赛、报名、辅导、咨询等及现场公共数字文化服务体验等服务）。

（3）拓宽业务辅导方式

下基层辅导和网上辅导、阵地辅导相结合，举办面向公众的文艺培训班，组建馆办各文艺类别的团队组织，开展电话咨询和网上辅导，公布咨询电话，设专职咨询人员。中级以上专业人员要排班进行网上解答、提出作品修改建议、指导创作等。像学校和医院介绍教师和医生一样，业务人员和服务项目在馆内外和网上进行公告。

（4）各艺术门类的工作要全面发展

发挥专业人员的作用，业务人员应能当辅导老师、能搞本专业的活动、能带本专业的馆办团队、能进行本专业创作和研究。对获得市以上奖励的人员应给予奖励，鼓励创作。群众文艺的各个艺术门类要整体推进，全面发展，利用群众文化丛书、馆办编印资料、展览、汇演、比赛、网络等展示群文成果。

二、体制改革与机制创新：文化馆体系公共文化服务新探索

文化馆体系是国家兴办的公益性文化事业单位，是群众文化工作的龙头，也是构建公共文化服务体系中体现政府导向和群众文化权利的主要阵地和主力军，其国办主体文化的地位决定了其在公共文化服务中的全民性、主导性、公益性、服务性、平等性、多样性等主要特征和繁荣群众文化事业、保障人民群众基本文化权益、培育国民文化素养、促进精神文明建设、满足人民群众基本文化需求等重要作用。

发展文化公益事业，就是保护和实现人民群众的基本文化利益，使普通大众享受到社会发展的成果，体现社会公平，这是社会主义制度优越性的重要体现。改革开放以后，尤其是进入新世纪以来，在社会主义市场经济体制下，群众文化已经进入一个更高更快的发展阶段，群众文化的繁荣与发展不仅是群众的客观需求，也是衡量城市精神文明和文化品质的重要标准。面对群众文化需求的多元化、宽领域和高标准的格局，文化馆体系在公共文化服务中的职责就是在当地群众文化事业中发挥主导地位，完善体制机制建设，做好群众文化的组织、辅导、研究等工作，以更好地满足群众的文化需求。

（一）建立与市场经济相适应的现代、科学的公共文化服务体系

随着社会文化事业的发展，文化馆体系必须进行理论和实践上的探索和突破，在体制机制上有新变革，在运作模式上进行创新，在工作程序上公开透明、科学严谨。要把改革和创新放在文化馆体系发展的全局来考虑，形成系统化、科学化、规范化的管理体系。政府管理体系要履行政府职能，加强社会管理、行政管理，包括建立健全政策法规制度；依法行政，包括对文化规划和调控、宏观指导、查处等，在完善公共文化事业监管体制上取得新的进展。改革文化馆体系的运营机制，建立社会化参与的公共文化服务体系。改革目前文化馆体系的运营机制是一个重要的措施，也是保障文化馆体系能够快速有效发展的根本手段。在文化馆的体系建设中，应该加强社会化参与的程度和政策鼓励力度。社会组织参与文化馆体系的运营会提升整个公共文化服务的资源能力、投入能力以及服务能力。

　　"公共文化服务体系是指以政府部门为主的公共部门提供的、以满足公民的基本文化生活需求为目的、向公民提供公共文化服务产品与服务的制度和系统的总称。从总体上来说，它包含公共文化服务理论和政策体系、公共文化服务生产和供给体系、公共文化服务资金与人才和技术保障体系、公共文化服务组织支撑体系、公共文化服务指标体系、公共文化服务评估与激励和监督体系等诸多方面内容。"

　　文化馆体系的公共文化服务模式应该是一种"与社会主义市场经济相适应的行政管理体制"和"事业单位自我管理的现代运行机制"，是一种全新的管理体制和运营模式。其核心目的就是从设施和运营上建立起结构合理、发展平衡、资源共享、网络健全、运行高效、服务优质的公共文化服务体系。

　　在指导思想上，高举中国特色社会主义伟大旗帜，以马克思列宁主义、毛泽东思想、邓小平理论、"三个代表"重要思想、科学发展观、习近平新时代中国特色社会主义思想为指针，坚持"二为"方向、"双百"方针，坚持以人民为中心的工作导向，坚持以社会主义核心价值观为引领，坚持创造性转化、创新性发展，坚定文化自信，唱响主旋律，传播正能量，贴近实际、贴近生活、贴近群众，解放思想，与时俱进，更新观念，大胆创新，发展面向现代化、面向世界、面向未来的，民族的科学的大众的社会主义文化，保障和维护公民享有公共文化服务的基本权利，满足人民群众日益增长的精神文化需求，促进人的全面发展和社会的全面进步。

　　在工作目标和任务上，用科学发展观、新发展理念和"大文化"观，建立与市场经济相适应的现代、科学的公共文化服务体系，以公益性文化为主导，用高标准、现代化配套服务，实现政府推动与市场运作的有机结合。由政府主导的公共文化事业单位作为公共文化服务的核心，建立与公共服务体系配套的政府管理体系和市场运作体系。建立社会化发展理念。政府应主要在把握方向、法规调控、筹措资金、推动建设、积极协调、完善机制等方面繁荣群众文化。文化馆体系面对改革与发展的大好机遇，要树立全局观和全球视野，必须坚持高起点和新突破，必须有广阔的视野和全方位、多层次、超前性的思考。为群众提供更多更好的文化产品和服务，满足人民群众日益增长的精神文化需求，提高公共文化服务质量和水平。

　　在行政管理体制上，发挥政府公共性、主导性、协调性的服务职能，为文化馆体系提供良好的文化事业发展环境，包括舆论环境、法治环境、政策环境等。基于文化馆体系建立的公共文化服务体系由以下几个方面构成：第一，完善的社会化运营委托机制和政府、社会共同监管、评估的体系；第二，以政府的"公共文化服务采购"机制为核心，完善公共财政的公共文化服务补贴机制；第三，推动文化馆行政体制向社会组织转化，建立文化馆设施资产化、运营社会化、管理合约化的完整运营体系。

在现代运行机制上，文化馆体系中的群艺馆、文化馆（站）定位为公益性文化事业单位，深化体制改革和机制创新，探索科学的运作模式，"增加投入、转换机制、增强活力、改善服务"，搞活干部人事管理机制，建立健全新的内部分配机制、激励机制和管理机制，全面提高服务质量，充分发挥国办群众文化事业单位的职能作用。协调和完善社会效益与经济利益相结合的运作模式，为最终二者的分离打好基础。因为对文化馆体系内部职能，不分主业、辅业和后勤保障，如果都涵盖在文化馆公益性质之下，政府采用一个政策都给予扶持，势必造成有限资金的浪费，以本馆为主体，社会效益与经济利益的分离是最终的选择，文化馆可以专心致志地实现社会价值，以体现其社会公益性质。缩小编制，以群众文化业务为主，队伍更精锐、更专业、更有文化战斗力，实现"小机构、大服务"，使文化馆体系运行模式实现在多种实践模式上的提炼、提升和创新。

（二）继续加大基础设施建设，扩大设施的群众文化专业功能

文化馆体系设施指标主要体现在数量、建筑面积、投资、覆盖率、利用率、现代化水平、功能等指标，这些指标的设定是为了考核基础设施建设和功能的更好发挥。

1. 进一步提高文化设施的覆盖率和达标率

文化基础设施建设，把政府为全社会提供的公共文化服务大大加强起来。要大力加强文化馆体系文化设施的硬件建设和软件建设，形成文化活动的网络和载体。在当前硬件建设基本完成之后，尤其是应加强软件建设，加强体制机制改革，让文化馆体系的文化设施充分发挥为群众提供公共文化服务的功能。

2. 保证国办公益性文化设施的发展方向

要坚持先进文化的前进方向，始终把社会效益摆在首位，努力实现社会效益同经济效益相统一，保证公共文化活动用房的面积，提供更多更好的文化馆体系公共文化产品和文化服务，切实保证群众享受文化的权利，不断满足人民群众日益增长的精神文化需求。

3. 整合文化资源，提高设施的利用率

对现有设施进行多功能开发，使其向现代化、综合性服务发展。充分发挥现有文化设施的作用和功能，并进行开发和共享，如文化馆在现有业务功能的基础上，为老年教育事业服务，创办老年大学示范校，等等。建立制度化的政府公共财政资助补偿机制，从加强服务入手，政府给予一定的资金补贴，鼓励免费或低偿的公益性文化项目，切实加强和改

进未成年人思想道德建设工作，开展健康向上、寓教于乐的青少年文化活动。文化站、文化室在街道、社区的党建、精神文明建设、市民教育等工作中发挥设施优势，实现资源的综合利用和共享，让文化设施最大限度地为社会服务。

（三）加快政策法规体系建设，完善评估体系，促进事业发展

1. 加强政策法规体系建设，制定公共文化政策

政府文化主管部门应加强规范管理和法规引导，制定管理条例，建立起一套操作性强的规章制度，形成激励群众文化发展的制度体系，使文化馆体系有章可循，最终实现群众文化的全面繁荣。一是认真学习贯彻党中央关于文化工作的重要指示精神，中央及各级政府制定的有关法律和法规性文件、条例等，充分认识文化馆体系的性质和方向，科学划分文化馆体系及业务职责。二是完善和制定公共文化服务可持续发展的地方法规、政策和配套措施。应深入调查，尽快制定群众文化总的发展纲要和文化馆体系的有关政策、规定和管理办法。为了保障文化馆体系的良好发展，应该尽快对全国的公共文化服务和文化馆管理进行立法或者出台相关的管理条例，将文化馆体系的运行管理纳入制度性管理的框架内。三是鼓励有资质的社会力量投资公共文化，建立公共文化服务投资补偿机制。四是制定经费投入措施办法，保证文化事业经费增长不低于当年财政收入增长幅度，并不断增加文化投入。打破"群众文化依附专业文化"的观念，打破对"群众文化群众办""社会文化社会办"的片面理解，还文化馆体系政府国办公益文化的主导地位，充分认识群众文化的功能，政府公共财政有责任对公益性文化单位保证人员、业务、维护"三基本"投入，监督其发挥公共服务功能，给予政策的支持及活动的引导。建议对公益性文化事业运营单位给予减免税政策。目前，各公益性文化事业单位为了补充政府行政拨款经费的不足，虽然组织进行了一些经营活动，但收益十分有限，难以完全补偿对公共文化服务所需费用的要求。因此，政府应对公益性文化事业运营单位所进行的经营活动给予一定的政策倾斜和减免税政策，并建议对公益性文化事业进行投资、捐赠的单位也给予相应的税收优惠。同时，由于政府的资源是有限的，应引入社会力量参与公共文化建设，以新的模式来建设和开发公共文化资源，建立社会参与机制，改变过去由政府包办大型公共文化建设和活动项目的做法。

落实公益性文化建设的法制保障。公益性文化事业的发展投入来自社会，并向社会成员无偿地提供平等服务，是现代文明社会中获得基本法律保护的领域。文化馆体系的公益性文化事业投入与管理，需要及早进入法制化的轨道，确保社会投入和服务的均衡，确保

事业的平稳发展。公益性文化事业法制化建设，是指以法律、法规方式，规范文化事业及其相关领域的所有行为。法制化管理不单纯是制定保障事业发展投入的法规，更应该是一个覆盖操作、管理、监督的完整系统，其目标是保障社会对公益性文化事业的发展投入获得有效的使用，让市民获得实在的文化服务。这一法规体系，不仅要确定社会发展投入中公共文化事业必须保持的基本比例，还应该同时规范公共文化服务的基础标准，规范行政监管的操作程序，规范各类文化事业单位的工作目标，乃至规范社会成员获得文化服务的方式，让社会的公益性文化事业从资金投入到社会服务的每一个环节，都有一个社会检查、监管的程序。公益性文化事业法制化建设的目标，就是营造一个切实的发展环境，让公益性文化事业的管理者、从业者科学地制定发展目标，保证市民获得一个逐渐增加、日益完善的优良社会文化氛围。

2. 完善评估指标体系，充分调动文化馆体系公共文化服务的创新发展

公益性的文化活动应把社会效益放在首位，吸引更多的人参与，让更多的人满意。这方面需要建立评估和考核体系，要通过对文化设施的功能、运营和对群众满意度的考核来检验文化工作的社会效益的实现程度。随着公益性文化事业的日益发展，建立一套适应社会文化发展的群众文化评估指标体系，反映社会公益文化的发展状况，是公共文化事业管理的一个重要课题。

随着政府对公益性文化事业投入的加大，建立相应的指标评价体系是公共文化管理的客观要求。指标评价体系是对文化馆体系的工作进行数据分析、量化考核、绩效评估的统计指标体系，是规范管理的科学依据。随着城市建设的战略发展，文化建设在城市发展中的地位越来越突出，公共文化服务水平要求越来越高，随着社会发展和文化管理体制的改革，对公共文化服务体系的评价应设立专门的统计指标，在指标的标准制定上，应该参照国际通用的标准，适应群众文化专业规律和社会化的要求，建立一套系统的、量化的、科学的评价指标体系，以适应社会文化事业发展的需要。

统计指标体系的评价标准要反映出政府对公共文化服务的公益性要求，体现公益性发展方向，并能起到示范和导向作用，具有可行性和操作性，力求做到系统、量化、统一，并在实践中不断研究、完善，逐步建立一个完整的、有效可行的评价理论、方法与实践体系。在规范发展的前提下，鼓励体制机制的创新和探索。建立对内、对外两套评价指标体系，对内指标以考察文化馆体系内部业务管理运营，以文化部评估指标为主，属于专业性、业务性的考核指标；对外指标以考察文化馆体系为社会和公众提供的公共文化设施和服务为主，是政府公共文化管理性质的和公众评价的考核指标。以这两大指标体系为总纲，还应细化出群众文化活动、辅导、运行管理等系列单项指标体系，共同构成一个宏大的系统的指标体系。

在完善文化馆体系群众文化活动的评价标准上，需要转换观念，建立适应现代社会发展的评价标准。群众文化活动的工作评价，除了获奖、媒体报道次数等考核的硬指标外，文化设施普及率、实际利用率、常年完好率，文艺活动次数、参与率、创作辅导成果等，都是可以直接检查的硬指标。群众文化活动工作者的工作重心，应该是具体的社会文化活动辅导，检验他们的工作标准，应该把群众对群众文化辅导人员的满意率放在第一位，这样才能保证公益性文化投入真正服务于市民。吸引市民关注群众文化，提高居民参与群众文化的兴趣，让市民主动地参与城市文化建设，才是群众文化健康发展的正确途径和群众文化活动的本来面目。

从监管、评估入手，加强对基层文化组织的运行管理。在运行管理的评价指标上，以公共文化服务的社会效果、公众满意率为核心的考核内容，将基层文化组织按照不同类型，从活动组织、发展情况、经费使用等方面予以考察和评估，并制定相应的财政奖励、经费比例的执行标准。

（四）加大公共文化管理，增强文化馆体系活力

1. 发挥政府规划、监管等职能，提高宏观管理效能

加快体制机制的改革与运作模式的创新，要进一步转变政府职能，实行政事分开，政府要逐步实现从办文化向管文化转变、从管微观向管宏观转变、从主要面向直属单位管理向面向社会管理的转变，强化政策调节、市场监管、社会管理和公共服务的职能，实行依法管理。在鼓励社会化运作的同时，对出租场地以及准专业化发展倾向给予纠正和引导，促进运作模式的创新。在文化馆体系尝试与探索社会化、市场方式运作过程中，应始终坚持发挥文化馆的主体功能。针对部分地区文化设施被挤占或闲置，影响群众参与文化活动的状况，政府应组织力量对文化设施的复合功能给予关注、研究、指导和规范。尤其是对文化馆体系房屋出租问题和商业性演出、经营活动进行调研，并要求有关处室协调和督促有关部门采取相应措施，将文化馆体系的出租用房逐步收回，控制纯商业性演出、经营活动，把公益性文化阵地还给老百姓，使老百姓的基本文化权益得到保障。

在专业文艺团体企业化、市场化改革中，有的专业人员组成的团体把文化馆当成了廉价演出和活动场所，而当地政府文化馆也把专业人员组成的团体的成绩当成自己的成绩，为专业文化服务，甚至把政府有限的资金投入给这些专业性的团体，这与中央对专业文艺

团体的改革思路不符，也与文化馆体系的群众文化功能不符，是一种急功近利、短视的表现，需要给予引导和纠正。而群众文化单位与专业团体合作开展的以公益性为前提的面向群众的低偿或无偿演出、讲座、培训等活动则是应当大力支持的。

2. 建立群众文艺创作、演出、运作、服务的管理和监督机制

利用政策性法规、条例、文件等形式加强管理和指导，用研讨会、表彰会、展示会等交流经验展示成果，推出系列市级活动如文化艺术节、文化广场、春节庙会等。在举办大都市文化艺术节中，推出代表大都市水平的群众文化系列活动，设立和完善奖项，推出文化馆体系的群众文化明星、理论研究成果奖、群众文艺创作奖、群众文化品牌活动等。通过有力有序有效的管理，实现公共文化服务的互动融合，保障和实现人民群众的基本文化权益。

在文化馆体系群众文化活动上，应不断提高把握文化发展规律的能力。在改革开放的大背景下，文化馆体系既要适应社会主义市场经济的发展要求，同时又要注意把握群众文化艺术自身发展的规律。要正确认识和处理好四种关系：一是经济效益和社会效益的关系。要把社会效益放在首位，努力促进经济效益和社会效益的最佳结合。二是办文化与管文化的关系。政府的职能是向市民提供公益性文化产品和文化服务，因此政府必须办文化。然而，公益性的文化也不能仅仅靠政府办，政府应通过政策引导，培育社会文化主体，调动他们的积极性和创造性。三是普及与提高的关系。要实现公共文化产品的极大丰富，要创造更发达的社会文化供应和服务系统，就必须注重文化的普及，使最大多数的人能享受文化成果、参与文化活动。但仅有普及还是不够的，还必须要努力提高公共文化的品质与格调，推动公共文化精品的发展，积极推动精品生产，以优秀的群众文艺精品扩大群众文化的影响力。四是面向群众与面向市场的关系。随着物质生活水平的提高，人们的文化生活需要呈现多样化趋势，因此公共文化服务也应培育文化市场，引导群众的文化消费，让广大群众更多地从市场上获取文化享受。

3. 发挥文化馆龙头作用，履行政府文化事业机构职能，完善组织辅导机制

作为工作性质服务性和工作内容综合性的政府群众文化事业机构，业务体系主要由组织、辅导和研究三大要件构成。利用机构阵地和社会这个"大舞台"，面向全民以组织与辅导的方式开展综合性的群众文艺活动，是政府群众文化事业机构区别于少年宫、工人文化宫等其他群众文化事业单位的独特职能，也是政府群众文化事业机构历来的中心工作内容。繁荣群众文艺是它的核心任务。实现文化馆体系的职能和任务，在社会发展中体现自身价值，重要的一点就是要加强群众文艺的创作与辅导工作，达到出成果、出作品、出人才。一是根据社会需求和群众兴趣组织、辅导、开展多种形式的文化活动；二是加强地区文艺组织建设和群众文艺团队、协会管理，繁荣群众文艺创作；三是建立文化志愿者队伍，完善管理和奖励机制。

4. 实行科学的人才战略

建立人才培养机制。群众文化专业既不同于社会教育，也不同于艺术学科，而是一门综合性、专业性很强的独立学科，这项事业需要培养专门的人才。应设立文化馆体系人才培养、培训专项资金，让现有人才获得必要的补贴，得到学习、进修、锻炼、提高的机会，通过与高校委托培养、在职进修等多种途径、多种渠道对文化馆体系的人才进行培训，并培养后续人才，尤其是要加强"群众文化专业"的人才培养、培训。

探索高水平专业人才的管理机制。对在群众文化事业中专业水平突出的文艺和学术人才，根据文艺和学术规律，实现文化人才由单位所有向社会所有转变。探索专业或行业协会管理文化人才的办法，逐步使协会承担起文化人才经纪、交流的任务，充分发挥人才的专长。通过人事代理和人才托管方式，推进人才管理的社会化。

在人才资源的使用和管理上，文化馆通过"聘用、聘任"形式，深化干部人事制度改革。以人才资源开发和人力素质提升为核心，实行公开竞聘，竞争上岗，民主选聘干部，提升与时代发展不相适应的传统观念和传统方式，理顺人事管理体制，合理配置人才资源，优化人员结构和内部岗位设置，做到优才主政，人尽其能，使干部职工的工作积极性、创造性进一步调动起来。

5. 政府加强对公共文化的宣传推广，促进文化馆体系的社会化发展进程

利用各级政府网站，宣传文化馆体系的设施和活动，在文化馆体系的机构中，有条件的应设立本机构的公共网站，宣传文化馆体系的设施和服务，建立定期在网上公布活动的制度，提高群众对文化馆体系和活动的知晓率和到达率。同时，利用互联网发表作品、传播交流信息，使其成为现代社会群众文化的新媒介，并开设公共数字文化体验服务。同时，政府加强协调，对群众文化活动向社会进行整体推介、宣传，使其更好地向社会化发展，从而得到更多的社会参与和资金资助，促进群众文化活动的良性运转和活动质量的提升。青岛、济南等城市对全市各类群众文化活动、文化节庆进行统计公布，向社会寻求赞助。深圳市公益文化活动社会化运作的主要程序是：信息发布、接受申请、资格审查、评审组评审、公布结果、签署任务书、拨款、展演监督等，动员企业、民间社团和业余文艺团体等社会力量来承办，允许企业冠名赞助，形成全社会共同参与承办社会公益文化活动的良好局面。

6. 坚持以人为本，提高公共文化服务质量

群众在群众文化中占有主体地位。文化馆体系的服务对象是人，参与主体是人，目的是促进人的全面发展。在强调工作总量的同时，增加"人均占有量"的概念，如人均设施、人均参与文化活动次数等，关注作为个体的人的全面发展。因此，应以人为本，强化政府的社会服务功能，形成文化多样性的氛围、文化包容性的环境和文化创造性的土壤，让群众感受文化设施和服务创造的文化生活空间。文化馆体系从增强服务意识、提高服务质量入手，最大限度地满足人民群众基本文化需求。

7. 营造学术和文艺氛围

根据时代的发展和社会现实的需求，加强群众文化探索与创新，探索文化馆体系前瞻性、战略性发展，形成组织、辅导、研究全面发展和文化、艺术、娱乐、休闲功能齐全的现代公共文化服务体系。理论创新带来观念创新。进一步加强群众文化理论研究，让群众文化理论研究引起社会科学学术研究领域的关注，发挥各级群众文化学会的作用，培养、团结一批群众文化理论研究的骨干，同时探索多种方式与高校及理论研究单位密切合作，共同提高群众文化理论研究水平，不断推出群众文化理论科研成果。

8. 建立社会文化事业单位的公共文化形象

随着公益性文化事业的日益发展，良好的公共文化形象是文化馆体系品牌战略的关键环节。文化馆体系建立社会公共形象包括名称的规范统一，公益文化标志的设计、评定，服务理念的确定等。北京市目前有四级文化网络，市群艺馆、区文化馆、街道（乡镇）文化站、社区（村）文化室，因级别和功能的不同，名称也不同。但随着设施面积和功能的扩大，在文化站、文化室两级，名称有的叫社区文体中心、文化活动中心、文化活动室、文化大院等，不管用哪个名称，还应根据政府文化部门的要求进行统一、规范。对于公益文化标志的设计、评定，服务理念的确定，很多文化馆在建馆之初就曾确立了提升公众形象的战略思想，还须在实践中进行检验，在活动中进行广泛的宣传，提升在群众文化生活中的形象，提高自身的知名度、印象度和美誉度，增强现代意识和主体意识，使文化馆体系成为公共文化服务体系中一道群众文化艺术的独特风景。

第三节　重建与构建：文化馆体系运行管理模式新探

从文化安全和文化权利的角度，实现群众文化的真正繁荣，需要文化馆体系重建文化

价值体系与构建现代公共文化服务体系。根据国家赋予的职能将弱化的职能重建，在此基础上构建现代公共文化服务体系。文化馆体系的文化繁荣应是文化事业的繁荣，群众的"整体参与"应是公共文化服务的重要指标。随着时代的发展和公民文化权利意识的加强，文化馆体系向群众提供的公益性和免费的公共文化产品和服务势必会大大增加，群众文化的魅力将得到充分展示。

由于经费不足，在一种利益机制的推动下，文化馆体系的公益性一度受到严峻挑战，在文化设施使用上存在的三种倾向在一定程度上制约着公益性文化活动的开展：一是各种形式的经营性比例过多；二是面向市场的专业化倾向；三是各种方式的挤占挪用现象以及群众覆盖面小的情况，存在相对群众文化主体而言的"虚假繁荣"。这势必造成国家的公共文化资源只有具备经济实力或文艺特长的少数人享受得到，群众的整体"参与率"低仍需要引起重视。希望政府决策部门给予经费的支持和政策的引导，加快文化馆体系改革步伐，让文化馆体系的群众文化发展，真正在政府和社会共同培育的现代公共文化服务体系中发挥公益性和主导作用。文化馆体系需要建立一种与社会主义市场经济体制相适应的科学合理、灵活高效的管理体制，进一步深化内部人事制度、劳动制度、分配制度、奖惩制度的改革，建立健全激励机制，逐步建立有利于调动文化馆工作人员的积极性，推动群众文化的创新，多出精品（活动、作品）、多出人才、多出成果，向群众提供优质的公共文化产品和公共文化服务的管理体制，探索新型的、先进的运作模式。

一、重建文化馆体系的文化价值体系

群众文化，是人们进行自我参与、自我娱乐、自我教育、自我开发的一种社会性文化形态。在社会主义制度国家，群众文化的事业和工作已发展成为社会福利事业的一部分。中国的群众文化，本身就是一种具有中国特色的文化类型。在中华人民共和国成立以来的群众文化历史发展历程中，文化馆体系的群众文化服务把人民群众作为文化的创造者与享用者，发挥着群众文化的社会功能，即精神调剂、普及知识、宣传教化、团结凝聚的作用，在群众文化领域中处于主导地位，发挥着导向作用，担负着组织、辅导、研究的业务工作。群众文化有明确的价值观念体系，确定的社会文化制度和文化设施、活动、队伍、成果等物质层面，在改革开放中走向成熟、走向自觉的群众文化是社会主义主流文化形态，在社会办文化的大趋势中保持着国办文化的主体、主导地位，在新时期精神文明建设中担负着历史重任。

（一）准确定位——文化馆体系社会价值的重建

文化馆体系的"两馆一站"（群艺馆、文化馆、文化站）是国办公益性群众文化事业机构和公共文化服务机构，其工作性质具有主导性和服务性的基本特征，工作内容上有普及性和综合性的特点。群众文化是公共文化的一部分，文化馆公共文化服务的格局是以群众文化为核心的公共文化，它的社会职能是保障人民群众艺术文化权益，不断满足人民群众日益增长的文化生活的需要，提高人们的审美情趣和全民族文化素质。它是社会主义精神文明建设和社会事业的重要组成部分。群众文化专业职能是其主体功能，并不排斥复合功能，但不能是产业化发展方向，现在所谓的经营很多是群众文化社会化发展范畴。从这个意义上说，文化馆随着社会化运作的扩大，严格意义上的文化产业将与文化馆事业分离，带有产业发展倾向的，也是依托文化馆体系自身力量推出的引导性、低偿的群众文化产品和服务。体现文化馆体系存在价值的是其鲜明的文化事业的功能，在培育民族精神、提高全民族文化素质方面发挥着重要作用，随着时代的发展，在习近平新时代中国特色社会主义思想指引下，国办公益性文化的历史地位将会让文化馆体系在新的时代完成新的更大的使命。

（二）坚定方向——群众文化业务体系的重建

文化馆体系要坚持"二为"方向、"双百"方针，坚持创造性转化、创新性发展，保障人民群众艺术文化权益，满足群众文化需求，培育国民文化素养，提高群众的文化生活质量。在市场经济条件下，文化馆体系的重要作用和功能不能改变，要明确业务主体地位，文化价值体现在其主体功能上，组织、辅导和研究三大要件构成其业务体系，主要指向社会提供群众文化产品和服务。工作内容为组织、辅导、研究群众文化艺术以及民族民间文化艺术遗产的搜集、整理和保护工作，成为群众文化展示、创作、辅导、研究、志愿服务中心和现代化城市的文明标志。文化馆体系的业务体系支撑着其社会价值的体现，舍此，就失去了存在的意义。

（三）开拓活动——群众文化"龙头"形象的重建

群众文化是一个集合概念，包含了群众文化活动、群众文化工作、群众文化事业和群众文化队伍等具体概念，群众文化活动在群众文化体系中处于核心地位，群众文化体系中其他构成要素的价值体现于群众文化活动之中。群众文化工作的功能作用是通过组织、策划各种类型的群众文化活动，吸引群众参与，达到提高国民素质、培育和造就"四有"新人、促进人的全面发展的目的。群众文化活动是群众文化内容的主体与基础，是最基础的社会文化实践，文化馆体系应把强化群众文化活动的吸引力、感召力作为深化改革的根本价值取向，重塑群众文化的"龙头"形象。

（四）引导发展——社会文化主导地位的重建

在社会主义市场经济体制中，文化馆体系代表着政府的文化主导，引导社会文化发展，是开展社会宣传教育、普及科学文化知识、组织辅导群众文化艺术活动的综合性文化事业单位和活动场所，具有阵地优势、人才优势、网络优势、特色优势，凸显群众文化的龙头作用、辐射功能。在工作的各个环节，体现党和国家的组织意志，在规范程序的运作中，体现社会主义精神文明的主导性、示范性，对社会文化市场起到引导、调控和示范作用，在文化的多元化和国际化发展中，更是旗帜鲜明地始终代表着先进文化的前进方向，发挥在社会文化中的主渠道作用。

二、构建文化馆体系的公共文化服务体系

（一）建立新型文化馆体系运营结构

当前我国文化馆体系存在多种运营模式，概括地说有三种范式：第一种是社会价值充分发展的弱经营性、强公益性范式；第二种是经济价值充分发展的弱公益性、强经营性范式；第三种是经济价值与社会价值协调发展的范式。经济价值与社会价值本身就是一对矛盾，一个是以经济利润的最大化为最终目的，一个是以公共服务为最终目的。

《中共中央关于深化文化体制改革、推动社会主义文化大发展大繁荣若干重大问题的决定》中提出："坚持改革开放，着力推进文化体制机制创新，以改革促发展、促繁荣，不断解放和发展文化生产力。""着眼于突出公益属性、强化服务功能、增强发展活力，全面推进文化事业单位人事、收入分配、社会保障制度改革，明确服务规范，加强绩效评估考核。创新公共文化服务设施运行机制，吸纳有代表性的社会人士、专业人士、基层群众参与管理。"在体制改革取得成效的大背景下，在文化馆体系运行上，如果综合上述几种运行模式，将公共管理系统和经营系统都从文化馆体系分离，包括人、财、物的管理和非公益性文化以及设施的经营，划入政府特设机构或公司，实现社会效益与公共管理、经济利益分离的模式，文化馆体系只保留业务系统的职责，或先将馆内公益事业与公共管理、

经营部门和人员实行"一馆两制""一馆多制"，逐渐过渡到相互分离。突出文化馆代表国办公益性文化事业单位的性质，增加投入，政策上给予扶持，建立社会参与机制，全力开展群众文化工作，同时政府推出一系列相应的体制改革和政策调整，这样对文化馆体系职能的发挥和设施的运营将是一个更大的探索。一种新型的、先进的运营模式将会诞生。

公共管理和非公益性文化二者与公益性文化实现分离后，文化馆体系将主要体现其社会价值，最大限度地为群众提供公共服务，重点从事群众文化的组织、辅导、研究。在这些工作中也会存在所谓的经营性，而这种经营性是提供具有文化附加值的智力服务性质的文化产品和服务，而且这种经营性是纯文化范畴的，是低偿的、公益的，具有引导和示范作用的，体现着政府宏观调控职能的。文化馆体系分离出去的管理和经营的职能由具有独立法人资格的政府特设机构、社会组织或公司承担，不再享受公益性文化事业单位的扶持政策。

通过重新构建文化馆体系运行模式，转变职能和工作作风，构筑现代公共文化服务体系和发挥社会组织的作用，建立起政府宏观调控机制与文化单位自我管理的运作机制相结合、政府管理职能与社会参与功能互补的新型文化馆体系运营结构。

（二）调整文化馆体系内部机构设置

随着新型文化馆体系运营结构的建立，国家对公益性文化实行采购、扶持等措施，并由政府文化部门进行有效监管。文化馆体系的主体是业务工作的开展，社会化服务主要采用无偿或低偿，保证公民基本文化权利。目前存在的经营性文化逐渐过渡到按公司化、企业化的文化产业管理，其对文化设施的社会化经营是保证业务场地无偿使用的前提下的经营。人、财、物及党群、安全稳定等公共管理由政府特设机构负责。

在公共管理以及经营性文化已经与公益性文化脱离成为独立法人的情况下，可以实行馆长领导下的部门负责制和项目负责制。对现有部门进行精简重组，突出业务工作的主体位置，建立小而能的公益性文化事业机构。文艺业务部门按艺术门类划分，负责文艺创作辅导，理论研究及团队、协会管理，搜集、整理、保护民族民间文化艺术遗产；培训及基层辅导；各类活动的策划、组织和运作，在规模上包括承接中央、省（自治区、直辖市）、市、区大型文化艺术节、文化广场活动，开展馆、街道、社区活动，在内容上包括文艺演出、展览、讲座以及活动管理等。行政、人事、运营、总务等管理部门负责日常事务、群众文化艺术档案（资料）、人力资源、场馆运营等。根据专业门类和岗位项目的不同，采取不同的目标管理。制定科学的绩效评估指标，管理人员以岗位责任考核，专业人员实行专业职务聘任制和量化管理。专业人员根据工作指标采用弹性工作制，并探索群众文艺专家工作室制。

（三）探索文化馆体系的社会化发展

改革目前的文化馆体系的运营机制是一个重要的措施，也是保障文化馆体系能够快速有效发展的根本手段。文化馆体系所从事的群众文化工作是一项社会化系统工程，文化馆体系的社会化发展理念是构建现代公共文化服务体系的一个新理念。它包含两层含义：一是文化馆体系充分利用设施和人才优势，本着"大文化"观和"以人为本"的原则，拓宽发展思路，面向群众，面向市场，发挥文化馆体系的功能，积极探索社会化发展空间，将文化建设通过政府职能部门和社会团体延伸到社会的每个群体之中，将非物质文化保护、文明城区建设、市民教育等社会文化工程统一纳入社会价值工程之中，避免条块分割、各自为政和各行其是，实现文化资源的共享，文化事业的共建，发挥出文化新的潜在力量。二是在文化馆体系内部运营改革的同时，探索建立与文化馆体系的运营机制相配套的社会化参与的现代公共文化服务体系。在文化馆的体系建设中，应该加强社会化参与的程度和政策鼓励力度。社会组织参与文化馆体系的运营会提升整个公共文化服务的资源能力、投入能力以及服务能力。尤其在社区服务方面，社会性的组织进行服务提供时会更加关注社区内公众的实际需求和服务的质量。对社会组织进行文化馆体系设施的运营委托和监管评估，可以促进文化馆体系的健康发展，并且在文化事业体制改革的基础上，将各级文化馆（站）的管理从事业性岗位管理向合约性运行管理转换。以社会资源的充分参与解决目前文化馆发展水平不高、公共文化服务质量差的现状。通过社会化的参与，也可以很大程度上吸引社会资金投入公共文化服务，加大社会赞助的可能性。此外，建立文化志愿者服务体系有助于加强社会参与，开发利用社会人力资源，应制定相应的法规，成立志愿服务组织，重视对志愿者的宣传，争取社会力量的支持，完善管理机制。

实现社会化发展，一靠群众文化产品和服务。这是文化馆体系社会价值的体现，也是工作职责的体现。二靠高素质的文化人才。经过重新调整后的文化馆体系将是一个业务精干、人员精良的高效运营的业务工作团体，每名员工都是具有高素质的文化人才，包括文化管理人才和文化专业人才。三靠创新形式。包括设施利用、队伍建设、活动内容、活动方式、组织手段等方面应适应新的形势发展和群众文化需求的需要，体现时代精神和创新意识，增添活力和实力，扩展文化服务功能。四靠机制保障。新型的文化馆体系运营结构需要新的机制保障，包括建立社会化运营委托机制、公共文化服务采购机制和补贴机制及文化馆体系内部激励、管理、分配等机制。五靠科学的评价指标体系。建立评价指标体系是指采用定量和定性的方法对文化馆体系的工作进行等级考核、指标评价，以利于政府监管和文化馆体系自我管理，从而达到更好地提高公共文化服务质量的目的。

总之，在文化体制改革与机制创新中，文化馆体系始终未停止过探索和实践，"以文补文""多业助文""两制论"等理论与实践的探索与尝试见证了文化馆体系运营模式的历史发展，为文化馆体系向新的运营形态转型奠定了基础，在社会主义市场经济体制下，构建现代公共文化服务体系，文化馆体系的运行管理模式将会向着更加科学化、规范化发展，群众文化事业将会向其公益性文化本体回归，向社会化转型，开创更加广阔的前景。

第四节　职称改革、文化馆体系的体制改革与评估

一、职称改革是群众文化事业单位改革的难点

凝聚骨干人才，激发事业单位活力是事业单位改革的目标。公益服务类事业单位将从人事管理、收入分配、社会保险、财税政策和机构编制等方面推进，采取"管办分离"等办法完善治理结构。群众文化事业单位属于公益服务类事业单位，在评聘任制度改革和绩效管理改革中，职称改革是群众文化事业单位改革的难点。

（一）职称改革的方向、目标和任务

职称制度是人事管理制度的重要组成部分，涉及人才的评价机制和用人机制等，是包括一系列程序并与聘用制度、岗位设置管理等有关工作相衔接的系统性工作，不仅关系到人事制度改革的发展和人才队伍建设的成效，而且直接影响社会稳定的大局。

职称改革一直是社会热议的话题。有专家认为应取消职称，让职称回归到职务。这需要进一步探讨。就目前职称改革的状况来看，职称改革的方向概括为个人自主申报、社会公正评价、单位自主聘任和政府宏观调控。

搞好工作，发展事业，关键在人。职称工作是人才评价的主要手段，是进行人才配置和使用的基础。职称改革应以"为客观评估专业技术人员的水平提供保障，为事业单位合理使用专业技术人员奠定基础，为专业技术人员职业发展提供宽阔道路"为目的，坚持科学的人才观，坚持"尊重劳动、尊重知识、尊重人才、尊重创造"和"以用为本"的方

针，坚持公开公平公正原则，以重水平、重业绩、重创新为政策导向，建立以品德、知识、能力和业绩为导向，重在业内和社会认可的专业技术人才评价发现机制。坚持科学分类、社会评价、单位聘用、政府宏观管理的原则，改革人才评价方式、完善评审标准、加强分类改革、拓展服务范围、健全社会化评价体系、创新专业技术人才评价机制，促进专业技术职务评聘工作的科学化、规范化和制度化。适应经济成分、经济利益和就业形式多样化的需要，适应人才配置市场化和人员资质国际化的要求，逐步建立科学的、多层次的、规范化的专业技术人员资格评价体系，建立与事业单位岗位聘用制度相衔接的职称制度。

深化职称改革的主要任务，第一是健全制度体系，完善专业技术职务聘任制度。目前，我国深化职称改革的一个重点是改进和完善专业技术职务聘任制，打破专业技术职务终身制，强化岗位聘任，引入竞争机制，落实用人单位自主权，真正做到职务能上能下、工资收入能高能低。按照"按需设岗，按岗聘任，签订聘约，优胜劣汰"的要求，科学设岗，严格考核，全面推行聘约管理，切实解决"能上能下，能进能出"问题。建立新型的用人机制。在事业单位全面推进岗位设置管理制度，实现事业单位人员由身份管理向岗位管理转变，同时做好职称申报评审与岗位设置管理的衔接工作。第二是推行专业技术人员职业资格制度，适应市场经济体制发展对人才的新的需要。重点做好涉及国家和人民生命财产安全诸如经济、质量等职业资格准入。加快市场经济发展需要的职业资格证书制度建设，逐步扩大实施范围。同时，还要开展专业技术人员的资格国际互认工作，以及加强专业技术人员职业资格证书制度的法制化建设。第三是探索新形势下人才评价与使用的新机制，建立考试与评审相结合的评价机制。进一步建立以能力、业绩为导向的重在社会和业内认可的社会化的人才评价机制。进一步探索考试、评审、考核、直接聘任等多种评价手段。逐步制定符合各专业特点的人才评价标准，实现专业技术人才评价工作的分类管理。积极推行资格考试、考核和同行评议相结合的多种评价方法，规范和完善专业技术人员资格考试办法，加强社会化评审的制度化建设。第四是加强宏观管理，实行宏观调控下的分类管理、分类指导。针对事业单位内部三类岗位，细化不同的岗位设置，对照所属的管理岗、专业技术岗、工勤技能岗，选择参加不同的职称评定系列或职务晋级序列。2017 年 8 月 31 日，中宣部、文化部等部门联合发布《关于印发〈关于深入推进公共文化机构法人治理结构改革的实施方案〉的通知》。实施方案中提出，科学界定、合理下放职称评审权限，推动符合条件的公共文化机构按照职称评审权限自主开展职称评审，人力资源社会保障部门和相关行政主管部门加强监管。

（二）群众文化专业技术职称改革设想

群众文化专业技术职称经过改革，已经基本形成了比较规范的申报、考试和评审办法，很多地方设立了群众文化系列，有一套考试、申报、评审标准，在实践中得到认可。但在专业技术人员范围与专业划分、标准设定、职称终身制、科学的分类管理、设岗和聘后管理，以及职称的申报、推荐、评审和评委会的组建与调整等方面，还需要进一步完善。各地区评审标准不一，导致评审不公平，同一职称人员的实际水平相差太大，被评者的工作态度和实际工作能力在评审中无法体现；"评聘分离"并未充分落实，职称与工资福利挂钩，导致不正之风和违纪行为，职称终身制，福利也终身制，阻碍了主观能动性的发挥。

群众文化专业技术职称改革，应在以下几个方面积极探索：

一是将社会文化指导员（师）职业资格认定制度纳入群众文化专业技术职务任职资格评价管理，并与岗位设置和职务聘用相衔接。首先，将靠用图书资料系列的群众文化专业作为单独设立的职业资格种类纳入职称系列。其次，群众文化专业不同的人员，可以选择不同的资格制度。应用型相当于院团演员专业职称，针对组织、辅导能力强，而专业研究能力弱的人员，考核实际操作的专业技能，侧重于业务体系中的组织、辅导，适合社会文化指导员（师）职业资格。研究型相当于科研院所研究人员专业职称，侧重于专业研究能力考核，适合群众文化专业技术职务任职资格。社会文化指导员职业资格认定制度设有初级、中级、高级社会文化指导员和社会文化指导师等层级，群众文化专业技术职务任职资格设有初级的管理员、助理馆员，中级的馆员，副高级的副研究馆员和正高级的研究馆员。在职务聘用上，均与岗位设置相衔接。

二是对不同岗位人员进行分类管理。事业单位应区别管理岗和专业技术岗、工勤技能岗三类岗位，实行分开管理的办法。根据不同类型、不同层级人员的特点，采用不同的评价方式，努力做到评价主体多元化，评价方法多样化。职称制度和职业资格认定制度都是针对专业技术人员设立的，是聘任专业技术岗位职务的资格或进入该行业的门槛。在群众文化事业单位中，还有一定比例的管理岗位，管理岗位中的领导岗位在竞聘时已经设置相应的任职条件，已经经过选聘，有馆长、副馆长等行政职务，并对应相应的职级，也有向上晋升的职位，不用参加专业技术人员的职称评审，管理岗位中的一般管理人员（职员）也有相应的职级，符合政工师资格要求的，还可以考取政工师职称。工勤技能岗位有初级工、中级工、高级工、技师、高级技师等考试晋级。此外，还有一些职业可以参加全国专业技术资格考试。三类岗位的职称晋级渠道目前已经各成体系，为实行分类管理奠定了基础。

三是科学制定申报条件、评价标准和考核内容与评审方式。岗位设置与结构比例的科学合理，与职称评定的考评模式和评价标准紧密相连，考评模式和评价标准的设定关键是应突出所从事专业技术工作的特点，突出实际水平和创新能力。在制定申报条件时，除了对一般的专业技术人员科学设定必要的常规条件，还要针对基本条件不足，但在实际工作中确有真才实学、能力突出、业绩优异、贡献显著的特殊专业技术人才等开辟职称评价"绿色通道"，制定破格晋升条件，不受学历、资历、任职年限等限制，建立"申报—审核"机制，直接申报相应系列的高级专业技术资格，做到不拘一格，破格评价，保证优秀人才的脱颖而出。

四是建立社会化评价机制。职称社会化评价机制更适应我国市场经济的发展对人才的高层次需求，更适应人才成长发展的需要，因此也将成为今后人才制度改革、职称制度改革的方向。首先是职称评定社会化。职称由符合条件的专业技术人员自主申报，参加人事部门组织的相应级别的考试或评审，取得相应级别的资格证书，不需要再通过单位层层审批。评审组织是由社会上的同行专家组成，不受行政干预，最大限度地保证公正和权威，而取得资格之后是否能获得相应的岗位和待遇，则要由单位根据实际工作需要和岗位数额自主决定，给单位选拔任用人才的自主权。其次，建立以业内同行专家为基础和社会专业协会认定标准相结合的评价机制。建立以同行专家评审为基础的行内评价机制，完善评委会组织管理办法，按照社会化、专业化、科学化的要求组建评委会，扩大评委会组成人员的范围，评委要以行业专家为主，建立评审专家责任制，实行经评委会评审通过人员进行公示和评委会委员从评委库中随机抽取的制度。按照专业化原则组建，实行"超员配置，随机抽评"。每年根据评审工作的需要，由各级职改部门从评委会专家库抽取规定数量的同行专家组成评委会，负责当年评审工作。采取工作现场观摩考察、面试答辩、专家评议等多种评价方式，结合平时考核、年度考核和任期考核以及完成专业技术工作任务的情况，对申报人的学术技术水平、业务能力、实际工作业绩、成果（含代表性作品、著作、论文）和贡献进行评议，组织必要的答辩，写出推荐意见提交评委会评审，把品德、知识、能力、业绩作为衡量专业技术人员学术技术水平的主要标准，综合评审，民主评议，投票表决，社会公示，增强评价结果的公信力。为探索职称评定的社会化机制，对职称评定人员由社会专业协会认定标准。世界上大多数市场经济国家和地区的职称认定制度，特别是职业资格认证制度，一般是通过学会、协会采用社会同行专家评价的办法解决。社会评价是对科技人员的学术水平或工程技术的水平、能力进行评价，授予相应称号，为市场化的人才使用机制提供依据。无论是从解决内部存在的问题，还是从与国际接轨的角度出发，我国都亟待建立职称或职业资格认定制度的社会化评价机制。经中国科协批准，中国地球物理学会成立了职称评定认证中心，建立了专家库，制定了试行办法，评审委员的社会化、专家化，消除了单位评审办法中存在的利益、人情因素，业务水平成了评审委员们决定是否授予被评审人职称的唯一标准。这就使同一领域的人在评审职称时站在了同一平台上，同一职称水平不一的现象将大为减少，职称也将成为代表一个人真正业务水准的杠杆。

五是推行评聘分开。探索引入国际通用的专业人才资格认证项目，其所获得的任职资格，只作为本人技术水平和业务能力的评价，作为聘任相应职务的依据之一，不作为调整工资和福利待遇的依据。按照国家统一规定评定和全国统一组织的专业技术资格考试取得的专业技术资格，是专业技术人员水平能力的标志，可作为用人单位聘任专业技术职务的依据之一。区分职称与职务的关系，区分取得相应专业技术资格与单位聘用的关系。评职称与聘职务分开，职称是任职资格之一，与岗位聘任相衔接，职称资格只有聘任到相应职务后，才与工资待遇挂钩。群众文化事业单位已经实行岗位绩效工资，竞聘到相应岗位，享受相应的工资待遇。用人单位可以采用"岗位制"来代替原先的职称，即先设置岗位，规定应聘该岗位的人必须取得某种专业技术资格，岗变薪变。采用完全的"评聘分离"政策，即打破专业技术职务终身制，充分尊重用人单位的自主权，真正做到职务能上能下、工资收入能高能低。

经过深化改革，职称这一曾在我国人才制度建设中发挥了重要作用的制度，也必将在注入新的内涵和提升操作方式后继续发挥重要的作用。

二、文化馆体系：体制改革进入决策前端

（一）加快体制改革与机制创新力度，健全专业管理制度，依法规范管理

1. 体制改革刻不容缓

借鉴东城区图书馆改革的成功经验，文化馆在公益性与经营性分离后，人员和部门得到精简，突出以专业人员为主体，进而对文化馆实行全额拨款。做到"小机构、大服务"。对文化馆场所实行保证文化馆正常业务活动前提下的物业管理、委托经营。

在决策机制中，针对文化馆等事业单位，建立理事会，在区社文委建立专家咨询委员

会，健全监督评价机制和决策机制。区人大、文委等权力监督部门要发挥监督、管理职能。海淀区作为北京市文化体制改革试点，在体制改革上进行的大胆探索，得到专家肯定。

2. 机制创新需要加强

决策层和单位领导干部应提高管理素质，提高管理能力，在管理理念、管理方式上有所创新。在用人机制、分配机制、考核机制、管理机制、激励机制、约束机制上逐渐健全，探索科学的管理办法。严把进人关，杜绝"想要的进不来，进来的干不了"的进入状况，把专业硬、能力强、作风正的人才吸引到文化队伍中来。建立新的人才职业能力评价体系，建立以"在行业内取得的公认的业绩"为主的人才评价标准。在文化馆业务工作中，在目标责任制的基础上，探索项目管理制。在考勤管理上，根据文艺专业人员的特殊性质，制定与管理岗位、工勤技能岗位人员不同的考勤办法，在为专业人员充分、合理安排辅导、培训、排练、演出任务后，尝试采取弹性工作制，为其练功、创作、调研、学习、进修、备课等提供时间上的保障和相对宽松的业务发展空间与创作环境，同时配合严格的业务管理与绩效考核制度。

3. 制度保障急需建立

认真学习贯彻落实中央、市、区有关制度，对专业人员，专业制度要落实到人。包括国家和文化部《群众艺术馆、文化馆管理办法》《乡镇综合文化站管理办法》《公共文化体育设施条例》《文化馆建设标准》等有关文化发展规划、意见、条例、办法等。加紧制定文化馆体系专业管理制度。

（二）提高公共文化服务的硬件水平，文化馆改造应全面进行，基层文化设施应综合利用

根据文化部对文化馆评估中对设施、设备的指标要求，经过改造，让文化馆在设施、设备、功能布局上，适应公共文化服务，现代化，无障碍，保证专业功能的建筑格局。在设施上提高现代化水平，拓展复合功能。对于基层文化设施，应采取合理安排、综合利用的措施，一室多用，资源共享，提高其使用率，让设施发挥最大效能。

（三）注重基层和基础，抓好四基建设

文化馆（站）以对体系内的免费基层辅导和基层文化干部的培训为重心，夯实基础，明确文化工作的任务、职责和方式方法。以各类文化活动为纽带，广泛发动居民参与，完

成好在公共文化服务中最基本也是最重要的职责和任务。

三、文化馆评估整体推进文化馆建设发展

（一）从文化馆事业发展的历史和现状看，需要建立考核机制

文化馆事业发展到今天，始终与国家的政治、经济和文化发展紧密联系在一起，文化馆的名称已经写入宪法，在国家加快公共文化服务体系建设中，文化馆是为群众提供公共文化服务的骨干力量。在经历了不断改革与创新的发展历程后，文化馆事业正在迎来前所未有的发展机遇和美好前景。

但是，文化馆事业作为群众文化事业的重要组成部分，虽然说国家给予了很大关注，颁布实施了《中华人民共和国公共文化服务保障法》《公共文化体育设施条例》《文化馆建设标准》《群众艺术馆、文化馆管理办法》等一系列政策法规和规范标准，规定了文化馆的场馆建设和功能设置及管理办法等，对完善以文化馆为代表的公共文化设施的保障机制和运作管理具有重要意义。但在法律体系、理论体系、服务体系和管理体系上还是十分薄弱，成为制约文化馆事业发展的瓶颈。多年来群众文化学、文化馆学未能进入正规的国家学科体系，没有职业资格准入门槛，导致从业人员素质参差不齐，专业技术人员虽说大都掌握一门文艺专业技能，但基本没有群众文化专业学习背景，是靠培训和自身的学习、领悟和摸索，熟悉和提高群众文化专业技能，文化馆部门和岗位设置、岗位职责缺少规范标准，科学化、制度化、规范化、专业化，在当前和今后一段时期内，仍然是文化馆事业建设与发展的重要课题。

（二）文化馆评估定级工作就是国家对文化馆行业的全面考核

文化部办公厅下发了《关于开展第四次全国文化馆评估定级工作的通知》，评估标准共分办馆条件、队伍建设、公共服务、管理等四个部分及提高指标，并将"具备数字服务基本能力"列入等级必备条件，提高了数字化服务设备和数字化服务的分值，增设了"志愿者队伍""吸引社会资金用于文化馆服务""改革和服务创新取得初步成果"等评估项目，并在财政拨款、单独建馆、馆舍面积等方面提出了新的要求。

（三）按要求做好文化馆评估定级工作，树立文化馆的社会形象

一是评估工作中要统一思想，提高认识。把评估定级工作作为进一步加强、规范文化

馆管理，促进文化馆事业发展的重要契机，高标准地完成文化馆的评估工作，以最佳状态迎接文化部考评组的复查、验收。各省（区、市）政府文化行政部门要成立评估工作领导小组、评估定级工作办公室，各县（市、区）要高度重视，成立相应的文化馆评估小组和工作组织，安排精锐力量，投入到本地区的文化馆评估工作中。

二是保证各文化馆参加此次评估定级。根据文化部通知要求，文化馆评估定级是衡量文化馆建设和管理水平的一项重要工作机制。为充分发挥文化馆在公共文化服务体系建设中的职责作用，促进我国文化馆事业的发展，各地各级文化馆如无特殊原因一律参加评估工作。

二是评估工作中要坚持实事求是、公开公正的原则，坚决杜绝和防止弄虚作假。如有弄虚作假行为，文化部将取消其参评资格，并通报批评。在各馆自查自评中，要遵照评估标准、细则，如实对馆内各项指标、数据进行核对、落实，做到真实、准确。

四是评估工作中要精心准备、严格执行。根据通知中规定的评估工作程序、工作步骤和工作要求，做好评估中的各项文图影音资料和实物的准备等各项工作。

五是评估工作中要寻找差距、推动建设。各馆要相互学习评估中的好做法、好经验，评估中新情况、新问题要及时上报，及时解决。针对评估检查存在的情况、问题，要加大整改措施力度，推动文化馆各项建设。

各级文化行政部门和文化馆应通过评估工作，推动和引领文化馆工作和文化馆事业发展走向更加科学、更加规范的道路，提高文化服务质量和服务水平，在社会各界和广大群众中树立文化馆行业全新的形象。

真正的评估在老百姓的心里。文化馆作为公共性极强的公益服务型事业单位，其绩效评估应将内部评估（政府内部、行业内部）与外部评估（独立第三方评估、公众评估）相结合，创新管理体制机制，创新公共文化服务方式，全方位提高服务质量和水平，为群众提供更优质的文化服务。

第五节 免费开放新理念下的文化馆（站）角色转型

党的十九大报告中提出："完善公共文化服务体系，深入实施文化惠民工程，丰富群众性文化活动。"做好公益性文化设施免费开放工作，是激发全社会文化创新创造活力、提高全民族文明素质的重要手段，是促进社会主义文化繁荣兴盛的具体措施，是一项重要的文化惠民工程。免费开放的核心是平等的免费服务，文化馆体系正在付诸行动，实现免费服务新形象的角色转型。但也有在惯性思维的影响下思想认识、服务意识和创新精神不足、观望或按兵不动、依然固我的、固守自身工作模式的现象。现在，政策到位，设施到位，很多地区资金也到位，也有专职的业务人员，关键在于文化馆体系如何创新内部管理机制，向群众提供文化服务，有哪些服务内容和方式，怎样划定免费和公益性有偿收费，这既需要政策界定，也需要在实践中从实际出发，具体问题具体分析。

一、免费开放的服务内容和方式

《关于推进全国美术馆公共图书馆文化馆（站）免费开放工作的意见》要求文化馆（站）建立与其职能任务相适应的基本文化服务内容和方式。明确了文化馆（站）免费开放主要包括两个方面：一是指公共空间设施场地免费开放；二是指与其职能相适应的基本公共文化服务项目健全，并免费向群众提供。文化馆免费开放指多功能厅、展览厅（陈列厅）、宣传廊、辅导培训教室、计算机与网络教室、舞蹈（综合）排练室、独立学习室（音乐、书法、美术、曲艺等）、娱乐活动室等公共空间设施场地免费开放。普及性的文化艺术辅导培训、时政法制科普教育、公益性群众文化活动、公益性展览展示、培训基层队伍和业余文艺骨干、指导群众文艺作品创作等基本文化服务项目健全并免费提供；办证、存包等一些辅助性服务全部免费。取消文化馆（站）存包费，限期取消文化馆（站）群众文化艺术辅导和培训费，业余文艺骨干培训费，公益性讲座、展览收费。文化站免费开放主要包括：多功能厅、展览厅（陈列厅）、辅导培训教室、计算机与网络教室等公共空间设施场地的免费开放；书报刊借阅、时政法制科普教育、群众文艺演出活动、数字文化信息服务、公共文化资源配送和流动服务、体育健身、青少年校外活动等服务项目健全并免费提供；为保障基本职能实现的一些辅助性服务如办证、存包等全部免费。

《意见》还明确，对于文化馆（站）的高端艺术培训服务等，可以收取合理的费用。在财政经费保障机制建立的前提下，各级公共图书馆、文化馆（站）应把主要精力用于开展基本公共文化服务。基本公共文化服务以外的公益性服务，要与市场价格有所区分，降低收费标准，按照成本价格为群众提供服务。与职能相适应的基本公共文化服务，应由政府予以保障落实。同时，对于基本公共文化服务以外的文化服务项目，要坚持公益性，降低收费标准，不得以营利为目的。

二、非基本公共文化服务项目类别

群众文化需求的类别，基本分为基本文化需求和个人或团体的个性化需求。与之相应的公共文化服务的类别分为基本公共文化服务和非基本公共文化服务。

免费开放的文化服务是指基本公共文化服务，对于基本公共文化服务以外的文化服务项目以及收费上的额度等级，因各地资源和需求的差异，需要从实际出发，具体问题具体分析，但基本原则是主要精力用于开展基本公共文化服务，对于基本公共文化服务以外的文化服务项目，要坚持公益性，降低收费标准，不得以营利为目的。

从常年的实际工作来看，基本公共文化服务以外的项目主要是特定需求和群体或个体的个性化需求，大致分为三类：

一类是临时租用场地服务性质的，集体或群体性质的，如厂庆、店庆、公司庆典、联欢、团拜、年会等特定的需求。

一类是公益性为主，带有经营性的，是辅导的延伸性质的，如对辖区内文化馆服务职责范围之外的单位举办的文化活动。

一类是对高端艺术培训服务和个性化需求，如音乐爱好者个人利用文化馆录音棚录制音乐作品、文化馆面向特定群体举办的高端艺术培训班、寒暑假学生艺术托管班，家庭或朋友聚会性质的文化活动、家庭音乐会等。

三、科学管理与改革创新

（一）转变思想观念，创新内部管理机制

免费开放是管理思路和服务观念的转换，是角色的转型，文化馆应树立服务观念和公益理念，以及"人才立馆""业务立馆""管理立馆"的理念，提高自身软硬件服务质量和水平，创新服务形式和手段，处理好开放和提高的关系。树立"以人民为中心""以人为本""以文化人"的理念，文化馆（站）的服务不是坐等顾客上门，而是以文化人的热情服务和专业之手引领群众融入文艺辅导、讲座、演出等文化活动中，因此，对人员的配备、工作的安排、服务的态度等应有完善的管理措施，加强工作积极性和责任感的培养，加强文化馆员的业务知识、职业道德、礼仪修养等专业知识的学习，加强卫生、安全、保卫等工作，创造文化馆（站）良好的服务环境，使其成为弘扬社会主义核心价值观、传播先进文化的重要课堂。让每位免费走进文化馆（站）的人得到最大的尊重、最好的服务，受到文化的陶冶，学到艺术技能。通过文化艺术服务提升文化修养、艺术素质、审美能力，是文化馆（站）的社会责任。

针对免费开放和公共服务，需要在内部管理机制上进行改革创新，按照"增加投入、

转换机制、增强活力、改善服务"的原则，建立免费开放经费保障机制，保证免费开放后正常运转并提供基本公共文化服务，体现公平性和公益性，更好地发挥文化引领风尚、教育人民、服务社会、推动发展的作用。

进一步深化公益性文化单位内部机制改革，在人事、分配制度等方面大胆创新，形成讲实绩、重贡献、向优秀人才和关键岗位倾斜的分配机制。加强制度设计，着力建立免费开放的长效机制。建立健全各项规章制度，以制度管人、以制度管事，增强发展活力。各级文化行政部门要加强监管，建立免费开放工作评估考核体系。及时总结交流经验，对先进典型要加强宣传。

（二）正确认识和妥善解决免费开放面临的问题

就北京市文化馆体系来看，免费开放面对的主要问题：一是馆舍场地有限、设施落后不能及时更新维修，停车位不足，受条件限制不能开放更多更好的免费服务内容；二是职称偏低、待遇偏低，无法很好地调动员工积极性；三是专业人员不足；四是缺乏需求调查机制、效果考评机制、奖励激励机制；五是乡镇（街道）文化站缺乏相应的街乡财政支持。

针对以上问题，对公共文化馆免费开放和开展公益性文化服务，建议：一是制定整套具体、宽松的政策法规；二是按服务人口确定公共文化服务专业人员编制；三是采取以奖代补的形式调动各馆积极性；四是可采取政府购买服务项目的方式；五是对从事公共服务的人员提高待遇；六是搭建良好的平台，实现资源共享；七是加强文化志愿者队伍的建设，以弥补现阶段公共文化服务人员队伍不足的问题；八是鼓励文艺辅导走到基层百姓中去，就近指导。

（三）服务项目的精细化运作和品牌化引领

向社会公开公示服务项目的信息，将活动和辅导力量以公示栏、网络、宣传册页等多种形式向社会公示，公示场馆开放厅室的活动时间、安排表，公示免费文艺培训和活动项目、师资情况、学员名单等。同时，针对服务对象多与少，制订相应的应急方案。

（四）处理好几个关系

第一，处理好免费开放与财政投入的关系。免费开放所需资金包括水电费、物业管理费、办公用品费、设备损耗维修费、活动经费、教师及管理人员补助等。文化部、财政部指出，免费开放后，其人员、公用等基本支出应由同级财政部门予以保障，开展基本公共文化服务项目所需经费由中央和地方财政共同负担。中央财政将重点对中西部地区地市级和县级美术馆、公共图书馆、文化馆以及乡镇综合文化站开展基本公共文化服务项目所需经费予以补助。

第二，处理好免费服务与社会化运作的关系。调集社会力量参与免费服务。一是新闻媒体、专家、民间社团、志愿者、企业事业单位等，以联合主办、项目合作、提供师资等方式参与文化馆（站）免费服务。如文艺院团表演艺术家、高校专家教授参与文艺讲座、指导群众进行文化艺术体验。尤其是要注重扩大志愿者的参与面。二是以政府采购方式，为群众提供高水平文化服务。以政府招标、委托管理、项目补贴、定向资助等多样化的公共文化服务管理模式，增加公共文化服务管理的科学性、有效性，提高公共文化服务水平。三是探索建立公共文化多元化投入机制，鼓励社会力量对文化馆（站）进行捐赠和投入，拓宽经费来源渠道。

第三，处理好本馆专业人员与借助外援和志愿者的关系。以本馆业务资源为主体，把好文化馆人员执业入口关，遵照社会文化指导员职业资格，提升本馆人员素质和专业技能、工作能力、理论政策水平。处理好群众文艺辅导与自身文艺专业的关系，群众文艺辅导人员必须有一门艺术专业，还要懂群众文化工作规律，在行业内建立联动机制，行业内的优秀人才可以在馆与馆之间参与组织、辅导、演出等活动。同时，建立多层次、多类型的文化志愿者队伍，针对文化馆（站）和社区的文化中心的需求，提供专家型、专业型、特长型、服务型的文化志愿者。

第四，处理好场馆免费开放与现代网络服务的关系。免费开放的同时，加强公共数字文化服务，是群众文化现代化的一种方式。利用网站优势、场馆优势、师资优势，开展公共数字文化艺术展示、艺术辅导等，如开展网上专家指导，对老、弱、病、残、孕等弱势群体的文艺爱好者会更方便，对一般的文艺爱好者也会更方便，还可进行远程辅导。此外，对有些艺术门类还可采取电话辅导。同时，结合场馆设施，开展现场公共数字文化服务体验。

第五，处理好文化馆（站）与其他公益性文化设施的关系。三馆免费开放后，文化部会同有关部门，进一步研究推进文化宫、青少年宫、儿童活动中心等公益性文化设施免费开放的政策和措施，全面推进公益性文化设施免费开放工作。需要整合资源，实现资源共享，根据公益性文化事业单位的职能，对不同文化活动的层级和不同的参与群体类别，实行分类指导，一般性的文化活动按就近的原则，文化馆（站）的文化辅导员除了完成阵地文化辅导等服务，还要下基层社区（村）进行文化辅导。

第六节　文化馆内部管理科学化的现代理念

在社会转型期的大发展、大变革的时代背景下，在深化文化体制改革的进程中，公益性文化事业单位的内部管理机制的改革与创新是当前面临的亟待解决的突出问题，这也是影响文化馆走向专业化、现代化、科学化的最核心的具有现实意义和战略意义的重大课题。

在我国文化馆事业的发展中，硬件建设与软件建设以及工作所需的人、财、物这"三要素"，一直得到各级文化部门和文化馆业内的高度重视，在不断推进中逐渐完善，从国家政策法规及指导性文件，到行业的文化馆管理办法、评估标准、用地标准、建设标准等，各项制度、标准在逐步建立健全。但是，一些文化馆在内部管理机制上的改革与创新还是明显不足，还不能满足加快构建现代公共文化服务体系的要求，不能充分调动文化馆员工的积极性，造成人才、资源和公共文化设施的闲置与浪费，不能最大限度地满足群众日益增长的文化需要。文化馆内部管理机制急需一场深入、彻底的大变革式的改革与创新。

文化馆的内部管理机制是一个系统的、十分庞大复杂的整体，主要包括用人机制、管理机制、分配和激励机制等。各项机制相互关联、环环相扣，共同组成一个整体，决定着文化馆内部的运转，也决定着文化馆事业的发展。其中，包括政府文化部门的政策指导，但很多内容在很大程度上还要依赖文化馆自身的实践探索和科学理性构建。北京市朝阳区文化馆大胆借鉴企业化运作模式，重点推进了用人机制、管理机制、分配和激励机制改革，建立起对内开放、公平竞争的内部运行机制。用人机制，实行以项目制为核心的全员聘任制；管理机制，形成"群众需求项目化"；分配机制，实现等级工资和绩效调节相结合。这应是现阶段文化馆内部改革中最彻底、最解放和激发文化馆文艺人才生产力的创新。

作为一名长年工作在文化馆、群艺馆第一线的群众文化工作者，在多年的工作实践和理论研究中，笔者认为，当前文化馆内部管理机制的改革与创新，除了落实好全员聘任制、岗位设置管理、健全各项规章制度等重大举措外，亟待从以下几个现代理念和现代管理方法上大胆探索与实践，寻求突破和转型，以期实现内部管理的科学化，取得跨越式发展：

一是实行"项目制"和"去官化"，以岗位管理取代部门管理，实现文化业务单位的本质回归。淡化或取消部门设置，减少层级，减少部门之间内耗协调、推诿扯皮现象，根据人事部发布的《〈事业单位岗位设置管理试行办法〉实施意见》，突出岗位管理，突出专业，提高工作效率。在文化部制定的《群艺馆、文化馆管理办法》《文化馆建设标准》中，均未提及部门设置，建设标准中也未按部门为业务人员设办公室，而是设业务用房，用于文艺创作、非遗整理、各艺术门类业务用房等，只在行政管理方面设有办公室，这是很有前瞻性和专业眼光的。因为文艺专业人员的岗位应在活动厅室或基层的辅导课堂上，业务用房也是按业务门类合用的，只是供业务人员备课、辅导、研究、创作等业务使用，因此，不必再另设类似文艺部之类的办公室。

管理岗和专业技术岗不能双肩挑，项目制中的项目负责人其实相当于现在很多文化馆中的部门中层干部，但均为专业技术岗位人员担任。人员根据自身专业和实际工作能力与专业技能，按文艺专业技术类别划分，把每年的全馆工作按类别细化为若干个专业技术工作岗位（项目），岗位与项目合一，进行岗位（项目）负责人竞聘，岗位（项目）负责人聘岗位（项目）成员，竞聘上岗，主管领导分管负责制，逐级签订协议，主管领导分别与分管的岗位负责人签订聘书，岗位成员聘期由岗位负责人决定，聘期最长不超过两年，形成馆长对主管馆长，主管馆长对岗位（项目）负责人，岗位（项目）负责人对岗位（项目）成员的内部垂直管理模式。如果不能取消部门而实行大部制或只有两个大部后，部门主任由主管馆长兼任，是纯管理岗，只负责业务或行政管理工作，不做具体的业务工作。副主任可以根据工作性质多设。文艺部门可按艺术门类设多名副主任，但这个岗位是专业技术岗，不光是派活，还要干具体的业务工作。这样，在副主任这级实现了"去官化"，便于业务工作。像深圳大学的学院院长一级，也是专业技术岗（教师岗位）。

二是探索"总分馆制"和配送制，以标准化取代自由化，实现公共文化服务人才多向共享和免费服务统一配送。作为公共文化服务体系的一个重要组成部分，群众文化服务体系，尤其是文化馆体系，已经基本形成了相对健全的网络体系，文化馆、文化站、文化室三级文化网络基本健全，文化部、财政部发布实施《关于推进全国美术馆公共图书馆文化馆（站）免费开放工作的意见》，以此为标志，文化馆实现了真正意义上的面向群众、免费服务的角色转型，让人民群众真正体验到政府文化惠民的实惠。免费开放政策的实施也为文化馆实行总分馆制打下了基础，文化馆体系可以统一标志、统一管理标准、统一人员调配、统一服务配送，像连锁店一样，让群众享受到专业化、标准化的规范的文化服务，在社会上树立公共文化服务的整体形象。文化馆专业文艺指导员统一管理，统一向各文化馆配送，实现人力资源共享，一个专业人员可以轮流到多个馆服务，充分发挥专业技术人员的社会价值。

在免费服务配送中，以文化馆文艺专业技术人员为主体，广泛吸收专业院团、社会上的文艺专家、文艺骨干、文化志愿者等积极参与，对特殊的文化项目，采用政府采购的形式配送。此外，还可以探索共建共管和自我管理方式，借助社会力量，拓宽群众文化社会化渠道。

三是将社会文化指导员职业资格制度纳入群众文化专业技术职务任职资格，变人才的单项发展为双向发展，实现文化业务单位行政与业务两轮驱动。目前，文化馆的级别和行政管理人员职级基本是参照政府文化行政部门，文化馆不同于政府文化部门，是文化业务机构，在人员行政晋升层级的基础上应增设业务晋升层级，使全馆人员有两条晋升渠道供选择：一是行政线；一是业务线。馆内人员根据自身条件和专业情况只能选择其中一个发展方向。业务线专门针对馆内社会文化指导员，与现行的专业技术人员职称资格相衔接，行政管理和专业技术职称是馆内行政和业务人员都可分别考取和评定的，社会文化指导员只针对业务人员。把业务线与业务职称相结合，按艺术门类授予馆内具有社会文化指导员职业资格的业务人员某一艺术门类的监督助理、监督、总监助理、总监等，全馆可设艺术总监，作为业务人员的最高职务级别，像电视台、电台、报纸杂志社的总编一样，或企业的总工程师一样，负责业务总体工作和发展方向。

四是建立科学的决策机制，变单位内部决策为内部决策与社会参与相结合，提高公益性文化事业单位的公信力。通过积极探索理事会决策制、事业法人负责制、专家委员会咨询制和职工代表大会监督制度等，推进重大业务项目和内部管理的科学化。理事会可社会化，北京市朝阳区文化馆坚持每年初邀请有关方面人员参与一年的工作创意、策划，实现文化馆与社会需求和群体智慧的对接。专家委员会咨询制可根据工作需要不定期提供咨询服务。职工代表大会一年一次。此外，还有年度工作会，总结上一年、部署下一年工作，会上对获得市以上奖励者（包括业务和行政），根据获奖等级给予数额不等的奖励，领导为其发奖。此外，发挥党组织的领导作用，内部常设民主监督机制，以领导接待日、工会组织合理化建议等形式集中民意，收集合理化建议。运行中应增强组织建设和程序设计，做到公开、透明、高效。

第十章 互联网时代群众文化艺术建设存在的问题及策略

互联网时代加速了新媒体的传播与拓展。新时期对社会主义精神文明建设的要求越来越高，而群众文化建设是社会主义精神文明建设的重要组成部分。但在新时期下，群众文化建设工作，在建设过程中面临一系列困难和问题。本章将就新媒体背景下群众文化建设问题展开分析与探讨。

第一节 互联网时代对群众文化的需求

随着经济发展，我国群众文化事业正处于发展改革的探索阶段，对于目前存在的一些问题，我们要在肯定目前群众文化建设取得成就的同时，正视发展面临的问题。当前的群众文化事业发展形势主体良好，较好地满足了当前群众的基本文化娱乐需求。

一、群众文化服务方式的社会化、规模化、现代化

相比于之前的群众文化建设，互联网时代下的群众文化建设更加呈现出专业化和规模化的趋势。一方面，这是由于经济形势的发展。改革开放以来，我国政治经济文化各方面都取得了长足的进步，群众文化建设也以市场为基准，在进行群众文化建设上的投入也随之越来越多。另一方面，群众逐渐满足了文化基本需求，正向着更高层次、手段更加多样化的文化娱乐方式转变。同时，对于文化消费的日渐增长，带来的是人们对于流行文化的欣赏口味和审美判断也在不断改变，对于新文化、新事物的接受能力非常强，这就意味着群众文化的形式需要更加贴近群众的实际需要，力求对群众文化事业的创新，借助互联网等高科技手段提升公共文化服务水平。

二、群众文化服务内容的传播力、感染力、渗透力

文化是天然带有传播和渗透属性的，某地区的群众文化受众就在一定程度上代表着该地区文化的总体特征。在互联网时代下，群众文化建设不能只依靠自身的文化发展，还要积极吸收外来的先进文化，打破传统的文化藩篱，只要是有利于人民群众的文化都应该批判性地吸收。另外，先进的群众文化也具有向外传播的特点，如北京、天津一带的相声深受群众喜爱，在网络的作用下，以郭德纲为首的德云社将这一人民群众喜闻乐见的形式推广到全国，在推广的过程中也会吸收其他先进文化的特点，实现自身的发展，这种发展方式值得群众文化工作者学习。

第二节　促进新媒体在群众文化中发展的对策思考

新媒体在带来言论繁荣的同时也在带来言论失控与社会动荡的风险。如何看待这些问题、研究有效解决对策，对于新媒体的健康发展与社会的和谐稳定起着至关重要的作用。因此，针对上述几点问题，有以下几种解决措施：

一、借助广大受众的社会监督控制，健全信息审核平台

信息审核是筛选网络信息是否适合传播的第一道门槛，在网络飞速发展的过程中，建立健全信息审核机制这一关卡，有利于从源头上有效遏制不良网络信息的大面积传播，将不良信息扼杀在初始阶段。然而，在数量巨大的网民面前这样的审核并不好开展，因此，应借助广大受众的力量。由于受众是网络信息的直接受传者，同时，是网络低俗虚假信息的第一受害人。因此，受众具有对媒介活动进行监督的正当权利。受众可以通过个人信息反馈等手段建立民间信息审核平台，由"公众利益"来制约网络虚假信息的发展。

二、完善网络法律法规，逐步形成规范的网络秩序

在新媒体飞速发展的同时，法律规范应当如期而至。但是，据目前的资料来看，关于网络规范方面的立法资料还相对较少，在网络大面积普及的情况下还存在许多有待完善的法条法规。因此，应加快推进网络立法建设，依法治网，建立健全网络规范与监督，注重保护公民的隐私权与著作权。使民众在享受自己言论自由的同时也可以更好地履行自己的

义务，不至于为了追求个人的利益而罔顾他人的合法权利，并在此基础之上，逐步形成规范的网络秩序，以保证网络的健康发展。

三、加强国家政府的舆论管控，引导舆论向正确方向发展

传播学教授郭庆光在《传播制度与媒介规范理论》这一章节中认为："国家和政府的政治控制是媒介控制的主要方面，这种控制的目的是通过法律、法规和政策，来保障媒介活动为国家制度、意识形态以及各国家目标的实现服务。它主要包括以下几个方面：规定传媒组织的所有制形式；对传播媒介的活动进行法制和行政管理；限制或禁止某些信息内容的传播；对传播事业的发展制定总体规划或实行国家援助。"

四、依托政府支持，加大技术监控治理力度

从新媒体信息的传播过程来看，新媒体传播是产业链式的传播。整个传播过程需要涉及内容提供商、内容集成商、移动平台提供商、移动运营商、终端提供商、渠道合作伙伴等诸多环节。因此，新媒体的内容安全，也同样需要产业链中各个环节的密切合作。在移动互联网环境下，构建针对有害内容源、有害内容传播渠道及最终目标（移动终端、平板电脑）的全生态系统的防护体系，才能对信息内容进行有效监管，从而保障移动互联网健康、有序地发展。

因此，应以政府为依托，研究不良信息传播的演化机制，加强对网络通信软件、网络传输内容的管理。规范应用商店对通讯软件的检验和测试流程，使用户，尤其是抱有新异心理的未成年用户在浏览信息时受到一定的合理制约，使互联网的网络信息体系更加干净与安全。

五、媒体人增强自身自律感，坚守职业道德提高"公信力"

媒体的"公信力"来自媒体人的自律与其对于职业道德的坚守，作为一个媒体人，其最基本的职业操守便是在威胁与利益面前，坚守媒体从业者客观公正的态度，也只有这样，才能获得公众的信赖。面对问题深入调查、客观负责地评论，促进积极信息的传播，这是网络媒体的责任与义务。通过"自律"换"自由"，以自律公约的形式强化自我约束和管理力度，才能获得媒体公信力，同时，使网民拥有一个健康阳光的网络环境，向社会传递出"正能量"。

六、提高网民素质，实行网络实名制

在网络普及的同时，也应该注重培养网民的思考与辨别能力，正确对待真实客观的负面信息报道，以避免将谣言信以为真而产生情绪激化。此外，网络的虚拟性也是网络存在大量谣言的重要原因，虚拟身份使得一些网民认为自己可以摆脱法律的规范而大肆造谣散布非法信息，在一些主要领域实行实名制则可以辅助网络法制建设，规范网民的行为，也为网络安全与"清网"行动提供了便捷。

找出解决新媒体存在问题的对策是社会安定与和谐的必由之路。在未来，新媒体将以更快的速度普及发展，其对于社会的影响也将与日俱增。如何良好地解决新媒体存在的问题，是需要国家、政府、媒体人乃至每一个公民共同努力的，也只有这样，新媒体才能健康发展，社会也才能和谐安定。

从产业视角动态研究新媒体早已成为国家层面的重要主题，所谓的新媒体也日益广泛地渗入人类社会生活，影响人们的生活方式，国家相关主管部门早已从战略布局上确立了新媒体的相关主流地位，这是一种交互性的全媒体融合形态。所谓的新媒体逐渐发展成我国传媒产业领域的新发之力。从全球领域、国家战略发展高层来看，如何拓展所谓新媒体产业也是当下与未来文化传媒娱乐领域的重大问题之一。所谓新媒体产业是文化产业、娱乐产业的新业态，是国家政策扶持重点。新媒体改变了媒体的传播路径，也改变了媒体与政府监管的关系，新媒体的开放、互动对政府规制构成了新挑战。各类新媒体生态中的传统媒体如何转型，如何与新的媒体进行融合，一直是该领域研究的重要主题。所谓传统媒体如报纸杂志、图书出版、电视、电影等也都尝试突围、创新和变革，传统新闻内容生产模式、传播通道被打破，新的新闻生产机制正在孕育和成形。

新媒体是信息科技与媒体产品的紧密结合，新媒体带来的媒体创意新经济，使得原来传统媒体从规模经济转向了范围经济、共享经济等模式，各类高新技术手段不断创新着人类支付方式，并提供个性化的特质服务，不同媒体皆试图借此把握一条独特的可持续发展之路。目前比较热门的新媒体，如智能手机、内载各类新媒体内容产品、新媒体软件创新产品等，这些都是新媒体同时也属于新媒体硬件生产领域产品，其内含新的媒体经营模式。

新媒体不断提升自身营销价值，营销属性加强。新媒体从内容产品，到渠道多样化的营销价值日益成为广告主、广告公司、公关公司等营销机构的关注焦点，新媒体已然成为企业整合营销中的最重要组成部分。新媒体促进了主体文化的包容和开放，通过技术手段，促进新的亚文化圈的形成，促进了不同文明的对话。我国新媒体产业同样呈现严重的区域差距和发展不平衡现状。一是各级城市间，以及城市与农村间的不平衡；二是东部与西部，沿海与内陆间的不平衡；三是各大官方媒体机构各自为战，缺乏协同效应思维与行为，导致境内外各类资本云集，媒体大鳄积极渗透，抢占我国新的媒体市场。

概言之，目前所谓新媒体已然发展成为全球最具发展活力与潜力的前景产业。随着各类新媒体的不断涌现，不仅人们的生活方式被潜移默化地改变，世界传播新秩序也不断被重塑着。当前，在全球化趋势下，对新媒体产业现状与趋势的研究尤显必要。

参考文献

[1] 方剑云. 艺苑采薇闽北群众文化工作掠影 [M]. 南京：河海大学出版社，2019.

[2] 李雷鸣. 群众文化理论与实务 [M]. 北京：现代出版社，2019.

[3] 马玉洁. 群众文化理论探讨与实践 [M]. 郑州：河南人民出版社，2019.

[4] 覃广周. 2018 广西群众文化论文选编 [M]. 昆明：云南人民出版社，2019.

[5] 张龙庆. 新时期的基层群众文化建设 [M]. 花山文艺出版社，2019.

[6] 周敏. 群众文化认知与活动组织策划研究 [M]. 中国原子能出版社，2019.

[7] 徐月萍，张建琴. 乡村振兴背景下乡村群众文化阵地建设 [M]. 南昌：江西高校出版社，2019.

[8] 杜染. 群众文化的现代化 [M]. 北京：华龄出版社，2018.

[9] 覃广周. 2017 广西群众文化论文选编 [M]. 南宁：广西人民出版社，2018.

[10] 吕佳，邝静，李革. 新视角下的群众文化舞蹈教育 [M]. 北京：经济日报出版社，2018.

[11] 潘蓉，崔燕，李文莉. 群众文化舞蹈的普及与开展 [M]. 长春：吉林人民出版社，2018.

[12] 徐吟之，刘文军，姚季方. 群众文化艺术的创作现状及对策研究 [M]. 延吉：延边大学出版社，2018.

[13] 王燕. 当前我国人民群众文化需要问题与对策研究 [M]. 北京：中国商业出版社，2018.

[14] 卢明庆，任秀燕. 商丘戏曲文化 [M]. 郑州：大象出版社，2018.

[15] 代祖良. 创新校园文化的途径与方法 [M]. 北京：光明日报出版社，2018.

[16] 李程骅. 文化自信 [M]. 南京：江苏人民出版社，2018.

[17] 耿文婷. 传播学视野下的军旅文化研究 [M]. 北京：中国传媒大学出版社，2018.

［18］王辉，陈亮. 新媒体时代群众文化［M］. 沈阳：东北大学出版社，2017.

［19］李剑峰. 回望一个群众文化工作者 20 年作品选［M］. 杭州：浙江工商大学出版社，2017.

［20］吴理财. 群众基本文化需求和区域、群体差异性研究［J］. 社会科学家，2014（08）.

［21］蒋日豪. 书法艺术与群众文化［M］. 长春：吉林美术出版社，2017.

［22］肖正礼. 现代群众文化理论与实践［M］. 武汉：湖北人民出版社，2017.

［23］朱国治. 群众文化活动与声乐普及［M］. 延吉：延边大学出版社，2017.

［24］冯蕾. 和谐社会的城市群众文化发展格局［M］. 北京：现代出版社，2017.

［25］覃广周. 2016 广西群众文化论文选编［M］. 南宁：广西人民出版社，2017.

［26］黎艳珠. 余杭区群众文化研究论文集［M］. 杭州：杭州出版社，2017.

［27］查贝. 群众文化与群众舞蹈编创［M］. 延吉：延边大学出版社，2016.

［28］刘玉友. 群众体育管理与都市群众文化建设［M］. 北京：煤炭工业出版社，2016.

［29］毕节市文化馆，毕节市音乐家协会编. 毕节市群众文化论文集［M］. 北京：团结出版社，2016.

［30］唐萍. 群众文化活动中的节目主持艺术［M］. 昆明：云南民族出版社，2016.